국가 상징과 기독교의 관계사

태극기와 한국교회

Taegeukgi and the Korean Church

홍승표 지음

※잘못된 책은 바꾸어 드립니다. 이 책은 저작권법에 따라 보호받는 저작물이므로 무단전재와 무단복제를 금합니다.

태극기와 한국교회
국가 상징과 기독교의 관계사

초판 1쇄 2022년 11월 21일

지은이 홍승표
펴낸이 김문선
펴낸곳 이야기books
출판등록 2018년 2월 9일 제2018-000010호
주소 경기도 안산시 상록구 부루지1길 40 지층
전화 070-8876-0031
팩스 0504-254-2932
이메일 story-books@naver.com
홈페이지 www.story-books.co.kr

ⓒ홍승표, 2022
ISBN : 979-11-91434-01-9 03230
가격: 19,000원

※ 이 도서는 한국출판문화산업진흥원의 '2022년 우수출판콘텐츠 제작 지원' 사업 선정작입니다.

세상에 이야기를 선물하다

CONTENTS 목차

여는 글 · 8

STORY 1 태극기와 십자가의 만남

한반도에 게양된 성 조지의 십자기 · 16
: 순전한 신앙과 제국주의의 민낯이 교차하는 이중의 심벌

태극기는 누가 처음 만들었을까? · 32
: 굴종의 시대 지나 자주의 푯대 세우다

무지 무능한 태극이 어찌 능히 세계를 창조하랴 · 50
: 태극 사상과 기독교 신앙의 충돌과 제휴

STORY 2 충군애국의 기독교와 태극기

태극기를 높이 들고 독립가를 불러 보세 · 68
: '충군애국'의 교회, 그 낯선 동행의 시작(1)

님군과 국기를 자기 목숨보다 더 중히 생각하며 · 88
: '충군애국'의 교회, 그 낯선 동행의 시작(2)

슬프다 너 대한국기여! · 102
: 태극기와 일장기의 공존과 대결

STORY 3 못다 이룬 대동 세상의 상징

행군 나팔 소리에 태극기를 높이 들고 · 122
: 태극기를 높이 올린 기독교 학교와 무장 독립 투쟁

종로통의 태극기와 차별 극복의 모뉴먼트 · 144
: 만민이 평등한 대동 세상을 꿈꾸는 태극기의 역설

못다 이룬 독립의 꿈, 태극으로 새기다 · 170
: 3·1운동의 유산과 태극에 투영한 희망의 신앙

도안에 숨긴 태극 문양 · 196
: 기독교 문화 콘텐츠 속의 태극

STORY 4　제국의 지배와 태극의 굴욕

잃어버린 태극, 지워버린 히노마루 · 224
: 황국신민의 시대, 국기게양의 비애

그들은 왜 히노마루 부채를 헌납했나 · 244
: 저항과 훼절, 일상과 권력의 함수관계

그들만의 제국과 혼종 DNA · 260
: 십자가와 태극기의 혼합적 변형과 일탈

STORY 5　태극의 길, '그리스도인'과 '책임 있는 시민'의 조화

국기 배례와 주목례 사이에서 · 280
: 해방 직후 '교회와 국가'의 갈등과 뒤바뀐 '보수'의 자리

교차 게양된 성조기와 태극기 · 300
: 한국교회의 성조기 게양의 노정과 친미주의의 뿌리 (1)

생존과 상생, 욕망과 숭배의 패러독스 · 318
: 한국교회의 성조기 게양의 노정과 친미주의의 뿌리 (2)

우주적 태극, 대낙원의 날을 기다리며 … · 346
: 태극의 길, '그리스도인'과 '책임 있는 시민'의 조화

닫는 글 · 378
집필 후기 · 384
추천의 글 · 386
참고문헌 · 394
색인 · 404

국가 상징과
기독교의 관계사
태극기와 한국교회

여는 글

'역사의 시민'과 '하늘의 시민' 사이에서 태극의 길을 찾다

> 내게는 내 동족을 위한 큰 슬픔이 있고, 내 마음에는 끊임없는 고통이 있습니다. 나는, 육신으로 내 동족 내 겨레를 위하는 일이면, 내가 저주를 받아서 그리스도에게서 끊어질지라도 달게 받겠습니다. 〈로마서 9:2-3 표준새번역〉

로마제국의 변방, 유대민족의 새로운 종교운동을 세계종교의 반열로 올려놓는 데 결정적 역할을 한 인물, 사도 바울의 일성一聲이다. "유대 사람도 그리스 사람도, 종도 자유인도, 남자와 여자도 없으며, 모두가 그리스도 예수 안에서 하나"(갈라디아서 3:28)라며, 기독교의 세계적 보편성을 역설했던 바울. 그러나 위 로마서 9장의 메시지를 통해 우리는, 바울 그 자신조차 뼈 속 깊이 새겨진 인간적 동포애와 민족 정체성에서 결코 자유로울 수 없었다는 사실을 확인하게 된다.

"단 하나의 거룩하고 보편적인 교회"를 지향했던 초대교회의 신조는 기독교의 확장과 발전과정에서 커다란 장벽에 봉착했다. 그것은 기독교 복음이 전파된 각 지역과 민족, 국가의 고유한 정체성, 문화전통과의 갈등과 습합^{習合} 문제였다. 이미 기독교 자체가 지중해와 팔레스타나의 지정학적, 역사적, 문화적 배경 속에서 태동한 역사적 한계를 지니고 있었고, 이후 그리스와 로마, 유럽과 아메리카, 아시아와 아프리카 등과의 조우를 통해 촉발된 교회의 보편성에 대한 고민은 교회사의 끊임없는 논쟁거리이자 숙제가 되었다.

바울과 교부들에 의해 이상적으로 선포된 '보편적 교회'의 모델은 결국 관념과 교리 속에 존재하며, 역사적 현실 속에서는 민족 혹은 국가와 결합한 '민족교회'의 형태로 형성, 발전될 수밖에 없었다. 사실 보편성을 추구하는 신학 개념인 '교회'와 특수성과 민족적 배타성을 속성으로 하는 개념인 '민족'은 그 두 용어 자체가 결합되는 것이 넌센스라고 할 수 있다. 그럼에도 불구하고 오늘의 우리는 '교회' 앞에 배타적 용어인 '민족'이나 '국가'의 명칭, 즉 '로마'교회, '독일'교회, '영국'교회, '미국'교회, '일본'교회, '한국'교회 등의 수식을 사용하는 데 아무런 거리낌을 느끼지 않는다. 역사상 기독교는 그 교리와 전통의 차이점에 따른 교조적, 교파적 교회로 분열되어 왔던 측면도 있지만, 결국 이러한 교조적, 교파적 교회도 민족과 국가라는 시공간성에 제한받으며 독특한 전통과 차별적 정체성을 새롭게 형성해 왔던 것이다.

오늘 우리가 국가(혹은 민족)의 상징인 "태극기"와 기독교의 보편적 개념인 "교회"의 관계를 조명해 보는 이유가 여기에 있다. 최근 수년 동안 태극기를 들고 거리에 쏟아져 나온 "극우기독교"의 출현은 최근의 이례적인 사회, 종교 현상처럼 보일지도 모르지만, 이를 찬찬이 들여다보면 그러한 모든 현상의 기저에는 뿌리 깊은 역사적 연원과 노정이 수반되어 있다는 사실을 발견하게 된다. 그런 의미에서 이 책은 '태극'이라는 동양적 세계관과 '기독교'라는 종교 이데올로기를 비교 분석하는 이론적 탐구보다는, 우리나라의 근현대사 속에서 '태극' 혹은 '태극기'라는 국가(민족)상징이 기독교의 전래와 선교 과정에서 어떻게 충돌, 갈등, 수용, 제휴, 변용되어 왔는지 그 현상적 특질과 노정을 탐색하는 데 더 많은 관심을 기울였음을 미리 말하고 싶다.

본 책은 모두 다섯 개의 장으로 구성되어 있다. 1장 "태극기와 십자가의 만남"에서는 기독교에서 '깃발'이 지닌 역사적, 신학적 의미를 개관하고, 성 조지의 십자가 깃발을 치켜들고 확산한 서구 제국주의의 성격과 기독교의 정체성을 살펴보고자 했다. 아울러 전근대 한국이 근대적 국가관을 인식하고, 새로운 독립국으로서의 정체성을 세워 가는 과정에서 국기를 제정하는 과정을 스케치하면서, 기독교와의 직간접적인 관련성도 탐색해 보았다. 그리고 초기 기독교 수용과정에서 신학적, 철학적 차원에서 동양의 태극 사상과 이미지가 기독교 신앙의 관점에서 어떻게 해석, 수용되어 마침내 십자가와 더불어 가장 적극 활용되는 이미지로 고착될 수 있었는지 그 사상적 연원을 살펴보았다.

2장 "충군애국의 기독교와 태극기"에서는 구한말 대한제국 시기의 근대

국가 수립의 과정 속에서 한국의 개신교가 취한 "교회와 국가" 관계의 특징인 "충군애국적 기독교"의 모델이 교회 내에서 어떻게 태극기를 적극적으로 수용하고 활용했는지를 살펴보았다. 그리고 망국의 시기, 태극기와 일장기의 충돌과 대결 과정 속에서의 기독교의 입장과 역할도 소개했다.

3장 "못다 이룬 대동 세상의 상징"에서는 기독교 선교 초기 "태극기"를 통해 한국 사회와 기독교인들에게 새로운 가치관, 세계관, 근대적 국가론과 시민정체성을 형성하는 데 어떠한 영향을 미쳤는지, 또 일제의 국권 피탈 과정에서 기독교인들이 "태극"의 이미지를 통해 자신의 신앙과 민족정체성을 어떻게 조화하고 표현하며 제국주의에 저항했는지를 여러 역사적 사례를 통해 살펴보고자 했다. 아울러 기독교를 전파한 내한선교사들의 한국 문화와 전통에 대한 애정과 존중의 수단으로서 채택된 태극 문양의 다양한 이야기와 사례도 소개했다.

4장 "제국의 지배와 태극의 굴욕"에서는 일제강점기 일본의 민족말살과 황국신민화 정책의 일환으로 전개된 태극기(태극 문양)에 대한 검열과 탄압, 국기(일장기) 숭배와 신사참배 강요를 통해 획책하려 했던 파시즘(fascism)과 군국주의의 청산되지 않은 역사는 무엇인지 살펴보았다. 아울러 이러한 식민지 시대의 강권적 문화가 잉태한 기독교계 신흥종교들의 발흥과 그 속에 깃든 민족주의와 태극 문양의 굴절과 변용과정을 역사적으로 추적했다. 이는 해방 이후 한국 기독교계 신흥종교들의 확산과 그 성격을 이해하는 데 중요한 단초를 제공하고 있다.

5장 "태극의 길, '그리스도인'과 '책임 있는 시민'의 조화"에서는 해방이후 맞이하게 된 '국가'를 둘러싼 "교회와 국가"의 새로운 갈등 구조와 그 결과를 주목하며, 오늘날 회자되는 "보수 기독교"의 역사적 정체성에 대해 재검토를 시도했다. 아울러 "태극기집회"에 교차 게양되는 "성조기"와의 관계를 역사적으로 살펴봄으로써, 오늘날 주목되는 '극우 기독교'의 친미적 성격과 그 역사적 뿌리를 추적해 보고자 했다. 이러한 한국 현대사 속에서의 "태극기와 한국교회"와의 관계를 반성적으로 고찰함으로써, 분단과 냉전체제의 논리 속에서 우리가 간과하던 '태극' 본연의 길, 즉 "'그리스도인'과 '책임 있는 시민'의 조화로운 길"은 과연 무엇인지 성찰하고자 했다.

이러한 모든 목차의 구성은 필자가 애초에 의도한 바라기보다는 "태극기와 한국교회"의 관계를 살펴볼 수 있는 여러 사료를 추적하고 발굴하는 과정에서 귀납적으로 형성된 경향이 강하다. "태극기와 한국교회" 관계의 노정을 엿볼 수 있는 역사적 사실과 사료들을 겸허한 태도로 한발 한발 조심스럽게 따라 가다 보니, 예기치 않은 역사적 진실과 교훈 앞에 도달하게 되었던 것이다. 이 책의 마지막 글을 "태극의 길, '그리스도인'과 '책임 있는 시민'의 조화"라고 정하게 된 것도 바로 그러한 반성적 여정의 귀결이다. 이는 지난 선현들이 치열하게 씨름해온 "태극기와 한국교회"의 관계사 속에서 우리에게 남겨진 숙제가 될 것이다.

서두에 인용된 사도 바울의 애끓는 민족애와 애국심에도 불구하고, 그는 여전히 단호하게 "우리의 시민권은 하늘에 있다"(빌 3:20)고 강조해 말

한다. 역사적 존재로서의 '나'와 고백적 존재로서의 '나'가 성서 안에서는 병존하고 있는 것이다. 우리가 "태극기와 한국교회의 관계사"를 살펴보는 것은 한반도에 태어나 이 땅의 역사적 존재, 즉 "역사의 시민"으로 살아가는 '나'와 하나님의 나라를 갈망하며 신앙의 길을 모색하는 "하늘의 시민"으로서의 정체성 사이에서 균형감을 찾아가는 길이 될 것이다.

  이 책이 그러한 균형감을 찾아가는 데 해답을 제시하지는 못할 것이다. 그러나 지난 근현대사 속에서 제국주의의 탐욕과 궤변, 분단과 전쟁의 비극 속에서 왜곡되고 굴절된 이념적 기독교의 노정이 마치 "진리의 길"인 양 오해되어온 착시를 바로잡고, 다원화된 현대사회 속에서 건강하고 균형감 있는 '시민'과 '그리스도인'으로서 새로운 길을 찾아나가는 데 작은 나침반이 된다면, 이 책이 세상에 나온 일말의 목적과 의미를 일정부분 달성하는 것이 되지 않을까 조심스럽게 기대해 본다.

2022년 8월 15일
은평 땅, 우거에서

STORY 1

태극기와
십자가의 만남

소래교회에 내걸린 성 조지 십자기

한반도에 게양된 성 조지의 십자기
순전한 신앙과 제국주의의 민낯이 교차하는 이중의 심벌

이것은 소리 없는 아우성
저 푸른 해원海原을 향하여 흔드는
영원한 노스텔쟈의 손수건
순정純情은 물결같이 바람에 나부끼고
오로지 맑고 곧은 이념의 푯대 끝에
애수哀愁는 백로처럼 날개를 펴다
아아 누구던가
이렇게 슬프고 애달픈 마음을
맨 처음 공중에 달 줄을 안 그는

〈깃발〉, 유치환의 첫 시집 『청마 시초』, 1939.

    청마 유치환의 시 〈깃발〉이다. 시인은 펄럭이는 깃발을 바라보며 "소리 없는 아우성"이라고 말했다. 깃발이 지닌 태생적 집단성과 동질감이 뭇사람의 심장을 뛰게도 하지만, 한편으론 그 깃발의 이상 너머에 드리운 호전성과 폭력, 공포에 몸서리 쳐지는 이중 구조를 시인은 '소리 없는 아우성'이라 언표한 것은 아닐까.

    1930년대 말 시인이 보았음직한 그 깃발은 무엇이었을까. 분명한 것은 그가 일상의 현실 속에서 맞닥뜨렸을 다수의 깃발은 일장기(혹은 욱일기,

만주 국기)였을 것이다. 다만 시인의 내면에서 나부꼈을 그만의 깃발은 - 누구도 알 수 없지만 - 일장기는 분명 아니었으리라. 시에 언급된 깃발의 정체를 유추하는 일은 독자 저마다의 몫이겠지만, 우리는 그것을 '태극기'로 상정했을 때라야 "영원한 노스텔지어의 손수건", "순정", "맑고 곧은 이념의 푯대", "애수" 등의 시어들에 공감하며 안도하게 된다. 저 깃발을 일장기로 치환하는 순간, 유치환의 시는 현제명의 '희망의 나라로'(1931)가 일제의 만주 침략을 찬양한 곡이라는 혐의에서 자유롭지 못한 것처럼, 역겨운 친일 어용문학으로 전락하고 말 것이기 때문이다.

그런 의미에서 오늘 우리 일상에 깊숙이 들어와 있는 국가와 민족의 상징체계들은 오랜 역사와 부침, 갈등과 동의 과정을 거치며 수용되고 자리매김해 왔다. 그 역사의 노정을 면밀히 살펴보는 일은 오늘 우리 삶의 현장에서 나부끼는 깃발들의 정체를 온전히 파악하기 위해 선행되어야 할 과정이다.

맨 처음 공중에 달린 깃발

시인은 묻는다. "맨 처음 공중에 깃발을 달 줄을 안 그"가 누구인지. 아마도 깃발의 첫 게양자는 사냥꾼 혹은 군인이었을 것 같다.

사냥을 할 때나, 적과 싸우게 되는 전쟁터에서 이러한 표적과 신호가 많이 사용되었음에 틀림없다. 다수의 군중이 떼를 지어 오고 갈 때에 대오가 필요하게 되고, 대오를 편성하자면 각자를 구분하기 위하여 그 표준과 가치가 필요하게 됨은 물론이요, 이 대오를 지휘하는 지휘자의 표지나 군호를 위하여서도 기와 같은 성질의 것이 꼭 필요하게 되었으므로 육지에서나 바다에서나 국기에 앞서 군기가 발달하게 된 것이다. (손도심, 『세계의 국기』, 개조출판사, 1967, 34~35.)

위의 인용문에서 알 수 있듯이 깃발은 전쟁을 위한 군사적 목적으로 착안되고, 효과적으로 활용되었다. 그리고 부족과 지역공동체, 더 나아가 제국과 근대 민족국가 수립 과정에서 배타적 정체성을 드러내기 위한 목적으로 발전하였다.

이러한 깃발의 정체성과 성격은 구약성서에서도 수차례 확인된다. 주로 큰 단위의 무리(군대)를 나타내는 깃발인 '데겔'(민 1:52; 2:2)과 작은 단위

귀스타브 도레의 성화 〈이스라엘과 아말렉의 전투〉
깃발은 전쟁 수행의 필수적인 수단이었다.

의 무리(종족, 가족)를 나타내는 기호인 '오트'(민 2:2; 시 74:4), '높다', '눈에 띄다'는 뜻의 '나사스'에서 유래한 '네스'(슥 1:15; 시 60:4; 시 11:12) 등의 표현이 등장한다.

구약성서에서도 깃발은 전쟁을 효과적으로 수행하기 위한 도구(출 17:16; 민 2장; 사 5:26; 13:2, 18:3, 30:17; 렘 4:21, 50:2, 51:12, 27 등)로 등장한다. 주로 병력의 집결과 통제, 적군에 대한 선전포고의 용도로 사용되었다. 한편으로는 전쟁과 재난으로부터 사람들을 대피하도록 안내하는 구원과 회복의 상징(사 11:10 ; 시 60:4; 렘 4:6 등)으로 언급되기도 했다.

전쟁과 관련 없이 사용된 사례도 있다. 아가서는 사랑의 성취와 경사를 알리는 상징으로 깃발(아가 2:4)을 언급하고 있다. 신약성서에는 '깃발'에 대한 언급이 거의 확인되지 않는데, 다만 바울 사도는 기독교인의 진리와 구원을 향한 순수한 열정과 헌신의 목표점을 '푯대'(σκοπόν, '주시하다'라는 뜻의 σκέπτομαι에서 유래)라고 언급하고 있다.

> 형제들아 나는 아직 내가 잡은 줄로 여기지 아니하고 오직 한 일 즉 뒤에 있는 것은 잊어버리고 앞에 있는 것을 잡으려고 푯대를 향하여 그리스도 예수 안에서 하나님이 위에서 부르신 부름의 상을 위하여 달려가노라 (빌립보서 3:13-14, 개역개정).

이처럼 성서에서 깃발은 실제적인 전쟁 수행과 긴급 상황에 대한 신호의 도구로 사용되었으며, 한편으로는 사랑과 진리라는 관념적·추상적 가치를 담아내는 상징으로도 사용되었다. 이러한 깃발의 성격과 기능은 오늘 우리의 현실에도 그대로 작동하고 있다. 전쟁 수행과 국가 정체성을 드러내는 호전성과 배타성이 수반되는 동시에 애민·애족·애국뿐 아니라, 초월적 인류애의 가치와 진리 추구라는 보편성을 동시에 담지한 이중성이 '깃발'이라는 표상에 서려 있다.

황해도 소래교회에 내걸린 성 조지 십자기

한국 기독교 역사에서 처음 등장한 깃발은 최초의 자생적 민중 교회인 황해도 장연 소래교회의 옛 사진에서 확인된다. 소래교회는 만주의 초기 개종자 서상륜이 1885년 3월 동생 서경조가 사는 황해도 장연 소래松川에서 전도해 세운 우리 민족의 첫 자생적 토착 교회이다. 소박한 한옥 예배당과 사래 긴 밭, 사립문 언저리에 앉고 서 있는 얼굴을 알 수 없는 두 인물이 130여 년 전 초대 기독교인의 존재를 묵묵히 증명해 보인다.

한국교회의 원형적 이미지인 이 교회당에는 오늘 우리에게 익숙한 첨탑이 없다. 대신 낯선 깃발의 게양이 생경한 풍경으로 다가온다. 하늘을 찌를 듯 장대에 걸려 나부끼는 깃발은 당시 한국인들에게는 낯설기만 한 십자 문양이었다. '성 조지의 십자가'(St. George's cross). 이 낯선 깃발은 그리스도의 십자가 희생과 이를 통한 구원, 진리의 궁극적 승리를 표현하는 기독교의 상징이었고, 이 땅에서 선포된 새로운 복음의 시그널이었다.

성 조지 십자기가 하늘 높이 게양된 황해도 장연 소래교회(1895년 경)

소래교회에 성 조지의 십자가 깃발이 내걸리던 시기는 한반도에 전쟁의 암운이 짙게 드리워진 때였다. 1884년 갑신정변 실패 이후 일본 세력의 힘이 약화되고 청국이 조선에 대한 종주권宗主權을 과시하던 시기, '척왜양이' 斥倭洋夷의 기치를 높이 세운 한국 민중은 동학농민혁명으로 봉기했다. 조선 정부는 농민군 진압을 위하여 청나라에 차병借兵을 요청했고, 청국의 한반도 출병에 일본이 침입하면서 결국 조선에 대한 주도권을 놓고 벌인 청일전쟁(1894)이 시작되었다. 이 전쟁으로 한반도의 민중은 생명과 재산을 빼앗기고 전쟁 공포에 쫓겨 피난처를 찾아 길을 나서야 했다. 전쟁이 길어지면서 숱한 민중은 강제로 전투에 투입되거나 병참 지원에 동원되었고 많은 사람이 죽거나 다쳤다. 여성과 노인, 아동들은 굶주림과 질병, 강간과 죽임의 공포에 그대로 방치되었다.

이렇게 1894년 동학농민혁명과 청일전쟁이 진행되는 과정에서 동학도들에 대한 색출이 극심하던 상황에서 도피 중이던 동학도들은 선교사의 거처나 교회에 몸을 숨기는 일이 잦았다. 그들은 지푸라기라도 잡는 심정으로 교회를 향해 몰려들었다. 마펫 선교사의 편지 내용이다.

> 전투는 9월 15일에 벌어졌다. 피난을 가지 못하고 남아 있던 불쌍한 한국인들은 놀랐고 그 중 반은 죽거나 도망쳤다. 평양에 남아 있던 교인들 대부분은 예배당에 모여 있었다. 그들은 함께 주님께서 보호해 주시기를 간구했다. (S. A. Moffett's letter to Dr. Ellinwood, Nov. 1, 1894 중에서)

평양에 진주한 일본군은 교회의 재산은 보호해 주겠다고 약속했다. 기독교 선교 본국과 미국 등과의 외교적 관계, 아시아에서 주도권을 확보하기 위한 유화정책의 일환이었다. 청일전쟁을 겪은 민중에게 교회는 생명과 재산을 지킬 수 있는 피난처의 의미로 각인되었다. 심지어 서양 세력 척결을 기치로 내세웠던 동학도들까지 성 조지 십자기가 세워진 교회로 숨어들었다. 당시 교회는 외국인의 영역이자 치외법권적 지대라는 인식이 널리 확산되었기 때문이다.

이 무렵 교회 입구에 십자기 혹은 성조기를 내거는 사례가 생겼다. 치외법권 구역임을 표시하는 상징이다. 황해도 소래교회의 성 조지 십자기는 유명하다. 매켄지가 교인들과 함께 구덩이를 파고 장대를 세운 후 십자기를 게양했는데, 그 십자기는 동학군에게도 효력이 있었다. 십자기가 게양된 지 오래지 않아 동학군들이 지나가다가 깃발을 보고 외국인을 만나러 왔다. 그 후 동학군 접장과 지도자들이 매켄지를 찾아 왔고, 그 답례로 매켄지도 동학군들이 사는 마을을 방문했다. (E. A. McCully, *A Corn of Wheat or the Life of Rev. W. J. McKenzie*, 1903, 154~155.)

일본군과 관군의 추격을 피한 동학도들까지도 포용한 19세기 말 한국 사회의 새로운 '소도'蘇塗는 '교회'였다. 그리고 선교 초기 교회로 몰려든 신자들 중 상당수는 혼란한 정세 속에 자신의 생명과 재산, 안전을 지키기 위해 교회로 몰려온 이들이었다. 초기 기독교 선교의 결실과 성과는 이러한 불안정한 국내외 정세와 민중의 현실적인 요구가 토대로 작용했다.

성 게오르기우스 : 순교자에서 전사로

성 조지 십자기는 흰색 바탕에 붉은색 십자가가 그려진 전형적인 십자기다. 이 깃발은 제노바의 국기에 처음 사용되었으며, 이후 잉글랜드, 조지아의 국기, 이탈리아의 밀라노, 제노바, 도이칠란트의 프라이부르크, 스페인의 바르셀로나 시기市旗에도 사용되고 있다. 이렇게 성 조지의 십자기가 유럽 전역에서 사랑받고 각국과 도시의 상징 깃발로 사용된 배경에는 십자군 원정의 역사가 있다. 십자군의 동방 원정길에 사용된 군기가 바로 성 조지의 십자기였기 때문이다.

로히어르 판 데르 베이던, 〈성 게오르기우스와 용〉 (1432~1435년 경)

성 조지(St. George)는 성 게오르기우스(St. Georgius)의 영어식 발음이다. 성 게오르기우스에 대해서는 303년경 팔레스티나 지방의 디오스폴리스(Diospolis)라고 불리던 룻다(Lydda, 현재 텔아비브의 남동쪽에 위치한

중소도시, 현재 도시명은 로드[Lod])에서 순교했다는 기록만이 전해지고 있다. 496년 교황 젤라시우스 1세(Gelasius I)가 반포한 교령에선 "성인을 공경하는 것은 정당하나, 성인의 정확한 행적은 하느님만이 알고 계신다"고 말했다. 다만 일찍이 게오르기우스가 동방교회와 서방교회 양쪽에서 '위대한 순교자'로 널리 알려지고 공경받았다는 사실은 분명해 보인다. 그는 275년에서 285년 사이에 소아시아의 니코메디아(Nicomedia, 오늘날 튀르키예 이즈미르[Izmir])의 기독교 집안에서 태어났으며, 디오클레티아누스 황제 시기 입대를 제안 받아 군인이 되었다. 그러나 모든 기독교인 군인들이 로마의 신들에 헌신하지 않는다면 체포하겠다는 칙령이 발표되자, 게오르기우스는 이를 거부했고, 마침내 참수형을 당해 순교자가 되었다. 이렇게 초기 교회에서 게오르기우스에 대한 기억과 이미지는 전사나 군인보다는 순교자로 고착되어 있었다.

성 게오르기우스의 이야기는 십자군 전쟁을 거치면서 전 유럽으로 알려지고 확산됐다. 성 게오르기우스의 십자가는 십자군 원정의 군기로 사용되었고, 잉글랜드의 왕 리처드 1세(Richard I, 1157~1199)는 성 게오르기우스를 자신과 자기 군대의 수호성인으로 삼았다. 성 게오르기우스에 대한 새로운 영웅적 전설은 1260년경 제노바의 대주교 보라기네의 야코부스(Jacobus de Voragine, 1228~1298)가 쓴 『황금 전설 (Legenda aurea)』에서 처음 등장한다.

카파도키아의 원주민이었던 게오르기우스는 군인으로서 호민관 계급을 갖고 있었다. 어느 날 그는 리비아 지방의 실레나라는 도시에 여행을 가고 있었다. 이 마을 가까이에는 호수만 한 큰 연못이 있었는데, 그 안에는 역병을 일으키는 용이 숨어 있었다. 이 괴물의 광포를 달래기 위해 마을 사람들이 매일 두 마리의 양을 용의 먹이로 바쳤다. 결국 마을에는 양이 떨어졌고 사람들은 용에게 양 한 마리와 남자 혹은 여자 한 명을 공물로 바쳤다. 제비뽑기로 청년이나 처녀의 이름이 뽑히면 징발에서 면제되는 사람은 없었다. 곧 젊은이들은 거의 모두가 잡아먹히고 말았고, 어느 날 왕의 외동딸이 제비에 뽑혔다. 공주는 포박되고 용을 위한 제물로 바쳐졌다. 왕은 슬픔으로 정신을 잃고 자신의 금과 왕국의 절반을 내놓으며 공주를 살리고자 하였으나, 진노한 백성들은 이를 거부했다. 왕은 눈물을 흘리며 공주를 축복했고, 공주는 호수를 향해 출발했다. 이때 게오르기우스가 우연히 공주 옆을 지나가게 되었고, 자초지종을 들은 게오르기우스는 공주를 돕는다. 용이 나타나자 성인은 치명상을 입히고, 공주의 허리띠를 용의 목에 감게 하여 도시로 들어간다. 그는 두려워 도망가는 사람들에게 그리스도를 믿고 세례를 받으면 용을 죽이겠다고 말한다. 그날 여인과 아이들은 계산에 넣지 않고 2만 명이 세례를 받았고 게오르기우스는 칼을 뽑아 용을 죽이고 용을 도시 밖으로 옮기라고 명령한다. 네 마리의 수소들이 용을 성벽 바깥에 있는 넓은 들판으로 끌어내었다. 왕은 게오르기우스에게 많은 돈을 주었는데 그는 돈을 거절하고 가난한 자에게 나누어 주라고 하고 왕에게 작별을 고했다. (보라기네의 야코부스, 『황금 전설 : 성인들의 이야기』, 크리스찬다이제스트, 2007, 385~392.)

미술사학자 정은진의 연구("용과 싸우는 성 게오르기우스 : 순교자에서 기사로", 「서양미술사학회논문집」, vol 38, 2013)에 따르면, 게오르기우스의 성인 이미지에 군인 이미지가 삽입된 때는 11세기경이었다. 10세기 이전까지 숭고한 순교자로만 각인되었던 성 게오르기우스에게, 십자군 전쟁이라는 거대한 전환점이 계기가 되어 이교도와 싸우는 전사의 이미지가 덧씌워진 것이다.

그 이미지 전환의 절정으로 12세기 『황금 전설』을 통해 용과 싸워 여성을 구하는 스토리가 가미되었다. 이는 그리스의 영웅담 '페르세우스와 안드로메다'의 이야기와 오버랩 된다. 거룩한 순교자가 벌이는 용과의 투쟁은 기독교 성인을 영웅으로 이상화하기에 적합한 소재였다. 용과의 사투 끝에 공주를 구한다는 설정은 중세 유럽 최고의 판타지 『트리스탄과 이죄(Le Roman de Tristan et Iseut)』 이야기에서 차용되었다. 켈트인들의 전설을 근간으로 구전되었던 설화를 12세기 프랑스 남부 시인들이 필사해 전 유럽에 알려진 트리스탄과 이죄의 사랑 이야기는 기사가 용을 물리치고 미녀를 구하는 일화로 유명하다.

파올로 우첼로가 그린 〈성 조지와 용〉 (1458~1460년)

그러면 왜 이런 성 게오르기우스에 대한 새로운 전설이 12세기 유럽에 등장하게 되었을까? 313년 그리스도교의 공인 이후 교회는 꾸준한 선교와 교세 확장을 통해 중세 기독교 유럽을 구축하는 데 성공했으며, 엄격한 기독교적 윤리관과 평화주의를 표방했다. 공교롭게도 1000년경에 이르러 신흥 직업군이 등장했는데, 바로 '기사'였다. 야금술과 말 사육 기술의 성장, 무기와 등자鐙子의 발달은 막대한 자금력을 지닌 귀족들이 주군에게 충성하는 직업 전사들을 육성하도록 자극했다. 그러나 교회는 다수 직업군인의 등장을 반기지 않았다. 성직자들은 살인의 죄를 범하지 않으면서도 정기적으로 전투를 하는 방법을 고안해 냈고, 교회가 제시한 대안이 바로 '십자군'이었다. 교회는 기사들이 서로를 죽이는 대신 이교도들을 죽이도록 권장했다. 이렇게 10세기의 유럽 교회는 세속적 지위를 잃지 않으면서도 약자를 위해 무력을 행사하는 이상적 전사의 모델을 새롭게 창출하고 있었다. 그 모델이 바로 '성 게오르기우스'였다.

타자를 향한 정복과 폭력의 상징

교회가 고안하고 확산시킨 성 게오르기우스의 전설은 십자군 전쟁에 강력한 동기를 제공하였으며, 마침내 광기 어린 폭력과 정복의 역사를 미화하고 정당화하는 데 활용되었다. 십자군의 역사는 기독교가 인류에 끼친 가장 치욕스러운 만행의 역사로 평가된다. 그 해악은 기독교 이외의 세계를 타자화·악마화하고 그에 대한 혐오와 분노, 폭력을 정당화하는 사유(思惟)의 메커니즘을 제공한 것이었다. 게오르기우스가 용과 싸우는 모습은 그러한 타자의 이미지를 구체적으로 구현해 주었다. 기독교에서 용은 악마나 사탄으로 묘사되며 적그리스도로 규정(계 12:7-9; 20:2)되었다.

〈십자군을 이끄는 그리스도〉, 1090년경.
십자군의 창과 방패에 성 조지의 십자기가 그려져 있다.

기독교 외부 세계를 '너'가 아닌 '그것'으로 규정하며 악마화·타자화한 기독교 유럽의 정신은 '힘의 숭배'를 신학화한 제국주의의 수립에도 기여하며 전 세계로 파급되었다. 아이러니하게도 서구 제국주의 팽창의 역사는 명실상부 '기독교 유럽'의 세계적인 확산 과정이기도 했다. 미국의 교회사학자 라투레트(Kenneth Scott Latourette)는 기독교의 지구적 확산이 절정에 달한 1800년대를 '위대한 세기'(the Great Century)라고 칭송했다. 그러나 20세기까지 전개된 서구 기독교의 세계 선교는 아시아·아프리카·아메리카의 대부분을 침략하고, 수탈하고, 학살하고, 다양한 문화를 파괴하고, 개종을 강요하는 과정이었다. 기독교 이외의 세계를 이교와 사탄의 영토로 규정했던 십자군의 관점과 다르지 않았다. 19세기 말 내한한 개신교 선교사들에게서도 이러한 타자 인식의 메커니즘은 여실히 작동했다.

소래교회에 내걸린 성 조지 십자기는 그리스도교 신앙과 복음의 순전한 시그널이기도 했지만, 그 이면에는 기독교 세계 바깥에 대한 혐오와 분노, 폭력을 정당화해 온 십자군의 신학과 서구 제국주의 민낯의 이중성이 교차하는 심벌이었다. 한국교회사의 아이러니는 바로 이러한 서구 제국주의의 심벌이 내걸린 교회가 신생 일본 제국주의의 침략에 신음하던 민중의 최후 피난처가 되었다는 점이다. 이는 기독교 선교 국가와 제국주의 침략국이 분리된 교회사의 첫 현장으로서 한반도가 빚어낸 역사의 이중 구조였다. 이러한 한국 기독교 역사의 특수성은 한국 근현대사를 관통하며 교회의 야누스적 두 얼굴을 끊임없이 반복하여 보여주었다. 현대 한국교회의 대표적 인물이 해방 공간에 남긴 설교문의 한 대목이다.

> 1848년 마르크스와 엥겔스가 발표한 공산당 선언 첫 구절은 이런 말로 시작합니다. '한 괴물이 유럽을 횡행하고 있다. 곧 공산주의란 괴물이다.' 저들의 말대로 공산주의야말로 일대 괴물입니다. 이 괴물이 지금 삼천리강산에 횡행하며 삼킬 자를 찾고 있습니다. 이 괴물을 벨 자 누구입니까? 이 사상이야말로 묵시록에 있는 붉은 용입니다. 이 용을 멸할 자 누구입니까? (한경직 목사, 1947년 설교 "기독교와 공산주의" 중에서, 『건국과 기독교』, 보린원, 1949. 212.)

저 그로테스크한 성 게오르기우스의 전설 이야기로 야기된 중세 기독교 유럽의 광기와 폭력이 20세기 한국 현대사에서도 결코 낯선 풍경이 아니었음을 한국교회의 한 걸출한 목회자의 일성에서 모골이 송연해지는 것은 과민한 감흥일까.

한국교회에 나부낀 첫 깃발은 복음의 향긋한 매력과 십자군의 비릿한 광기가 교차하며 황해도 장연 땅에서 펄럭이고 있었다.

태극기는 누가 처음 만들었을까?
굴종의 시대 지나 자주의 푯대 세우다

　우리나라의 첫 국가 상징 태극기는 누가 창안하고 만들었을까? 결과부터 말하면 이응준 제작설과 박영효 제작설이 상당 기간 갑론을박 하다, 현재 이응준의 창안, 박영효의 제정, 조선 정부 반포라는 단계로 전개·확정되었다는 것이 일반적인 통설이다.

　전근대 국가 조선에는 근대국가의 필수 아이템인 국기國旗가 존재하지 않았다. 국기를 정하는 제도는 서양에서 유래했고, 오랫동안 중국에 사대하고 쇄국정책을 고수해 온 조선은 근대 독립국가로서의 상징에 대한 필요를 크게 느끼지 않았다.

　조선은 1875년 강화도 일대에서 일어난 운요호雲揚號 사건 이후, 서양 각국과 외교 관계를 수립하는 과정에서 비로소 국기의 필요성을 인식하게 되었다. 1876년 1월 강화도조약朝日修好條規 체결 과정에서 일본은 "운요호에는 엄연히 일본 국기가 게양되어 있었는데 왜 포격을 했는가"라며 트집을 잡았다. 당시 조선 관리는 국기가 무슨 의미와 내용을 지니는지조차 몰랐다.

1875년 강화도를 침략한 운요호. 선미 상단에 일장기가 계양되어 있다.

1876년과 1880년에 2차에 걸쳐 수신사 일행이 일본을 다녀왔고, 1881년 2월에는 일본시찰단(신사유람단) 일행이 방일했다. 이렇게 잦은 조일 간 교류와 서구 열강의 개항 요구는 조선 정부의 국기 제작 필요성을 절감하게 했다. 1881년 9월 4일 충청도관찰사 이종원李淙遠이 고종에게 국기 제정에 대한 장계를 올렸고, 1882년 미국과의 조미수호통상조약 체결 과정에서 국기 제작은 더욱 구체화되었다.

이응준의 첫 태극기 도안

1882년 5월 22일, 제물포에서 조미수호통상조약이 체결될 당시, 역관이었던 이응준李應俊(1832 ~ ?)이 5월 14일과 22일 사이에 미국 힘정 스와타라(Swatara)호 안에서 처음 태극기 도안을 완성했다. 당시 상황은 매우 긴장감이 흘렀는데, 청국 특사로 내한한 마젠중馬建忠은 조선이 청국의 속국이므로 청국의 국기(황룡기)와 유사한 '청운 홍룡기'靑雲紅龍旗를 게양할 것을 강요했다. 그러나 미국 전권특사 슈펠트(Robert W. Shufeldt) 제독은 조선을 독립국으로 인정하려는 미국의 정책에 위배된다고 판단해 조선 대표에게 국기를 제정해 사용하라고 촉구했다. 물론 고종도 청국의 이러한 태도에 매우 불편한 심기를 드러냈다. 이에 김홍집은 역관 이응준에게 국기 제작을 명했고, 태극기는 조선의 국기로서 조미수호통상조약 체결 조인식에서 성조기와 함께 나란히 게양되었다.

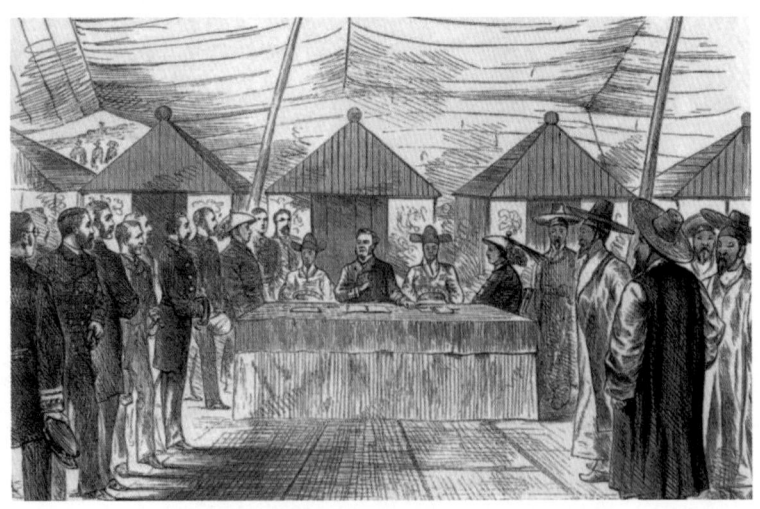

제물포에서 열린 조미수호통상조약 체결 당시의 모습(1882)
성조기와 태극기의 게양 모습은 기록화에 수록되지 않았다.

현재 조미수호통상조약에 게양되었던 태극기의 실물은 전해지지 않는다. 다만 1882년 7월 19일 미 상원의 의결과 28일 하원 동의를 통해 미 해군부에서 발간한 『해양 국가의 깃발들(Flags of Maritime Nations)』(1882)에서 이응준이 도안한 태극기로 추정되는 이미지가 수록되어 있다. 이 책은 1882년 당시 세계 49개국 154점의 깃발을 소개하면서 태극기의 삽화를 선보였다. 영문 명칭에는 'Corea'라고 표기되어 있고, 태극기 하단에는 'Ensign'(선적기)라는 설명이 붙어 있다(1899년 간행된 제6판에는 태극기 하단에 'National Flag'(국기)라는 설명으로 수정). 이는 조미수호통상조약이 체결될 당시 미국이 태극기의 실물(혹은 사진이나 스케치 등)을 입수하여 그 도안을 책에 수록했을 것으로 짐작된다. 물론 처음에는 이응준 태극기가 선적기의 의미로 고안되었지만, 이후 조미수호통상조약 체결 과정에서 조선의 독립국 정체성을 대내외에 알리는 상징으로 사용되었다는 사실은 분명해 보인다.

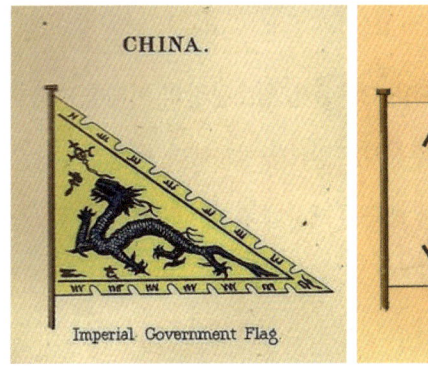 

미 해군에서 간행한 『해양 국가의 깃발들 Flags of Maritime Nations』 (1882)에 수록된 청국 황룡기(좌)와 이응준의 태극기(우, 추정)

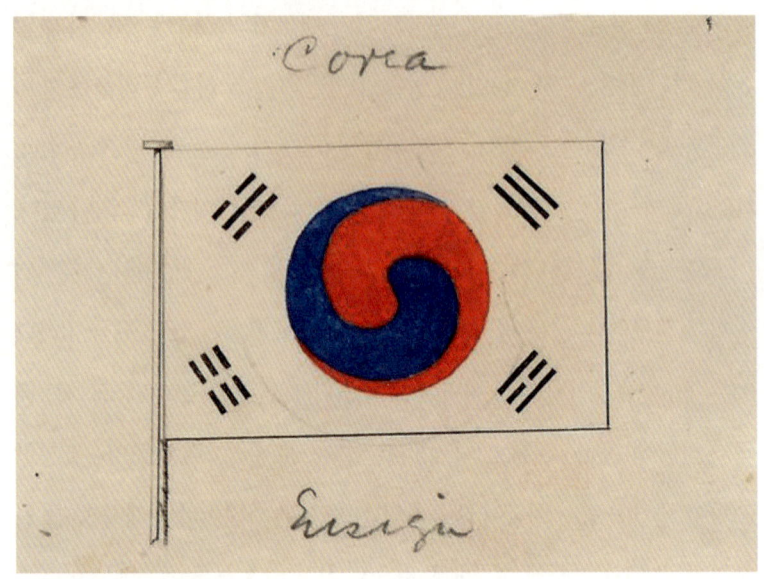

로버트 W. 슈펠트 제독의 외교문서 철에 들어 있던 태극기 도안.
한미수호통상조약 체결 직후 미 해군에서 간행한 『해양 국가의 깃발들』에 수록된
태극기의 도안과 거의 일치한다. [미국국회도서관 소장]

박영효의 태극기 도안 확정

박영효朴泳孝(1861~1939)는 1882년 8월, 임오군란의 피해를 수습하기 위해 특명전권대신 겸 제3차 수신사로 일본을 방문했다. 박영효가 쓴 일본 방문기 『사화기략』使和記略에는 태극기 제작에 관한 구체적인 기록이 언급되어 있다.

영국 국립문서보관소 소장문서에 실려 있는 태극기.
이 태극기는 1882년 11월 일본 외무성 관원 요시다 기요나리(吉田淸成)가 영국 공사 해리 파크스
(Harry S. Parkes)에게 보낸 문서에 남아 있다. 이 문서 작성 시기는 박영효의 일본 체류 기간과
일치하며, 당시 박영효가 각국 공사에게 태극기를 배포했다는 점에서
이 태극기는 박영효의 도안으로 추정된다.

1882년 9월 25일, 맑음. 새벽 4시 고베에 도착해 아침 8시에 숙소인 니시무라
야(西村屋)에 여장을 풀고, 누각에 올라가 경치를 구경했음. … 새로 제작한 국
기를 누각에 달았음. 흰 바탕의 천을 네모나게 세로로 깃대에 걸었는데, 세로의
길이는 가로의 5분의 2를 넘지 않았음. 중앙에는 태극을 그려 청색과 홍색으로
메우고, 네 모서리에는 건(乾)·곤(坤)·감(坎)·리(離)의 4괘를 그렸음. 이는 일찍
이 상감으로부터 명령을 받은 바임.(『국역 해동 총재 XI』 중 '사화기략', 87.)

박영효의 이 글을 통해 태극기 제작이 개인적인 결정이 아닌 오래전부
터 고종의 명으로 진행되었던 프로젝트임을 알 수 있다. 초기 태극기 제작

은 그런 의미에서 당시 청국의 간섭과 통제를 벗어나 자주국가로 가기 위한 길을 모색한 고종의 의지가 반영된 작업이었다고 볼 수 있다.

박영효는 같은 글에서 태극기는 일본으로 가는 선상에서 제작했으며, 그 디자인은 일본 주재 영국 영사 애스턴(W. G. Aston)과 상의해 당시 해외 각국 깃발에 대한 지식이 풍부한 영국인 선장과 의논해 만들었다고 진술하고 있다. 영국인 선장은 "태극 주변의 8괘는 시각적으로 복잡하고 타국에서 모방하기가 불편하기 때문에 4괘만을 네 모퉁이에 그려 넣으면 좋겠다"고 제안했고, 이를 받아들여 3개의 시안을 만들었다고 한다. 그리고 이렇게 확정된 국기의 시안을 조정에 보내 보고했다(『사화기략』 89~90.). 태극기는 이듬해인 1883년 3월 6일자 『승정원 개수 일기』承政院改修日記에 국기 반포에 관한 왕명이 실려 공식 채택되었다.

박영효 방일 당시 일본 유학 중이던 유길준(좌)과 그가 그린 태극기(우).
그 형태와 구성이 박영효의 태극기와 유사하다.
『유길준 전서 4』, 일조각, 1996.

박영효는 이응준의 태극기에서 4괘卦의 좌우 위치를 바꾸었으며 그 모양이 오늘 우리가 사용하는 태극기 모본으로 확정되었다. 이응준과 박영효의 태극기 도안 제작 과정은 4개월이라는 짧은 기간에 이루어진 매우 역동적인 노정의 산물이었다.

이상재의 태극기 제작설

이상의 내용에서 태극기의 첫 도안자에 대해서는 그동안 여러 논쟁이 있었지만, 시기적으로 이응준의 태극기 도안(1882년 5월)이 가장 앞섰으며, 이후 박영효가 이응준의 태극기를 오늘의 모습과 유사하게 확정(1882년 9월)했고, 이듬해 조선 정부의 공식 채택과 반포(1883년 3월) 과정을 거쳐 우리 민족 역사 속에 널리 확산되었다는 사실을 알 수 있다.

월남 이상재

그런데 그동안 학계에서 이응준과 박영효의 양 제작설이 갑론을박하는 동안 간과되었던 다른 하나의 주장이 있었으니 바로 월남月南 이상재李商在(1850~1931)의 제작설이다. 이상재 선생은 구한말과 대한제국 시기 문신으로 일본시찰단(1881) 수행원, 주미공사 서기관, 학무아문 참의, 의정부 총무국장 등을 지낸 엘리트 정치인이었다. 그는 1902년 개혁당 사건으로 체포되어 한성감옥에서 옥고를 치르던 중, 성서를 읽고 개종해 기독교인이 되었다. 출옥 후 이상재는 YMCA를 중심으로 민족운동을 전개하며 조선교육협 회장, 조선민립대학 설립운동 주도, 흥업구락부 회장, 신간회 회장 등의 활동을 통해 한국 기독교의 사회운동, 교육운동, 민족운동에 큰 역할을 했다.

초대 주미공사관원 일행. 앞줄 왼쪽부터 이상재·이완용·박정양·이채연.
뒷줄 왼쪽부터 김노미·이헌용·강진희·이종하·허용업 등 수행원과 하인들

고환규는 '태극기와 월남 이상재 장로'라는 기고(1978년 월간 「목회」 9월호)를 통해 태극기의 최초 창안자가 이상재라는 주장을 제기했다. 1882년 당시 22세에 불과했던 박영효보다는 11세 연상이었고 당시 『주역』과 『태극도설』에 조예가 깊었던 이상재가 최초의 태극기 창안자로서 더 유력하다는 것이다.

이상재는 1881년 1월(박영효가 사절단으로 방일하기 1년 전), 박정양을 단장으로 구성된 일본시찰단(신사유람단)이 일본에 파견될 때 박정양의 개인 비서 자격으로 동행하였다. 당시 박정양은 국가를 대표해 방일하는 일본시찰단이 국가를 상징하는 국기를 갖고 일본에 입국해야겠다는 생각에 비서인 이상재에게 깃발을 고안하라고 지시했고, 이상재는 선상에서 태극기의 초안을 완성했다는 것이다. 이렇게 1881년 일본시찰단 방일 과정에서 이상재가 고안한 태극기는 이후 전개된 대일對日, 대미對美 외교 활동에서 조선을 상징하는 국기로 사용되었다고 한다. 다음은 이상재의 유족인 이홍식李鴻植 씨의 주장이다.

조선의 초대 주미공사를 지낸 박정양.
그는 주미공사로 지낸 11개월간 미국을 관찰·탐문한
기록인 『미속습유(美俗拾遺)』를 남겼다.

할아비지께서 태극기를 만드셨다는 말은 구전(口傳)으로 심심찮게 들어왔습니다. 개화 초기 외교관 박정양 씨와 가장 밀착해 계셨던 조부는 일찍이 역학(易學)에 달통하신 관계로 박씨의 요구에 따라 능히 오늘의 태극기를 창안한 줄 아는데 우리 한산(韓山) 이씨 가문은 무슨 일을 밖에 선전하지 않는 미풍을 지키느라 내세우지 않아요. ('이홍식의 증언", "태극기와 월남 이상재 장로", 「목회」, 1978년 9월호, 154.)

고환규의 글에서는 YMCA에서 이상재로부터 가르침을 받아 사제관계를 맺었던 윤치영尹致暎(1898~1996)의 진술도 장문으로 인용했다. 윤치영은 "월남 선생은 후일에 우리와 접촉할 때에도 유학 체계에 밝고『주역』과『태극도설』에 깊은 이해가 있는 자신이 그때 태극기를 손수 고안하고 박정양 씨와 의견을 모아 직접 내 걸었다는 말을 비친 적이 있다"고 말했다. 또 "월남 선생 측근의 많은 인사들과 함께 나는 선생으로부터 태극기가 지닌 심오한 의미의 말씀을 자주 들을 기회가 있었고, 그 해명을 육성으로 듣곤 했다"고 증언했다. 윤치영은 이러한 정황적 근거들을 토대로 이상재가 태극기를 고안하고 창제한 인물이라는 주장을 굽히지 않는다고 말했다.

생전에 이상재는 잡지 「별건곤」에 자신이 미국공사관 서기관으로 임명(1887)되어 박정양 전권대사와 함께 도미할 당시의 회고문을 기고했다. 이 글을 통해 월남은 당시 조선의 국기인 태극기가 미국 땅에 나부끼는 모습을 매우 상세히 묘사하고 있다.

1891년 고종의 내탕금 2만 5000달러로 사들인 두 번째 주미공관.
입구의 태극 문양과 실내 집무실에 게양된 태극기

도처에 흔날리는 태극기

이 상투잡이 공사의 일행인 우리가 떠날 때에 공사관에 게양할 조선 국기를 미리 예비한 것은 물론이어니와 우리가 타고 가는 기선 중에도 좌상에 국기를 꼬잣섯는데 눈치 빠른 선주는 벌서 우리 국기를 준비하야 식당이나 우리 출입하는 문구에다 게양하고 또 미국에 상륙할 시에도 부두, 정차장, 차내, 호탤까지 우리 국기를 게양하야 환영의 의를 표하엿섯다. 도처에 조선 국기를 볼 때에 반갑기도 하려니와 미국인의 외교술이 발달된 것도 감복하엿섯다." (이상재, "상투에 갓 쓰고 미국에 공사갓든 이약이", 「별건곤」 제2호 1926년 12월 1일)

합력하고 조화하여 완성한
민족의 상징, 태극

이상재가 자신을 태극기 최초 창안자라고 공개적으로 밝힌 문헌이나 증거는 아직 발견되지 않는다. 다만 1948년 2월 8일 「경향신문」에 유자후 柳子厚(1895~ 납북, 이준 열사의 사위, 경사經史에 해박하며 신학문新學文에도 능통했다고 전해진다.)가 기고한 '국기 고증 변辨'이라는 글을 보면 이상재가 태극기 제작 과정에서 일정 부분 참여했으리라는 정황적 개연성이 확인된다.

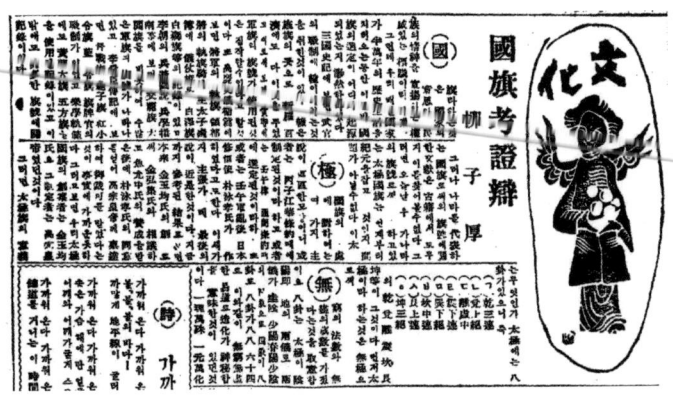

유자후, "국기 고증 변", 「경향신문」 1948년 2월 8일

나라를 대표하는 국기로서의 기호에 관한 문헌은 고적에서 도무지 이를 찾아볼 수 없다. 그러면 오늘날 우리나라의 기호로써 이 태극 국기의 근거에 대하여는 여러 가지 주설이 구구한 모양이니, 혹자는 병자 강화조약(1876) 때에 제정된 것이라 하고, 혹자는 임오년 한미 통상조약(1882) 때 선정된 것이라 하고, 또 혹자는 임오군란 후 일본 수신사(1882) 박영효 씨가 작(作)하였다 하기도 한다. 이 세 가지 주장 가운데 최후의 설이 근시(近是, 사실에 가까운)한 것이다. 지금까지 참고된 결과를 보면 본래 김옥균 씨의 창○(創○)로써 김홍집 씨와 상의하고 어윤중 씨의 찬성을 받은 후에 박영효 씨의 동의를 얻어 고종 황제께 품달하여 어재가를 받았다는 것이 사실에 가까운 듯하다. 그리고 보면 우리 태극기의 창안자는 김옥균 씨요. 그 제정자는 고종 황제였던 것이다.

… 우리 태극 8괘의 국기가 이와 같은 경위와 이와 같은 뜻을 갖고 탄생하기는 실로 대조선 개국 491년 임오년 7월 25일 고종 19년 서력 1882년이니, 지금으로부터 67년 전에 특명전권대사 수신사 박영효 씨가 국서를 받들고 일본으로 향하였던 날이다. 그리고 고종 황제께서 각국의 기호와 비교하여 만약 고칠 점이 있거든 고치라는 품허까지 내리셨다. … (유자후, '국기 고증 변(辨)', 「경향신문」 1948년 2월 8일)

유자후가 쓴 '국기 고증 변'에는 기존의 이응준·박영효 제작설과는 결이 다른 새로운 주장이 제기된다. 그의 글에는 이응준에 대한 언급은 발견되지 않으며, "지금까지 참고된 결과" 김옥균·김홍집·어윤중·박영효 등이 논의를 거쳐 고종의 재가를 받았다는 잠정적 결론을 내리고 있다(유자후가 이 글을 쓰기 위해 어떤 자료들과 관련 증언 등을 수집, 근거로 삼았는지는 추후 심층 연구 과제이다). 태극기 창안이 어느 한 사람의 독단적인 노력이나 재능으로 성취된 결과가 아니라 당대 집단 지성의 협업과 공동 작업의 결과라는 관점이다. 그리고 당시 청국의 영향권에서 벗어나 독립국가의 자주성을 획득하려 한 고종의 의지와 노력이 반영된 것이라고 보고 있다.

유자후의 「경향신문」 기고에서도 이상재는 언급되지 않는다. 다만 그의 글에서 언급된 인물들 중 김홍집은 이상재가 수행원으로 참여한 1881년 일본시찰단의 조직과 출범의 제안자였으며, 김옥균·어윤중은 이상재와 함께 일본시찰단에 직접 참가한 단원이었고, 박영효는 이듬해 일본사절단 대표로 활동한 인물이다. 아울러 1882년 박영효의 태극기 도안을 기록으로 남긴 유길준은 이상재와 함께 1881년 일본시찰단에 동행하여 도일 후 곧바로 최초의 일본 유학 생활을 시작한 인물이다.

이처럼 태극기와 관련한 여러 인물 간의 친밀성과 유기적인 관계망을 미루어 보았을 때, 이응준과 박영효가 태극기를 고안하고 확정 짓기 이전부터 고종의 주도하에 당시 조정의 젊은 인재들이 협력하여 조선 국기의 도안을 함께 궁리하고 모색하는 과정이 진행되고 있었으리라는 점을 미루어 짐작할 수 있다. 이러한 역동적인 시대 흐름 속에 이상재도 이들과 함께 일했을 것이며, 그도 태극기 창안에 일정 부분 역할을 감당했을 개연성은 충분히 있다.

동양의 하늘과 서양의 하늘을
조화케 하는 믿음

그럼에도 굳이 이상재가 태극기의 최초 창안자라고 무리하게 주장하며 논쟁을 야기할 필요는 없을 것 같다. 다만 그가 사대事大를 국시國是로 삼았던 조선의 사대부士大夫로서 독립국가의 상징인 태극기를 바라보며 느꼈을 감흥과 시대 인식은 어떠했을까 하는 점에 더 주목하게 된다. 그가 조미 수교 이후 주미공사관 서기관으로 처음 도미하는 과정에서 미국 땅에 펄럭이는 태극기를 바라보았던 고백은 청국 공사의 간섭과 훼방을 물리치며 주체적인 독립국의 시민으로서의 정체성을 어렴풋하게나마 재발견하는 전환기적 장면이기 때문이다.

19세기 말, 이상재가 새롭게 올려다보았을 태극기는 지난 500여 년간 지속된 반상과 남녀의 차별, 상하 군림과 굴종의 역사를 극복하고 만국과 만민이 평등하게 공존하는 새로운 시대정신과 세계관을 상징하는 "맑고 곧은 이념의 푯대"였던 것이다. 태평양을 건너 맞이하게 된 태극기의 자유로운 나부낌은 억압된 과거를 벗어나 자주적 독립국가로 나아가는 새 시대의 시그널이었다. 그런 의미에서 오늘날 태극기의 첫 창안자로 구한말 당시 최고 엘리트였던 이상재나 박영효보다도 역관 출신의 중인 이응준이 지목되고 기억된다는 사실은 역설적인 감동과 울림을 준다.

근대국가 수립 과정의 상징인 태극기의 계양 앞에 가슴 뜨거웠던 인간 이상재의 애민 애족 정신은 이후 큰 정치적 시련 속에서 기독교 신앙과 만나 더욱 견고해졌다. 그는 유자 출신 기독교인으로서 동양의 지혜와 정신 유산을 기독교와 조화하고 상호 보완하는 관용과 공존의 가치를 추구했다. 그는 종종 '하나님'이란 호칭 대신 유교의 '상제'上帝를 즐겨 사용했다. 동양의 하늘이 기독교의 하나님과 다르지 않음을 강조했다. 그가 잡지 「신생명」에 기고한 "참평화"眞平和라는 글의 일부 내용이다.

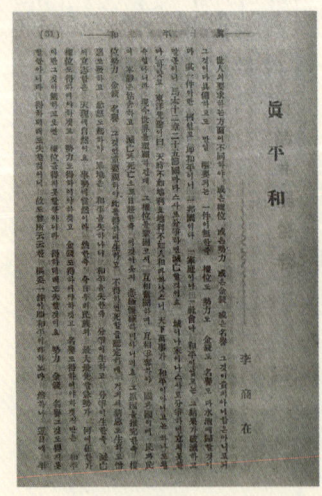

이상재, "眞平和", 「신생명」, 1924년 4월, 31.

마태 십이장 이십오절 '국(國)마다 스스로 분쟁하면 멸망할 것이요, 성(城)이나 가(家)이나 스스로 분쟁하면 입(入)치 못한나' 하였고, 동양 선성(先聖)이 왈(日) 천시불여지리(天時不如地利, 하늘이 주는 좋은 때는 지리적 이로움만 못하고)요, 지리불여인화(地利不如人和, 지리적 이로움도 사람의 화합만 못하다)라 하였으니, 천하만사가 화평(化平)이 아니고는 하나도 될 수 없나니라. … 우리 기독(基督)이 자기를 희생하여 사람(人)의 죄를 대속하신 진의(眞意, 참뜻)를 불망(不忘, 잊지 않을 것)할지니, 진평화(眞平和)의 본원(本源)은 애(愛, 사랑)와 노(怒, 애씀)에 재(在, 있다)하다 하노라. 동양 선성(先聖)도 부도(夫道)는 인노(人怒)뿐이라 하였나니라. (이상재, "眞平和", 「신생명」, 1924년 4월호, 31.)

이상재의 삶은 그리스도의 대속의 사랑과 진리를 잊지 않으면서도 동양 성현들이 남긴 지혜와 수덕修德의 정신 또한 무시하지 않는 균형감을 보여 주었다. 이상재는 태극의 조화로운 이미지처럼 평생을 흔들림 없이 이 땅의 고통 받는 민족에 대한 애정과 그리스도의 사랑을 실현하기 위해 헌신하고 투쟁했다. 그가 감히 그러한 삶을 살아 낼 수 있었던 것은 새 시대를 향한 "맑고 곧은 이념의 푯대"가 그의 내면 깊숙이 뿌리내리고 있었던 까닭은 아니었을까.

1923년 함흥 지역
YMCA 농촌 강습회를 마치고
청년들과 함께한
월남 이상재 (맨 왼쪽)

무지 무능한 태극이 어찌 능히 세계를 창조하랴
태극 사상과 기독교 신앙의 충돌과 제휴

> 우리는 대학과 신학교의 새 건물을 세워야 합니다. … 지금은 황금의 기회입니다. 선교지가 열렸습니다. 우리의 지도력이 인정을 받았습니다. 앞서 있는 우리의 위치를 지키려면 계속하여 앞을 향해 전진해야 합니다. 우리 남감리교 형제들은 신학 사업을 도와주겠다고 약속했습니다. 현재 학교들의 첫 번 교재는 『천자문(Thousand Character Classic)』입니다. 두 번째 교재는 간단한 진리를 다음과 같이 명료하게 가르칩니다. :
> 태극(Great Absolute)의 근원을 자연에 존재하는 음과 양의 원칙에 두고, 오행(Five Primordial Essences)이 탄생하여, 기의 원리가 제일 먼저 옵니다. 나뭇잎들과 가지들처럼 많은 사람들 사이로 성자가 하늘과 함께 와서 질서를 잡아 줍니다. 그중 하나는 (혀가 세 개 있고 물고기처럼 비늘이 있는) 옥황상제이고, 다른 하나는 (용머리에 사람 얼굴을 가진) 인간 황제입니다. 또 하나는 (말 다리와 용의 몸뚱이를 가진) 대지 황제입니다.
> 학교 졸업 후의 과정으로 학생들은 『주역(Book of Changes)』을 읽습니다.
> (H. G. 아펜젤러, "한국 : 선교 현장, 우리들의 사업과 기회"(1901), 『아펜젤러와 한국』, 배재대학교, 2012. 81.)

한국 개신교의 선교가 비교적 안정 궤도에 오른 20세기 초, 초대 내한 선교사 아펜젤러(Henry Gerhart Appenzeller, 1858~1902)가 1901년 1월 필라델피아 목회자협회에서 발표한 보고서의 일부 내용이다. 이 글에서 아

아펜젤러는 한국의 지리와 기후, 풍속, 문화, 종교와 정치 등을 간략히 소개한 후, 한국의 초기 선교 과정과 향후 과제 등을 비교적 상세히 보고하고 있다. 그 가운데 대학과 신학교 설립에 대한 언급에서 그는 서양인들에게는 낯선 단어 '태극'(Great Absolute)을 언급한다. 감리교에서 설립한 최초의 근대식 교육기관(배재학당)에서 학생들을 가르칠 때 사용하는 첫 교재가 바로 『천자문』이라는 점을 소개하며, 이러한 동양적 가치 체계인 한문 교육으로 한국 기독교 지도자들 양성이 시작된다는 사실을 밝히고 있다. 특히 '태극'이라는 동양의 근본적 우주관에 대한 교육이 이루어지고 있음을 특별히 언급하고 있다.

물론 배재학당에서는 한글·한문 외에도 영어·수학·과학·미술·음악·토론·성경과 테니스·야구·축구 같은 체육에 이르기까지 다양한 과목을 가르쳤다. 그럼에도 아펜젤러가 한국에서 진행되는 기독교 교육 기초 과정을 언급하며 "태극 사상"을 소개하고 있다는 사실은 오늘을 살아가는 우리에게 오히려 매우 낯설고 신선한 충격까지 느끼게 한다. 아펜젤러는 배재학당의 정규 과정을 수료한 학생들이 졸업 후에도 『주역』을 연구한다는 점을 연이어 소개했다. 그는 왜 초기 한국의 기독교 지도자들과 신학생들에게 『주역』을 읽도록 했을까? 한국 최초의 근대식 교육기관이자 기독교 미션스쿨인 배재학당에서 "태극 사상"을 가르친 까닭은 무엇일까? 초기 내한 선교사들과 한국인 개종자들에 의해 "태극"은 어떻게 인식되고 해석되었을까?

초기 배재학당의 학생들과 아펜젤러 선교사 (오른쪽 맨뒤)

상제냐 하ᄂ님이냐 :
초기 한국교회의 '태극 사상' 이해의 기본 틀

서구 그리스도교가 아시아에 본격적인 선교를 착수하는 과정에서 직면하게 된 현실은 유·불·선을 중심으로 한 동양 종교의 도전이었다. 특히 16~17세기에 중국에 진출한 예수회 선교사들은 유교를 중심으로 한 사회 지도층들을 선교 대상으로 삼고 이들을 설득하기 위한 종교 간 대화를 모색했는데, 이때 이들이 체계화한 이론이 바로 '보유론'補儒論이었다. 보유론은 그리스도교 교리를 유교 이론과 접맥해 유교와 기독교의 유사성을 발견하고, 유교의 결핍된 측면을 그리스도교 복음으로 보완하고 완성한다는 개념이었다. 이는 동양 문화와 사회 속에서 이질적 종교로 인식된 기독교가 취한 적응주의 선교 전략의 산물이었다. 1582년 예수회 선교사로 최초의 중국 선교를 단행한 마테오 리치(Matteo Ricci, 1552~1610)가 주도한 보유론적 선교신학은 이후 유교에 대한 긍정을 전제로 천주와 상제上帝의 동일성, 영혼의 사후 불멸, 천당, 지옥의 존재를 유교 경전을 통해 설명하고자 했다.

17세기 독일 예수회 회원 아타나시우스 키르허가 편찬한 일종의 중국 백과사전인 『중국도설(*China Ilustrata*)』(1667)에 실린 마테오 리치(좌)와 서광계(우)

개신교 초기 내한 선교사 언더우드도 이러한 예수회의 중국 선교의 역사적 산물인 '샹뎨'(상제)나 '텬쥬'(천주)와 같은 신 호칭을 선교 초기에는 적극적으로 사용하였다. 그는 당시 내한 선교사들이, 한국인들이 널리 사용하는 '하ᄂ님' 호칭을 큰 고민 없이 수용하는 과정에 불만이 있었기 때문이다. 1893년 『찬양가』의 출판 과정에서 그는 '샹뎨'와 '텬쥬' 대신 '춤신'과 '여호와'를 채택했다. 이러한 언더우드의 신 호칭 채택은 당시 이미 '하ᄂ님' 호칭을 적극적으로 사용하던 다른 내한 선교사들 사이에서 논쟁을 불러일으켰다. 언더우드는 '하ᄂ님' 호칭을 성급하게 사용할 경우, 혹시라도 기독교의 신 개념이 동양적 정령 개념과 혼합적으로 혼용될 가능성이 있다고 우려했다. 그러나 그는 1894년에 접어들면서 다른 선교사들이 선호해 사용하던 '하ᄂ님' 표기를 수용하기 시작했다. 언더우드 부인은 그 이유에 대해 다음과 같이 진술한다.

> 그러던 얼마 후 빛이 다가와, 그 자신이 잘못된 방식으로 일해 왔다는 것을 알게 되었다. 중국과 초기 한국의 종교를 탐구하는 동안에 옛 한국의 일부였던 고구려 왕국(the Kingdom of Kokurie)에서는 하나님이라 불리는 유일한 신만을 섬겼다는 사실을 발견한 것이다. 그 말은 설명적인 용어로서, 크고 '유일한 하나'(only One)를 가리키는 것이었다. 이것은 이제까지 '하ᄂ님'이란 말의 사용을 한국인들이 이해하고 있었던 것에 대해 그가 발견하였던 것과는 달랐다.
> 그러나 고구려 시대의 그 의미가 원래의 의미이고 지금의 의미는 거기서 파생된 것임에 틀림이 없었으므로, 언더우드는 이 본래의 의미에 담긴 속성을 가지고 이 말이 사용되어야 한다고 결론을 내렸다. 그렇게 사용되면, 그 본래의 의미가 한국인들의 가슴 속에 쉽게 살아날 것이었다. 새로운 발견을 통한 이 빛 속에서

이전에는 자신이 거부하였던 그 말을 사용하는 것이 조리에 맞는 일이라고 생각하였다. (L. H. Underwood, *Underwood of Korea*, 1918.; 이만열 역, 『언더우드 ; 한국에 온 첫 선교사』, 기독교문사, 1990, 136.)

언더우드는 자신이 우려했던 것과 달리 '고대 고구려의 신 개념'과 '기독교의 유일신 개념'이 매우 유사하다는 사실을 발견하면서, '하느님' 호칭이 기독교 내에서 수용되어도 좋겠다는 근거로 삼게 된 것이었다. 헐버트 선교사(H. B. Hulbert, 1863~1949)도 이러한 언더우드의 이해에 동조하는 태도를 보이며, 다음과 같이 말했다.

언더우드(좌)와 헐버트 선교사(우)

이상한 이야기가 되겠지만, 오늘날 한국인들이 소유하고 있는 순수한 종교적인 개념은 외래적인 의식과 아무런 연관이 없고, 원시적인 자연숭배와 거리가 먼 '하느님'에 대한 신앙이다. 이 '하느님'이란 단어는 '하늘'과 '님'의 합성어로 한자어 천주(天主)에 해당하는 것이다. 모든 한국인들은 이 하느님을 우주의 최고 주재자로 간주한다. 그는 자연계에 횡행하는 여러 영이나 귀신들이 무리로부터 떨어져 완전히 분리되어 있다. 이러한 점에서 볼 때, 한국인들은 엄격한 일신론자(monotheists)이며, 이 하느님에 부여된 속성이나 권능은 외국 개신교 선교사들이 기독교를 가르칠 때 거의 보편적으로 이 용어를 수용할 정도로 여호와(Jehovah)의 속성과 권능에 일치한다. … 중국에서는 천주(天主)라는 이름을 가진 우상을 찾아볼 수 있는 데 반하여, 한국인들은 하느님에 어떤 외적인 형상을 만들려고 시도한 적이 없었다. (H. B. Hulbert, *The Passing of Korea*, Wm. Heinemann Co. London, 1906, 404.)

이상의 과정을 살펴보면서 주목하게 되는 것은 초기 내한 선교사들은 한국인들이 기독교의 'God'과 동일한 의미로서 유일성·절대성·보편성이 확보된 신 호칭이 무엇인지를 진지하게 고민했고, 순 한글로 이루어진 '하느님'이라는 호칭에서 그 가능성을 발견했다는 사실이다.

이는 앞서 16세기 명나라에서 활동한 마테오 리치가 성리학의 관념론이 아닌 원시 유교의 경전에 등장하는 '상제'上帝와 기독교의 인격적 하나님을 동일시해 동양 문화 속에서 기독교의 진리성을 증명하려 했듯이, 언더우드를 비롯한 초기 내한 선교사들도 고대의 한국 종교에 존재했던 '신 개념'을 오늘의 기독교 '신 개념'과 연관 지어, 한국인의 심성에 존재하는 유입시켜 핑시를 기독교 복음 선교에 적용하고자 했다는 것을 알 수 있다.

이러한 내한 선교사들의 신 호칭 논쟁은 비슷긴 시기, 한국 개신교의 '태극 사상'에 대한 인식과 해석, 비판과 수용의 과정을 살펴보는 데 중요한 관점을 제공해 준다. '태극'은 바로 우주의 근원과 섭리, 창조론에 대한 동양적 진술이자 인식 체계였기 때문이다. 결국 동양의 태극 사상은 기독교의 신론이나, 창조론과 필연적인 대화에 직면할 수밖에 없었다.

태극은 실상 이치뿐이라 :
최병헌의 태극 사상에 대한 비판적 수용

앞서 언급된 선교사들의 인격적 유일신 개념은 초기 한국 개신교의 타종교 인식과 종교 간 대화 영역에서 가장 중요한 쟁점이자 변증 대상으로 상정되었다. 특히 감리교 잡지 「죠션크리스도인회보」와 초기 개종자이자 한국 최초의 종교학자이며, 기독교 변증 신학자로 알려져 있는 탁사濯斯 최병헌崔炳憲(1858~1927) 목사를 중심으로 동양 세계의 대표적 우주론인 태극 사상에 대해 언급한 기록들이 확인된다.

기독교 개종 이후 최병헌은 「죠션크리스도인회보」에 '논설'과 '삼인 문답', 「신학월보」에 "성산 유람기" 등의 기고를 통해 자신의 종교철학적 입장을 활발히 개진해 나갔다. 그가 「죠션크리스도인회보」에 게재한 것으로 추정되는 "만물의 근본"이라는 논설에서는 동양의 태극 사상에 대한 짧지만 강렬한 비평이 처음으로 확인된다. 이 논설은 『도덕경』, 『주역』, 『유가서』, 『격치서』 등에 언급된 태극 사상의 주요 내용을 요약·소개한 후, 그 사상에 담긴 한계와 결핍 요소를 지적하고 있다.

… 쥬역에 니른바 하놀의 도는 사나희롤 일위고(이루고) 싸의(땅의) 도는 계집을 일위다(이룬다) 흔 말솜이 올타ᄒ고 하놀이 ᄌ시에 열니며 싸히(땅이) 축시에 열니며 사름이 인시에 싱ᄒ여 삼지와 오힝의 긔운으로 만물이 싱기다 ᄒ엿시니 태극의 리치는 뉘가 내엿시며 음양의 긔운은 어디로 왓는지 알수업ᄉ며 … 쥬회암 격치셔에 골아대 태극의 리치가 조화의 지도리(돌쩌귀: 문짝을 문설주에 달아 여닫는 데 쓰는 두 개의 쇠붙이)가 되어 놈녀와 만물을 싱ᄒ는 근본이 되ᄂ니 나의 몸은 곳 텬디의 긔운이요 나의 셩픔은 곳 텬디의 리치라 ᄒ며 리치는 곳 하놀이라 ᄒ고 또 말솜 ᄒ기롤 태극은 만물을 싱(生)ᄒ는 근본이로대 형샹도 업고 지각도 업고 졍의도 업고 계교ᄒ여 혜아림도 업다 ᄒ엿시니 령동활발(靈動活潑)ᄒ는 권능이 업슬진대 **태극은 곳 가련흔 물건이라 엇지 능히 하놀과 싸와 일월과 사름과 초목 금슈롤 내엿시리오** 이거슨 만물의 근본을 크게 닐허 바림(잃어버림)이라 슬푸다 동양 셩인의 요슌 공명 굿ᄒ이는 당초에 하ᄂ님의 도와 만물의 근본을 말솜ᄒ대 업고 송나라 유현들의 리치롤 말솜ᄒ거시 이곳치 몽농(불분명)ᄒ여 후싱(후세)의 이목을 어둡게 훈고로 유셔만 강구ᄒ는 션비들은 지금ᄭ지라도 만물의 근본을 황연히(분명히) ᄭ닷지 못ᄒ는지라 엇지 인지로 교휵ᄒ는 방침에 험뎐(잘못된 점)이 아니리오 ("론셜 : 만물의 근본", 「죠션크리스도인회보」, 제5호, 1897년 3월 3일)

최병헌은 태극 사상의 원리와 그 내용의 탁월성을 부정하지 않으면서도, 태극의 원리를 주관하는 주체 혹은 의지에 대한 근본적인 질문을 던진다. "태극의 이치는 누가 만들었으며, 음양의 기운이 어디서 왔는지" 동양 선현들의 수많은 설명과 주석들로는 도무지 알 수 없다는 것이다. 결국 이러한 태극 사상에 대한 유구한 설명에는 "영동활발靈動活潑하는 권능"이 부재하며, 결국 태극은 "가련한 물건"에 불과하다는 다소 냉소적인 비판을 가한다. 그리고 천지 만물의 창조주가 별도로 존재함을 다음과 같이 역설한다.

탁사 최병헌과 그가 기고한 것으로 추정되는 "론셜 : 만물의 근본"
「죠션크리스도인회보」 (1897년 3월 3일)

반다시 젼지젼능 ᄒ시고 무시무죵 ᄒ시며 대쥬지 되시는 하ᄂ님끠셔 텬디 만물을 창조ᄒ셧ᄂ니 챵챵한 하ᄂᆯ과 막막한 싸히 쏘한 창조ᄒ심을 밧은 물건이라 엇지 만물을 내엿시리오 ("론셜 : 만물의 근본", 「죠션크리스도인회보」, 제5호, 1897년 3월 3일)

최병헌이 이 글을 쓴 시기는 그가 세례를 받은 지(1893) 4년 후이다. 그는 그 이전에는 아펜젤러의 주선으로 종로에 대동서시大東書市라는 서점을 운영했고, 배재학당 학생들을 중심으로 창설된 협성회 회보를 출판하는 일에 종사하였다. 또 1895년에는 정부의 농상공부 주사로 임명되어 능묘 제사 주관 업무를 맡기도 했는데, 결국 2년 만에 사임하고 교회 일에만 전념하게 된다. 『최병헌 선생 약전』에 주사직 사임 이유를 "상주上主를 존경하는 자 엇지 위패를 숭배하리오"라고 언급한 사실로 보아, 신앙적 동기가 중요하게 작용한 것으로 보인다. 이렇게 유자의 나라 조선의 선비로서 입신양명을 완전히 포기하고 기독교 신앙에 전념하게 된 최병헌이 자신의 신앙을 변증하기 위해 작성한 기고에서 가장 먼저 언급하고 비판한 대상이 바로 동양 정신의 보편적 우주관, 세계관을 담고 있던 태극 사상이었다.

최병헌은 1900년 3월 「죠선크리스도인회보」에 "삼인 문답"이라는 짧은 글을 기고하면서 다시 한번 '태극'에 대해 언급한다. 이 글은 자신의 경험담으로 추정되는 서울 북촌 마을에서 선비 3인이 회동하는 사건으로 시작한다. "동양 학문에 대강 섭렵이 되어 있는 전도인"이 유교를 비롯한 동양 종교에 상당한 학식과 이해를 지닌 선비들과 만나 진리에 대해 대화하는 내용이다. 전도인은 "유·불·선 삼도가 모두 타국에서 온" 종교이며, 기독교도 아시아에서 발원한 "동양의 종교"임을 강조하며 기독교를 외래 종교로 여기는 편견과 배타적 태도를 극복하기를 요청했다. 흥미로운 것은 이 글에서 공자, 노자, 석가모니, 예수, 무함마드 모두가 도달한 진리의 산이 나오는데, 바로 이 산이 "태극 이치"로 형성된 장소라는 표현이 등장한다는 사실이다.

> 이 산은 태초시에 조화옹(우주의 만물을 만든 신)의 슈단으로 태극 리치를 좃차 텬작(天作, 인위적 힘을 가하지 않고 저절로 이루어짐)으로 된 산이라 쳥졍훈 디경에 경개가 절승ᄒ고 일월이 명랑훈디 그 산 쏙다기에는 다ᄉ 셩인이 잇셔 서로 담화ᄒ며 흥샹 한가ᄒ야 근심과 걱정이 업ᄉ니 다ᄉ 셩인은 공부ᄌ와 로ᄌ와 셕가모니와 구셰쥬 예수씨와 회회교의 모합믹이라 셰샹 사룸이 흥샹 그 산에 올나가 다ᄉ 셩인과 ᄀᆺ치 놀고져 ᄒ나 쳣지는 졍셩이 부죡ᄒ고 둘지는 문호가 달나 올나 가는 길이 각각 다름이라 ("삼인 문답",「죠션크리스도인회보」, 1900년 3월 21일)

이 글에서 "삼인 문답"의 전도인은 결국 전도에 실패한다. 집주인과 선비로 상징되는 기성 토착 종교의 벽을 넘지 못한 최병헌 자신의 실존적 한계에 대한 감정과 고뇌가 반영된 글이라고 볼 수 있다. 주목할 점은 그의 글에서 인류사에 등장한 각 종교적 성인들이 오르고자 한 산이 "태극의 이치"로 형성된 산이라고 소개했다는 사실이다. 그런 의미에서 최병헌은 태극 사상의 기본 개념에 대해 전적으로 거부하는 입장은 아니었다는 점을 확인할 수 있다.

이후 최병헌은 "삼인 문답"에서 논의한 내용을 발전시켜, 1907~1908년 「신학월보」에 "셩산 유람긔"라는 제목으로 연재한다. 바로 이 "셩산"聖山

(『셩산명경』, 2쪽)은 "삼인 문답"에 나오는 "조화옹의 수단으로 태극 이치를 좇아 천작天作된 산"이 보다 세련되고 심오하게 발전한 공간적 개념이라고 볼 수 있다. 최병헌은 "성산 유람긔" 연재를 마무리한 후, 그 내용을 묶어 『셩산명경』聖山明鏡이라는 제목의 책으로 출판(정동황화서재 1909년 초판)했다.

이 책의 저술 목적은 '삼인 문답'에서와 같이 유·불·선 동양 종교인들을 대상으로 기독교를 변증하고, 종교 간 대화를 통해 이웃 종교인들의 개종을 이끌어 내기 위해서였다. 『셩산명경』은 유교의 진도眞道, 불교의 원각圓覺, 도교의 백운白雲, 기독교의 신천옹信天翁이 성산聖山에 모여 종교를 주제로 토론과 논쟁을 벌이는 내용이다. 사흘간의 대화를 이야기체로 정리한 이 책은 유교와 기독교, 불교와 기독교, 도교와 기독교의 대화 순으로 이어지며, 마침내 도교인, 불교인, 유교인이 순차적으로 기독교로 개종하는 결론을 보여 준다.

바로 이 책 서두에서 기독교인인 신천옹이 유교의 진도眞道와 기독교의 창조론에 해당하는 태극 사상과 음양오행에 대해 깊이 토론한다. 앞서 「죠션크리스도인회보」에 기고한 '만물의 근본'의 내용과 문체, 얼개는 유사하지만 더 심화한 내용을 보여 주고 있다. 그러나 그 기본 주장과 내용은 앞서 기고한 글과 그 맥락이 다르지 않다.

최병헌, 『셩산명경』, 정동황화서재 (1909)

신천옹이 가로되, '선생의 말씀이 가장 유리하거니와 도(徒, 다만) 기지일(知其一)이요, 미지기이(未知其二, 하나만 알고 둘은 모른다)니 주회암(朱晦庵)의 『격치서』에 가로되, '**태극은 실상 이치뿐이라**. 이치가 합벽(闔闢, 닫고 열고 함)하는 문호(소통 수단)와 지도리(돌쩌귀)가 되어야 남녀와 만물의 생생(生生)하는 근본이 된다' 하고, 또 가로되 '이치란 것은 정의(情意, 감정과 의지)도 없고 계교(計巧, 이리저리 생각을 해서 낸 꾀)함도 없고 조작함도 없다' 하였으나, **태극의 이치가 만일 정의와 조작함이 없을진대 지혜와 신령도 없는 것이니** 어떻게 허령지각(虛靈知覺, 마음에 잡된 생각이 없고 지극히 신령하여 모든 사물을 꿰뚫어 보고 이치를 깨달음)이 있는 사람과 만물을 생하며, 또한 건곤이기(乾坤理氣)와 음양오행(陰陽五行)으로 만물이 생긴다 하시는 건곤음양(乾坤陰陽)은 당초에 어디서 생겼다 하시나이까.

진도 왈 '그러하면 그대는 천지 만물이 어떻게 이루어졌다고 하느뇨?'
신천옹이 답왈 '반드시 전지전능하신 하나님의 조화로 천지만물을 창조하신 것이라. 음양오행은 천지일월(天地日月)과 금목수화토(金木水火土)를 가르쳐 말씀함이오나, 천지 오행은 하나님께 만드심을 받은 물건으로 아무 권능이 없거늘 어지 만물을 생(生)하리오. … 대개 하나님께서 만드신 바 중에 두 가지가 있으니 하나는 물체요, 다른 하나는 영혼이라. … 무지 무능(無知無能)한 태극이 어찌 능히 세계를 창조하였으리요, 반드시 전능하신 주재(主宰)가 천지 만물을 만드셨다 하나이다.' (최병헌, 『성산명경』, 동양서원, 1911[재판], 11~12.)

최병헌이 앞서 발표한 "만물의 근본"(1897)에서는 태극을 "가련한 물건"이라 폄하하며 평가한 것에 비해 『성산명경』의 신천옹(최병헌)은 태극을 "실상 이치뿐"이라는 비교적 중립적·객관적 표현으로 변화한 점이 눈에 띤다. 어쨌든 최병헌은 태극이 감정과 의지가 없는 피조 세계의 원리에 불과하다는 견해를 일관되게 주장하며, 태극에서 나온다는 건곤이기乾坤理氣와 음양오행陰陽五行의 실제적 창조주가 별도로 존재함을 강조하고 있다.

그런 의미에서 최병헌은 유교에서 말하는 '하늘' 또한 피조물의 하나일 뿐, 그것이 창조주가 될 수 없다고 말한다. 다만 그는 기독교의 하나님과 원시 유교의 경전에서 등장하는 '상제'上帝는 같은 존재라는 것을 인정한다.

… '하늘 천'(天)자와 '상제'(上帝)란 글자가 어찌 같은 뜻이라 하나이까. 그런고로 양인(梁寅)의 『역주易註』에 가로되 '제(帝)라 하심은 신의 이름이요, 신(神)은

상제의 영이니 만물을 주재하신다' 하고, 자하(子夏) 『역전易傳』에 가로되, '제지(帝者)는 二회의 주재요 천지의 조종이라' 하고, 또한 우리 성경에 가라사대 '태초에 상제께서 천지 만물을 창조하셨다' 하였으니, '하늘이 만물을 낸 것이 아니라 상제께서 창조하셨다' 하느니라. 진도(眞道) 능히 반대하지 못하는지라.
(최병헌, 『성산명경』, 동양서원, 1911[재판], 14.)

이상의 내용에서 초기 기독교인 최병헌은 유교 성리학을 통해 발전한 태극 사상과 음양오행론의 관념성을 비판하면서도, 원시 유교에 깃든 천지 주재로서의 '상제' 개념이 기독교의 '하나님'과 동일한 개념이라고 논증한다. 이를 통해 동양 사상에 면면히 흐르는 태극의 상징성과 가치를 우상이나 이교적 틀에 묶어 배척하기보다는 그리스도교 신앙과 조화시킬 수 있는 최소한의 가능성을 열어 주고 있음을 알 수 있다.

이는 선교 초기 내한 선교사들과 1세대 개종자 간의 신학적 교감과 소통을 통해, 동양적 가치를 비판적으로 수용할 때 발생할 수 있는 한계성을 매우 진지하고 노련하게 극복해 나간 숙고의 결과였다. 이로써 한국교회가 일정 부분 수용한 유교적 신앙 언어와 상징체계는 이후 전개되는 한국교회 발전 과정에서 자연스럽게 토착화하고 상호 조화되는 현상으로 이어진다. 바야흐로 민족교회, 충군애국 신앙의 뿌리가 이때부터 발아하고 있었던 것이다.

STORY 2

충군애국의
기독교와 태극기

독립문 태극기

태극기를 높이 들고 독립가를 불러 보세
'충군애국'의 교회, 그 낯선 동행의 시작(1)

한국교회가 지닌 가장 흥미 있는 양상의 하나는 애국심입니다. 우리의 연안선(沿岸船)은 어느 주일 아침 늦게 북쪽 땅에 우리를 내려놓았습니다. 강 언덕 마을로 이씨(李氏)는 우리의 눈을 돌리게 하였습니다. 대나무 끝에서 조그마한 한국 국기가 휘날리고 있었습니다.

이 깃발은 기독교인들의 집이나 교회 위에 휘날리고 있었습니다. 주일이면 그들의 집이나 교회에 국기를 단다는 것은 선교사들의 아무런 지시도 없이 그들 사이에 일어난 실천이었습니다. 그들이 이렇게 하는 것은 그날의 성격을 표방하고, 그들의 존경을 표시하기 위한 것입니다. (Notes from the Wide Field, *The Missionary Herald*, March, 1898, 112. ; 민경배, 『한국 기독교회사』, 연세대학교 출판부, 1982, 216쪽에서 재인용.)

세계 교회사 속에서 한국교회가 지니는 차별성과 특징은 바로 기독교 신앙을 통해 애국심과 민족의식을 표현하고 실천했다는 점이다. 서구 제국주의 팽창 과정에서 기독교는 제국주의의 폭력성과 침략 행위를 정당화하고 변증하는 이데올로기로 전락하고 있었다. 아울러 기독교 신앙을 수용하는 피식민지민은 기독교인이 되기 위해 민족과 조국을 배신해야 하는 모순과 딜레마에 봉착해야만 했다. 애초에 유대 민족주의를 극복하고 세계적 보편성과 구원의 이상을 표방한 기독교 신앙이 19세기 서구 '제국주내' 및 '민족주의'가 뒤엉켜 제국주의의 폭력성과 민족주의의 배타성을 대변하는 도구가 되고 말았던 것이다.

그러나 근대 식민지 경험을 공유한 지역과 국가 중에서 유례없이 제국주의 침략국과 기독교 선교국이 분리되어 들어온 공간이 바로 한국이었다. 이러한 역사적 콘텍스트 속에서 한국교회는 "예수 믿는 일이 곧 나라를 구하는 일"이라는 역사적 신앙고백이 가능하게 되었고, 기독교 신앙은 한국의 민족성 혹은 민족적 상징체계를 자연스럽게 수용, 내재화할 수 있었다. 소위 '민족교회'라는 개념이 지극히 자연스럽게 형성될 수 있는 토대가 19세기 말 한반도에서 구축되었다.

19세기 말, 독립관 앞에 운집한 만민공동회 군중. 중앙에 태극기를 계양하고 있다.

그러나 이러한 세계사적 배경 외에도 한국 개신교 내에 민족주의가 자연스럽게 뿌리내리게 된 또 다른 이유가 있었으니, 바로 개신교보다 100여 년 앞서 수용된 가톨릭의 존재였다. 19세기를 시작하며 구한말 조선의 국가권력과 충돌하며 숱한 박해를 경험한 가톨릭과의 선교 경쟁은 개신교에 가톨릭과의 차별성을 드러내도록 요구했다. "무군무부"無君無父의 종교, 반국가·반민족 집단으로 치부되어 온 가톨릭과 달리, 개신교는 조선의 정부와 백성을 존중하고 이로운 종교, 집단이라는 점을 강조하지 않을 수 없었다.

그 결과 개신교 선교사들은 "이체선언"異體宣言을 통해 19세기 말 당시 가톨릭이 교회 중심적 선교에 머물러 있던 것과 달리 "병원-교회-학교"라는 트라이앵글 선교 방식을 구사하며 차별화를 시도했다. 아울러 개신교는 "충군애국"忠君愛國의 종교임을 설득할 필요가 있었다. 이러한 역사적·시대적 흐름 속에서 한국 개신교는 청일전쟁(1894), 을미사변(1895), 아관파천(1896), 독립협회 창설(1896), 대한제국 선포(1897)가 숨 가쁘게 전개된 격변기를 거치면서 보다 적극적이고 노골적인 "충군애국"적 교회로의 길을 모색하기에 이른다.

독립문에 새긴 태극기

청일전쟁(1894~1895)이 예상 외로 일본의 승리로 끝난 후 조선의 지배층과 지식인들은 큰 충격에 휩싸였다. 이제 조선이 500년간 유지해 온 사대(事大)의 관습을 내려놓고 새 시대의 패러다임을 근본적으로 다시 구축해야 하는 전환기에 직면했기 때문이다. 갑신정변에 참여했다 미국으로 망명했던 서재필은 이후 의학 박사 학위를 받고 10년 만에 미국 시민의 자격으로 조선에 돌아왔다. 그는 감리교 선교사인 아펜젤러의 정동 집에서 머물며 정치 활동을 재개했고, 1896년 4월 7일 자로 「독립신문」을 창간하여 근대 언론 운동을 시작하였다. 이후 독립문 건립, 독립관 조성도 이끌었다.

독립문과 영은문 주초
National Geographic Magazine, 1921년 5월호

독립문은 중국 사신을 맞이하던 사대의 상징 영은문迎恩門을 헐고 그 자리에 세워졌다. 또 중국 사신들을 접대했던 모화관을 개조하여 근대 자주독립과 민주주의, 평등사상을 고취하고 보급하는 독립관으로 바꾸었다. 이때 서재필은 윤치호·남궁억·이상재·이승만·주시경 등 기독교계 인사들과도 적극 교류하며 1897년 7월 2일 독립협회를 조직하기에 이르렀다.

서재필은 1896년 6월 20일 자 The Independent지에 독립문의 건립 취지와 결정에 대해 다음과 같이 그 의미를 새겼다.

> 오늘 우리는 국왕이 서대문 밖 영은문의 옛터에 독립문이라고 명명할 문을 건립할 것을 승인한 사실을 경축하는 바이다. 우리는 그 문의 조명(彫銘)이 국문으로 조각될지 알지 못하지만 그렇게 되기를 바란다. 이 문은 다만 중국으로부터 독립하는 것을 의미하는 것이 아니라, 일본으로부터, 러시아로부터, 그리고 모든 유럽 열강으로부터 독립하는 것을 의미하는 것이다. 그것은 조선이 전쟁의 폭력으로 열강들에 대항해 승리할 수 있다는 의미에서가 아니라, 조선의 위치가 극히 중요해 평화와 휴머니티와 진보의 이익을 위해서 조선의 독립이 필요하며, 조선이 동양 열강 사이의 중요한 위치를 향유함을 보장하도록 위치하고 있다는 의미에서 그러한 것이다. 전쟁이 그(조선)의 주변에서 발발할 수도 있을 것이다. 아니 그(조선)의 머리 위에 쏟아질 수도 있을 것이다. 그러나 힘의 균형의 법칙에 의해 조선은 손상 받지 않고 다시 일어설 것이다. 독립문이여, 성공하라! 그리고 다음 세대로 하여금 잊지 않게 하라! (이광린, 신용하 편저, 『(史料로 본) 韓國文化史 : 近代篇』, 일지사, 1984, 186~187.)

서재필

　서재필은 독립문 건립이 지닌 의미를 "이제 한국이 중국뿐 아니라, 일본, 러시아, 그 외 유럽의 모든 열강으로부터의 독립"을 선언하는 것임을 강조하고 있다. 독립문이 이후 전개된 일제 강점 35년간 철거를 모면하고 존치된 까닭으로, 일제 당국이 독립문을 청일전쟁의 승리를 상징하는 기념물로 인식했기 때문이라는 이야기가 있었다. 일제 당국이 1928년 거액을 들여 독립문에 대한 대대적인 수리를 단행한 것이나, 1936년 40년도 채 되지 않은 독립문을 고적 제58호로 지정하기도 한 것을 보면, 당시 일제가 독립문을 어떠한 시선으로 바라보았을지 짐작할 수 있다. 자신들의 대륙 침탈에 정당성을 제공해 주는 기념물이자, 이완용을 비롯한 친일 부역자들이 적극 참여해 건립한 건축물이기에 더더욱 존치에 무게중심을 뒀을 가능성이 높다.

청일전쟁의 승리 직후 서울로 개선하는 일본군과
이를 맞이하는 영은문에서의 환영행사(1894년 8월 5일)를 기록한 일본 목판화

그럼에도 독립문의 건립 목적이 단순히 청에 대한 사대의 시대를 끝내고 '독립'을 천명하는 것으로, 항일성이 미약했기에 철거를 면했다는 주장은 재고해 보아야 할 것 같다. 서재필의 기고에서 보듯이 그가 말한 '독립문'의 '독립'은 특정 국가로부터의 해방과 자주를 지칭하는 것이 아니었다. 서재필은 한반도를 둘러싼 온 세계 제국주의의 야욕에 대한 전방위적 독립선언이었다는 점을 강조하고 있다.

독립문은 1896년 11월에 정초식을 진행(1897년 준공)했다. 당시 독립문의 외관은 확정되지 않았지만, 소나무로 아치형의 홍예문을 만들고 태극기를 게양했다.

독립문의 정면 한글명 좌우로 조각된 태극기. 그 하단 아치에는 왕실의 상징인 오얏꽃 문양이 조각되었다.
「독립신문」 제12호(1896년 5월 2일)부터 사용된 태극기 삽화

지나간 토요일 오후 두 시 반에 독립문 주초돌 놓는 예식을 독립공원지에서 시행하였는데, 일기도 매우 좋았거니와 각색 일이 절차가 있게 되어 사람이 내외 국민병(군인)까지 오륙천 명이 왔더라. 독립문 들어가는 데는 푸른 나무로 홍예를 만들어 조선 국기로 좌우를 단장하고 문 위로는 흰 바탕에 붉은 글자로 독립문이라 써 높이 달고 안 문에는 독립협회 기를 훌륭하게 만들어 바람에 흔들리게 하였으며 청한 손님들 있는 밖으로는 목책으로 울타리를 하여 그 안에 정부 높은 관원들과 각 학교 학원들과 외국 공영사와 그 외 외국 신사들과 여러 외국 부인네들이 많이 앉고 서고 하였으며, 새로 세우는 문 주초를 벌써 높이 모았는데 좌우에 넉 자 높이까지 돌로 쌓는데 한편은 회장과 연설하는 사람들과 기도하는 교사가 섰고 또 한편은 배재학당 학도들이 섰더라.
("독립관 연회", 「독립신문」, 1896년 11월 24일)

1896년 독립문 기공식 당시의 사진. 아치형의 조형물과 주변에 게양된 태극기들이 보인다. (위)
1897년 완성된 독립관과 독립문 전경 (아래)

서재필의 바람대로 이후 준공된 독립문의 정면은 한글로 "독립문"이라 각인했으며, 그 이름 좌우에는 태극기를 새겼다. 독립문의 아지 이맛불에는 왕실의 상징인 오얏꽃李花 문양을 조각하였다. 아울러 「독립신문」에도 제12호(1896년 5월 2일) 제호題號부터 그 중앙에 태극기 삽화를 배치했다.

이렇게 건립된 독립문은 일제 강점 이후 점차 방치되고 퇴락해졌으며, 한때 철거 위기를 겪기도 했다. 1925년 9월 16일 자 「동아일보」는 독립문이 철거된다는 소문의 진상에 대해 다음과 같이 기록하고 있다.

독립문 오른편 다리는 보기에도 위태롭게 틈이 생겼습니다. 삼십 년이 될락말락한 이 문에 벌써 틈이 생긴 것이 이상하여 근처 사람에게 물어보니 삼일운동 때에 어떤 청년이 태극기를 꽂아 두었던 것을 경관이 발견하고 그것을 빼어 버리는 동시에 원래부터 독립문 앞이마에 붙이고 있던 태극기의 색채(色彩)를 없애 버리려고 소방대를 불러다가 소방 펌프를 들이대었더랍니다. 수년 동안 바람 비의 침노를 입고도 엄연하게 서 있던 독립문은 소방 펌프의 줄기찬 물결에 무수한 매를 맞았을 뿐입니까. 이마에 붙였던 자랑거리까지 잃어버리게 됨에 할 일 없이 병든 몸에 뼈까지 어그러진 것이라 합니다.

독립문은 앞으로도 얼마 동안 헐어 버리지 않으리라고 당국자는 말합니다. 무악재 고개에서 넘어오는 쓸쓸한 가을바람과 악박골 좁은 골에서 내려 몰리는 눈보라를 지금 이 모양으로 한동안 더 받을 것이라 합니다.
("철폐설이 전하는 독립문 소식", 「동아일보」, 1925년 9월 16일)

독립문이 건립된 지 30년 가까이 된 시점인데도 독립문에 각인된 태극기에는 건곤감리 청홍백의 선명한 색이 여전히 암석 깊이 스며 있었나 보다. 문화 통치기라는 일제의 기만적 지배 전략은 이처럼 독립문에 채색된 태극기의 색깔마저 무자비한 살수차의 수압으로 모두 퇴색케 하고 말았다. 비록 그 색상의 미감을 엿볼 길은 묘연하나 우리는 그 자리에서 울려 퍼진 노래와 기도 소리에는 조심스럽게 한 발짝 가까이 다가갈 수 있을 것 같다.

해방 직후의 독립문. 사람들이 '독립문'과 '태극기'에 다시 색깔을 덧입혔다.

독립문 정초식에서 울린 기도와 노랫소리

독립문 정초식은 1896년 11월 21일 오후 2시 30분 거행되었는데, 식장에는 독립협회 간부들, 정부 관료들, 각국 사절, 서울 시내 각 학교 학생들, 일반 시민들이 다수 참여했다. 배재학당의 학당장 아펜젤러 선교사는 축도 순서를 맡아 우리말로 다음과 같이 기도했다.

건립 직후의 독립문 전경

배재학당 학도들이 조선가를 부르고 회장이 주초돌을 놓고 교사 아펜젤러 씨가 조선말로 하나님께 축수하되 조선 대군주 폐하와 황태자 전하께서 성체가 안강하시고 조선 독립이 몇 만 년을 지내도 무너지지 않게 되며 조선 전국 인민이 점점 학문이 늘고 재산이 늘어 새 사람들이 되게 하야 줍소서라고 하더라.
("독립관 연회", 「독립신문」, 1896년 11월 24일)

독립문 정초식에서 아펜젤러가 맡았던 축복기도 내용은 독자들로 하여금 다소 당혹스럽게 한다. 그의 기도 어디에도 종교적인 내용이나 상징, 표현들은 크게 드러나지 않기 때문이다. 왕실의 안녕과 임금의 만수무강, 조선국의 만세와 인민의 학문 및 재산 증식에 대한 세속적 축복과 기원으로 점철되어 있다. 다만 이 기도의 마지막에 등장하는 "새사람"이라는 단어에서 선교사 아펜젤러가 내포한 숨은 의도를 읽어 낼 수 있으리라. 아펜젤러는 기독교 신앙과 근대 민주 시민사회의 가치를 한국 땅에 이식하여 이 나라가 더 이상 과거의 인습과 제도에 머물지 않고 변화하는 시대에 충실히 대응하면서 자신의 가능성과 가치를 재발견하는 새로운 사람, 새로운 나라로 거듭나기를 바라고 있었던 것이다.

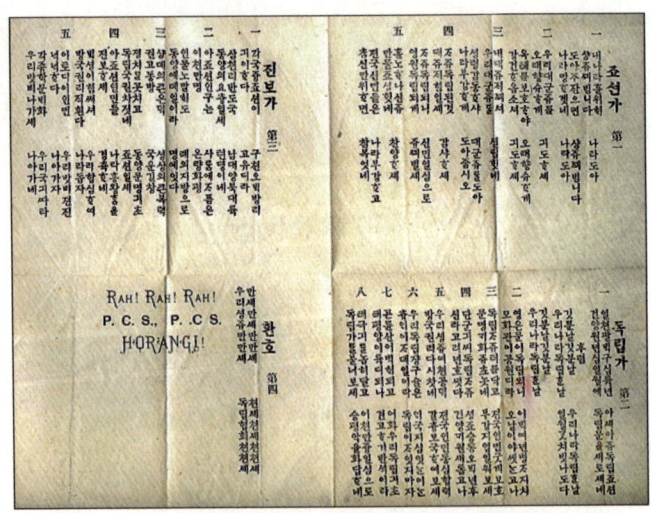

독립문 정초식에서 배재학당 학생들이 사용했을 것으로 추정되는 노래전단.
[이현표 소장]

독립문 정초식 당시 배재학당 학생들은 〈조선가〉, 〈진보가〉, 〈독립가〉 등의 창가를 제창했다. 그동안 이 노래들의 제목만이 전해져 왔는데, 2013년 전 주미한국대사관 문화홍보원장인 이현표 씨에 의해서 이 노래들의 실체가 드러났다. 그는 주한독일대사관 재직 기간 중(1999~2004) 베를린에서 구입한 The Korean repository (1892년 감리교 선교사 올링거에 의해 창간된 한국 최초의 영문 잡지)를 펼쳐 보던 중 책 사이에 끼워져 있던 한지韓紙 한 장을 발견했다. 세 번 접힌 그 종이에는 〈조선가〉, 〈독립가〉, 〈진보가〉가 순서대로 적혀 있고, 여백에는 "환호"라는 제목의 "만세만세만만세/우리성쥬만만세 천셰천셰쳔쳔셰/독립협회쳔쳔셰 - Rha! Rha! Rha! P.C.S., P.C.S Horangi"라는 구호가 적혀 있었다. ("P.C.S"는 "Pai Chai School"의 이니셜이고, 호랑이(Horangi)는 배재학당의 마스코트로 보인다.)

이현표 씨가 발견한 이 유인물은 아마도 1896년 독립문 정초식에서 배재학당 학생들이 노래를 제창할 당시 들고 보았을 전단으로 보인다. 그중 〈독립가〉의 가사 중에 "태극기"가 등장한다. (※ 편집상 고어를 현대어 표기에 맞게 일부 수정했음. – 필자 주)

독립가

[一] 일천팔백 구십륙년 / 건양원년 십일월에
　　아세아주 독립조선 / 독립문을 새로세(우)네

[후렴] 기쁜 날 기쁜 날 / 우리나라 독립한 날
　　　 우리나라 독립한 날 / 일월같이 빛나도다
　　　 기쁜 날 기쁜 날 / 우리나라 독립한 날
[二] 영은문이 독립되니 / 모화관이 공원지라
　　 이백여년 병자지치 / 오늘이야 씻는구나
[三] 독립자주 터를닦고 / 문명개화 주초놓네
　　 전국인민 굳게보호 / 부강지업 이뤄보세
[四] 단군기씨 독립자주 / 신라고려 연호썼다
　　 성조승동 오백년후 / 건양개원 새롭구나
[五] 우리성주 여천공덕 / 방국권리 다시찾네
　　 전국인민 동심합력 / 갈충보국 하여보세
[六] 우리 독립 장구술은 / 충애이자 제일이라
　　 애국지심 있는이는 / 독립이자 잊지말자
[七] 곤륜산이 벽해되고 / 태평양이 육지되나
　　 어화 우리 독립기초 / 견고하기 반석이라
[八] 태극기를 높이달고 / 독립가를 불러보세
　　 이천만중 일심으로 / 승평악을 화답하네

이 노래의 8절에는 "태극기를 놉히달고 / 독립가를 불너보셰"라는 가사가 등장한다. "승평악昇平樂을 화답하네"는 태평성대의 노래를 부른다는 의미다. 이렇게 대중이 함께 부르는 노랫말에서 태극기를 언급하는 것으로 보아, 이 시기를 전후하여 태극기는 이미 한국인의 마음속에 국가와 민족 공동체를 상징하는 보편적 이미지로 자리 잡고 있었던 것으로 보인다.

그런데 이 노래를 자세히 살펴보면 독립문 정초식(11월 21일)에 앞서 「독립신문」 10월 31일 자에 게재된 또 다른 〈독립가〉와 그 형식 및 내용이 매우 유사하다는 사실을 확인할 수 있다. 바로 최병헌의 〈독립가〉이다. 그는 1893년 세례를 받고 기독교에 입교한 후 잠시 선교사 일을 돕다가 1895년부터 2년간 정부의 녹을 받던 시기에 이 노래를 작사한 것 같다. 최병헌이 독립문 정초식에 앞서 「독립신문」에 〈독립가〉를 게재한 시기가 10월 31일이니, 배재학당 학생들이 독립문 정초식에서 부른 〈독립가〉는 최병헌의 〈독립가〉에 적잖은 영향을 받아 완성된 것으로 보인다. 다음은 최병헌이 작성한 〈독립가〉의 초안이다.

○ 농상 공부 쥬스 최병헌 독립가

데일 대삼

오던디만물창죠후에 만셰완산션리화는
유큐역던뎡이라 신인금책턴슈로다
아시아쥬동양즁에 건원경절오빗나도다
대죠션국분명하다 괴원년호빗나도다
후렴 후렴

군독립긔효장구술은 음양죠차눔히다니를
대민의예일이라 일월굿치눔히다니를
대스 기죠션역시구시로다
긧분날긧분날 명유신초시로다
대죠션국독립훈날 후렴
긧분날긧분날
대죠션국독립훈날 이구쳔만중합심호여
대이 금셩옥야온대디에
단군긔조죠시고 독립가를불너보세
신라년호건원이라
고려건원광덕이후에
귀국후렴

1896년 10월 31일 자 「독립신문」에 게재된 최병헌의 〈독립가〉

농상공부주사 최병헌 〈독립가〉

[제일] 천지만물 창조후에 / 오주구역 천정이라
　　　 아시아주 동양중에 / 대조선국 분명하다
[후렴] 기쁜 날 기쁜 날 / 대조선국 독립한 날
　　　 독립기초 장구술은 / 군민상애 제일이라
　　　 기쁜 날 기쁜 날 / 대조선국 독립한 날
[제이] 단군기자 자주시고 / 신라연호 건원이라
　　　 개국홍제 인평후에 / 고려건원 광덕이라
[제삼] 만세완산 선이화는 / 신인금적 천수로다
　　　 기원경절 오백후에 / 건양연호 빛나도다
[제사] 음양조판 태극기를 / 일월같이 높이다니
　　　 조선역시 구방이라 / 기명유신 차시로다
[제오] 금성옥야 온대지에 / 구천오백 방리로다
　　　 이천만중 합심하여 / 독립가를 불러보세

(※「독립신문」원문에는 후렴구의 순서가 바뀌어 있음 - 필자 주)

　　최병헌의 〈독립가〉 4절에는 "음양조판陰陽肇判 태극기를 / 일월같이 높이 다니"라고 적혀 있다. 이미 동양의 태극 사상과 종교철학, 역사 문화에 조예가 깊은 최병헌이었기에, 그의 〈독립가〉 가사는 "한반도의 유구한 역사 속에서 독립국 조선에 부여된 섭리와 뜻을 충군애국의 정신으로 성취해 나가자"는 메시지를 담고 있다. 최병헌의 가사가 다소 관념적이고 학문적인 측면이 강하다 보니, 한 달쯤 후 독립문 정초식에서 제창된 〈독립가〉의 가사는 독립문의 건립 취지와 대중적 성격에 맞춰 보다 실제적이고 시의적인 내용으로 대폭 수정된 것으로 보인다. 하지만 두 노래의 목적과 지향하는 바는 대동소이하다.

그러면 이 두 노래의 가사에는 어떠한 곡조가 붙었을까. 두 노래 후렴구에서 실마리를 찾을 수 있다.

"기쁜 날 기쁜 날 / 대조선국 독립한 날"
"기쁜 날 기쁜 날 / 우리나라 독립한 날"

어디선가 많이 들어 보고 불러 봄직한 낯익은 가사가 아닌가. 바로 필립 도드리지(Philip Doddrige, 1702~1751) 목사가 작시한 찬송가 〈주의 말씀 받은 그날〉(새찬송가 285장)이다. 이 찬송가는 생키의 『복음 찬송가(1~6 합본) *Gospel Hymns No. 1 to 6 Complete*』(1894)의 〈Oh! happy day, that fixed my choice〉(543장)를 번역하여 언더우드 선교사가 『찬양가』(1895)에 처음 실었다(139장). 이어서 장로교와 감리교가 연합해 출판한 『찬숑가』(1908)에도 수록(162장)되었다. 최병헌과 배재학당 학생들은 자신들이 교회에서 즐겨 부르던 찬송가 곡조에 〈독립가〉의 가사를 붙여 불렀던 것이다.

이렇게 구한말에서 대한제국으로 전환되는 격동의 시기, 근대 시민사회이 가치와 기독교 신앙을 결합하고자 모색했던 내한 선교사들과 기독교인들의 이상은 '태극기', '독립', '충군애국'이라는 생경한 언어들을 적극 수용하면서 '민족교회' 정체성을 향해 한 걸음 한 걸음 박차를 가하고 있었다.

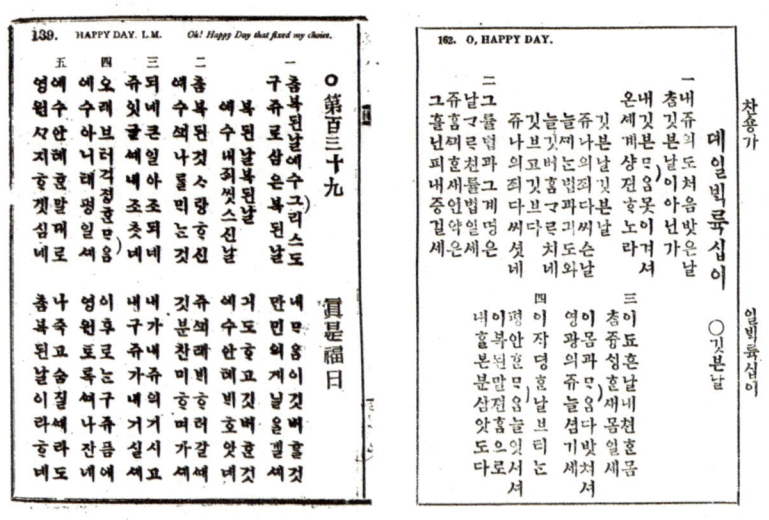

언더우드가 편집한 『찬양가』(1895)(좌)와 장·감 연합으로 간행된 『찬송가』(1908)(우)에 실린
〈Oh! happy day, that fixed my choice〉의 국문 가사

님군과 국기를 자기 목숨보다 더 중히 생각하며
'충군애국'의 교회, 그 낯선 동행의 시작 (2)

서울 야소교회 교원들이 대군주 탄신 경축회를 하였는데 사람들이 근 천 명이 모여 애국가를 하기를 대군주 폐하의 성체 안강하심과 조선 인민의 부강함을 축수하고 전국 인민이 동심협력하야 서로 돕고 서로 사랑하야 아모쪼록 조선이 자주 독립이 되고, 인민이 타국 인민과 같이 세상에 대접을 받고 학문과 재능이 늘며 생해(生解)하는 법이 진보하야 의복 음식과 거쳐 범절이 태서(泰西, 서양) 각국과 같이 되고, 서로 사랑하는 마음이 극진하야 누구든지 조선 사람이 외국 사람에게 무리하게 욕을 보든지 곤경을 당하든지 하면 전국 인민이 자기가 당한 것과 같이 분히 여겨 그 사람의 역성을 하고, **님군과 국기를 자기 목숨들보다 더 중히 생각하며**, 성벽이 생겨 기어이 조선도 남의 나라와 같이 되야 남의 나라가 일 년에 십 보를 나아갔으면 조선은 이십 보를 갈 생각들을 하며, 나라 명예와 영광을 다른 일보다 먼저 생각하고 모두 하나님께 축수하되 조선을 불쌍히 여겨서 태서 각국과 같이 복을 받게 도와주소서 하고 여러 백 명이 일심으로 머리를 숙이고 기도하는 것을 보니 만일 이 사람들이 참 혈심(血心)으로 야소(예수)의 이름을 받들어 가지고 이렇게 빌었을 것 같으면 하나님이 이 기도에 대답하실지라. ("논설", 「독립신문」, 1896년 9월 3일)

1896년 9월 2일 고종 탄신 축하일 풍경이다. 당시 한국 개신교 신자들이 서울 모화관(독립협회 독립관) 앞에 운집한 성대한 축하식이었다. 이들은 1,000명이 넘는 대규모 집회에서 한 목소리로 애국가를 불렀는데, 그 노래는 다음과 같다.

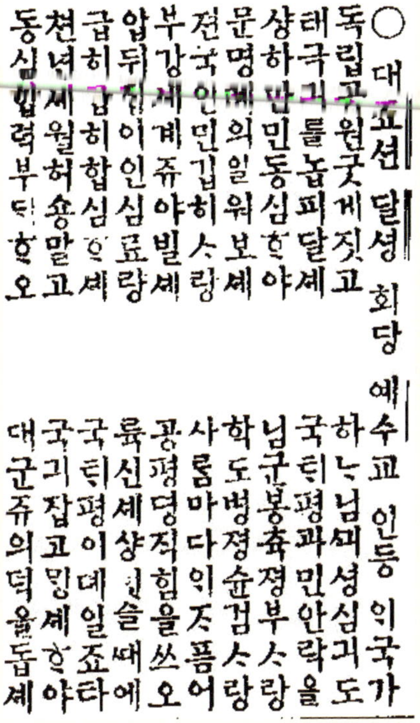
○대죠션 달셩 회당 예수교 인등 ᄋᆡ국가

독립공원굿게짓고
태극긔를놉피달세
상하만민동심ᄒᆞ야
문명례의일워보세
전국인민깁히ᄉᆞ랑
부강세계쥬야빌세
압뒤집이인심됴량
급히급히합심ᄒᆞ세
천년세월허숑말고
동심합력부ᄃᆡᄒᆞ오

하ᄂᆞ님ᄭᅴ셩심긔도
국ᄐᆡ평과민안락을
님군봉츅졍부ᄉᆞ랑
학도병졍슌검ᄉᆞ랑
사ᄅᆞᆷ마다의ᄌᆞ픔어
공평뎡직힘을쓰오
륙신세샹ᄂᆡ슬때에
국ᄐᆡ평이뎨일됴타
국긔잡고밍셰ᄒᆞ야
대군쥬의덕을돕세

"달성회당 예수교인 애국가", 「독립신문」 1896년 7월 23일.

대조선 달성회당 예수교인 등 애국가

독립공원 굳게짓고 / 태극기를 높이다세

상하만민 동심하야 / 문명예의 이뤄보세

전국인민 깊이사랑 / 부강세계 주야빌세

앞뒤집이 인심요량 / 급히급히 합심하세
천년세월 허송말고 / 동심합력 부디하오

하나님께 성심기도 / 국태평과 민안락을
님군봉축 정부사랑 / 학도병정 순검사랑
사람마다 애자품어 / 공평정직 힘을쓰오
육신세상 있을때에 / 국태평이 제일좋다
국기잡고 맹세하야 / 대군주의 덕을돕세

    이 애국가를 만든 달성교회達城敎會 예수교인들은 누구일까? 바로 감리회 선교사 스크랜턴(W. B. Scranton, 1856~1922)이 설립하고 민족운동가 전덕기全德基(1875~1914) 목사가 목회한 상동교회尙洞敎會의 옛 이름이다. 교회 설립 초기에는 달성위궁(현 한국은행 화폐박물관 자리)에서 시작해 이후 상동의 병원 자리로 이전하여 상동교회가 된 것이다. 상동교회 신자들이 지어 부른 애국가는 기독교 신앙이 자연스럽게 애민 애족 충군애국의 정신으로 이어져 있음을 전하며, 선교 초기 한국 기독교인들의 민족의식과 신앙 정체성을 여실히 보여 준다. 이러한 상동교회의 민족 구국 신앙은 상동청년회와 청년학원을 중심으로 을사늑약 무효 상소 운동, 구국 기도회, 한글 보급 운동 등 다양한 민족운동을 주도하는 원동력이 되었다.

    상동교회 기독교인들의 애국가 1절과 2절에는 공통으로 태극기가 등장한다. "독립공원 굳게 짓고 태극기를 높이 다세", "국기 잡고 맹세하야 대

상동교회 옛 모습

군주의 덕을 돕세" 등 가사의 내용을 통해 19세기 말 근대 자주독립 국가를 모색하며 대중에 선보인 태극기가 새로운 시대를 알리는 신선하고 충격적인 시대정신의 표상이 되고 있음을 잘 보여주고 있다.

기독교인들의 황제 탄신일 제등 행렬

선교 초기 한국의 개신교 신자들은 고종의 생일(만수성절)萬壽聖節 뿐 아니라 태조의 조선 건국을 기념하는 '기원절'紀元節 행사도 개최했다. 교회력과 관계없는 절기에 기독교인들이 이처럼 대규모 집회를 개최하고 "임금과 국가를 자기 목숨보다 더 중히 생각"하는 집단의식을 공유하는 모습은 초기 한국 개신교의 독특한 현상이라고 말할 수 있다.

1896년 학무국 편집국에서 편찬한 『신정심상소학』은 목판화 삽도(插圖)를 통해 학생들의 이해를 도왔다. 총 31과로 구성된 교과서 내용에는 대한제국의 건국과 고종 황제의 탄생 및 즉위에 대해 소개하는데, 태극기 게양을 권면하는 삽화(插畵)도 포함되어 있다.

만수성절을 당하매 사람마다 기쁜 마음으로 다투어 경축하는 정성을 표할 새 독립협회 회원들은 독립관에 모이어 국기를 높이 들고 황금 대자로 만수성절 네 글자를 삭여 들어가는 문에 크게 붙였으며 회원 수 천인과 각 학교 학도들이 각각 머리 위에 종이로 만든 꽃가지를 꽂았으며 반공에 차일을 높이 치고 풍악 소리가 진동하는데 회원 중 한 분이 경하 축사를 연설한 후에 학원과 학도들이 차례로 경축가를 노래하고 다과를 내어 상유와 노소가 하나도 빠진 이 없이 다 먹고 오후 한 시에 폐회하였으며 ○구세교회 교인들은 그날 오후 세 시에 장악원(掌樂院, 조선 시대 국악[國樂] 관장 기관, 이 당시에는 독립협회 부속 건물로 사용)에 모이어 경축할 새 남녀 교우가 처소를 다르게 하야 백포장으로 가운데를 막고 일제히 경축가를 노래하며 전능하신 하나님께 대황제 폐하를 위하여 기도하고 본국 교우들과 서국 목사가 서로 감사한 뜻을 연설하는데 그 즐거운 모양과 하례하는 말씀은 일필로 다 기록할 수 없으며 ○저녁에는 배재학당에서와 달성회당(상동교회)에서 각색 등을 달고 남녀 교우가 일심으로 모이어 하나님께 기도하고 경축가를 노래하며 하나님을 공경하고 님군을 사랑하는 주장 뜻을 논설하고 기쁜 마음으로 파한지라. 우리는 전국 인민이 해마다 오늘을 큰 명일로 알아 충군애국하는 목적을 기념하기를 바라노라. ("대황뎨 탄일", 「대한크리스도인회보」, 1898년 9월 14일.)

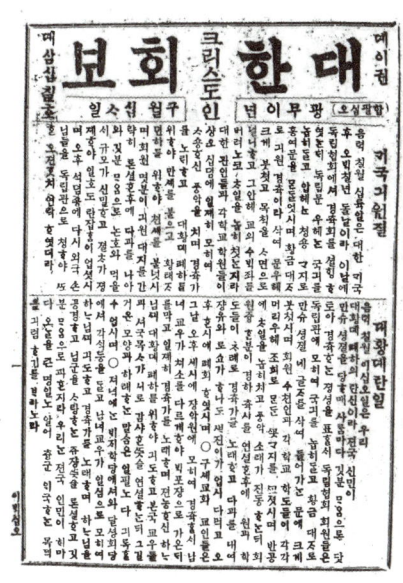

이러한 개신교의 행보는 당시 조선 정부와 대립각을 세우며 독자적으로 교세를 확장하고 선교 정책을 펼치던 가톨릭과는 매우 대조되는 모습이었다. 이러한 내한 선교사들과 개신교 신자들의 적극적 정치 행보에 대해 당시 한국에서 활동한 뮈텔(Gustave Charles Marie Mutel, 1854~1933) 주교는 다음과 같이 일기에 적고 있다.

뮈텔 주교. 프랑스 파리외방전교회 출신으로 1891년 조선대목구장으로 부임해 1933년 별세하기까지 43년간 한국에서 활동했다. 그의 재임 기간 동안 대구와 원산, 평양에 교구가 생기는 등 한국 가톨릭은 기틀을 잡았다.

음력 7월 25일, 황제의 탄신일이다. 예년보다 더 요란스러웠다. 여러 협회들과 학교들, 특히 프로테스탄트 신자들이 많은 열성을 보였다. 시내의 많은 교회당에서는 모임이 있었고, 장악원에서는 전체 모임이 있었다. 저녁에는 여러 곳에서 제등 행렬이 있었다. 정부의 부처들은 기(旗)들과 조명으로 장식되었다. ("뮈텔의 1898년 9월 10일 일기", 「뮈델 주교 일기 2 : 1896~1900」, 한국교회사연구소, 1993, 316.)

뮈텔은 개신교인들의 대한제국 황제를 향한 열성적인 충성과 애국활동에 대해 비교적 냉소적인 태도를 보인다. "예년보다 요란스럽다"는 표현에서 제 3자의 관점에서 이 현상을 목도하고 있다는 자의식이 느껴진다. 그의 일기에 묘사된 만수성절 풍경에서 주목되는 점은 정부 각 부처들이 기旗와 조명으로 장식되었으며, 저녁에 제등 행렬 행사가 거행되었다는 사실이다. 앞서 소개한 「대한크리스도인회보」 보도 내용만으로도 저녁 제등 행렬에도 개신교 신자들이 다수 참가했을 것이라 짐작할 수 있다.

위의 글을 보면 떠오르는 이미지가 있다. 바로 국가 무형문화재 제122호로 지정된 연등회燃燈會이다. 신라 시대부터 이어 내려온 불교 행사이자 축제인 연등회는 현재까지도 이어져 매년 사월 초파일에는 서울 시내 각 거리를 연등으로 수놓고 연등 행렬은 종로통을 가득 메운다. 그런데 이러한 전통적인 이벤트가 한국 개신교인들의 황제 탄신 축하 제등 행렬이라는 이름으로 이미 120여 년 전에 거행되었다는 사실은 꽤 신선한 충격이다. 이덕주 박사(전 감신대 교수)는 "이러한 제등 행사는 한국에서는 사월 초파일이나 국경일에 거행되는 낯익은 문화"였으며 이러한 기독교인들의 제등 행사를 한국 기독교의 대표적인 토착화 신앙 양태로서 분석(이덕주,

"청송 홍예문에 태극등과 십자기", 「기독교세계」, 2016년 12월호, 25.)하고 있다.

태극등과 십자기를 걸고 성탄을 축하하다

뮈텔 주교가 말한 "요란한" 제등 행렬을 주도했던 한국 개신교는 과연 고종 황제의 탄신일(9월 8일)에 어떤 등불을 내걸었을까. 1898년 서울에서 열린 만수성절 이벤트는 매우 인상적이었던 것 같다. 서울의 보기 드문 성대한 행사에 동참한 인근 지역 기독교인들은 상동교회와 배재학당 학생들이 선보인 제등 행사를 저마다 자기 지역과 교회에서 재현한 것으로 보인다. 1898년 성탄절을 맞아 인천과 강화의 개신교 신자들이 보여 준 풍경은 가을에 서울에서 개최된 만수성절 행사의 연장선 위에 서 있다.

강화교산교회 역사박물관에 재현된 1898년 당시
태극등과 십자등으로 장식된 성탄 행사 모습

성탄일에 인천 담방리교회에서 남녀 교우들이 열심히 연보한 돈이 사원 오십 전인데 처음으로 십자기를 세우고 등 삼십륙 개는 십사도 틀고 회당 문 위에 태극기를 세웠으며 남녀 교우 합 오십사 인이 모였는데, 전도 듣는 사람은 이백여 명이오, 속장 이근방 씨가 기도하고, 권사 복정채 씨가 목사 조원시 씨를 대신하여 누가복음 이 장 일 절로 이십 절까지 읽고 애찬을 베풀며 하나님 성자께서 이 세상에 오신 뜻을 연설하는데, 남녀 교우와 구경하는 사람들이 재미있게 듣고 하나님께 영광을 돌리더라. ("인천 담방리교회 성탄일 축일", 「대한크리스도인회보」, 1899년 1월 4일)

성탄일 경축에 형제가 삼십오 인이오 자매가 삼십칠 인인데 본토 전도선생 김상임 씨가 마태복음 이 장 일 절로 십이 절까지 보니 애찬례를 베풀며 저녁 예배에 태극등 삼십칠 개를 달고 형제자매와 외인까지 육칠십 명이 기쁜 마음으로 하나님의 영광을 찬송하였더라. ("강화 교항동교회 성탄일 축일", 「대한크리스도인회보」, 1899년 1월 4일)

구주님 탄일에 등불 이백오십 개를 전후좌우에 달고 십자기와 태극기를 세우고 청송 홍예문을 세우고 방포 삼성 후에 좌우에서 지포를 일시에 놓고 성기전을 올리며(폭죽의 일종으로 추측됨) 교인 남녀 오십이 명이 모이매 사간 회당에 꼭 차고 팔십구 찬미를 노래하고 회중 속장 이영순 씨가 누가복음 일 장 이십육 절부터 삼십팔 절까지 논설하고 모든 교우들이 기쁜 마음으로 천부 전에 기도하옵고 영광을 하나님께로 돌려보내며 성신을 받은 마음으로 간증하며 기쁜 마음으로 찬미할 새 근처 여러 동네 사람들이 남녀노소 없이 구경하여 회당 문이 다 상하도록 들어오며 하는 말이 우리도 돌아오는 주일부터 다 예수를 믿겠다 하고 우리가 예전에는 구세교회가 이렇게 옳은 줄을 몰랐더니 이제 본즉 좋은 일이로다 하고 모든 교우들이 일심으로 하나님께로 영화를 돌리더라. ("부평 굴재회당에서 성탄일 경축", 「대한크리스도인회보」, 1899년 1월 4일)

이덕주 교수는 이러한 인천·강화 지역 감리교회 신자들의 성탄절 행사를 분석하면서 ①성탄절 예배 행사의 주도권이 선교사에서 토착 전도자와 신자들에게 넘어간 점 ②성탄 예배도 토착 전도인들이 인도했다는 점 ③성탄 예배 후 애찬과 친교 시간을 가진 점 ④교인들이 성탄절에 예배당을 장식하면서 태극등과 십자기를 걸고 청솔가지에 홍예문을 세워 태극등과 일반등 수백 개 혹은 36~37개를 걸었다는 점 ⑤신자뿐 아니라 일반 주민들도 대거 참석해 관심과 호감을 표현하기 시작했다는 점을 주목(이덕주, "초기 한국교회 성탄절 문화", 『토착화와 민족운동 연구』, 한국 기독교역사연구소, 2018, 175.)하고 있다.

이처럼 초기 한국교회에서 나타난 성탄절 풍경은 예수 탄생의 의미(종교)와 황제 탄생의 의미(국가)를 결합해 충군애국 신앙을 강력하게 표현하고 있다. 인천 담방리교회에서 십자기를 36개 게양한 것이나 교산교회에서 태극등(혹은 태극기)을 37개 거치한 것은 당시 고종 황제 즉위(1863) 햇수를 기념한 것이었다.

스러져 가는 국가를 향해 올린 태극등의 불빛

현대의 관점에서 보면 교회 지도자들과 신자들이 나라의 안정과 발전을 기원하는 것을 넘어서서 황제의 만수무강과 안녕을 기원하고 적극적인 정치적 퍼포먼스를 하는 것에 일면 위화감을 느낄 수도 있겠다.

하지만 당시 한국교회는 강력한 선교 라이벌인 가톨릭의 손새 앞에서 열세적인 상태로 선교 경쟁을 벌여야 했고, 가톨릭 박해 과정을 통해 형성된 무군무부無君無父, 오랑캐 종교, 매국 종교라는 편견과 오해의 시선들을 적극 해명하고 극복해야 하는 절박한 상황에 놓여 있었다. 아울러 19세기 말 조선은 세계열강의 각축장으로 변해 풍전등화 일로였다. 당시 한국교회는 기독교 신앙을 통한 위태로운 나라의 새 진로를 제시하고 모색하고 황실의 안녕과 발전을 기원하며 안정적인 선교 기반을 구축해야 하는 역사적 요구 앞에 서 있었다.

한편 성탄절에 황제의 건강과 제국의 안녕을 비는 모습은 의외로 반전과 성과를 거두었다. 인천 굴재교회에서 열린 성대한 성탄 행사에는 기독교를 믿지 않는 지역민들도 다수 참여했는데, 그들은 이 예배를 통해 "우리가 예전에는 구세교회가 이렇게 옳은 줄을 몰랐더니 이제 본즉 좋은 일이로다", "우리도 다음 주일부터 다 예수를 믿겠다"라는 반응을 이끌어 낼 수 있었던 것이다.

아울러, 개신교 선교사들에게 남다른 애정과 관심을 보였던 명성왕후가 을미사변乙未事變(1895)으로 비참한 죽임을 당한 후, 슬픔과 좌절에 빠진 고종에 대한 지지와 격려의 의미로 초기 내한 선교사들과 개신교 신자들의 정치적인 목소리와 적극적인 행동은 더욱 두드러졌다. 명성왕후의 죽음 이후 2년 만에 국가 장례가 치러질 때도 장로교와 감리교의 모든 신자가 한자리에 모여 추도 예배를 진행했다. 그 당시 모습은 「죠선기독교인회보」와 「독립신문」 등의 기사를 통해 다음과 같이 생생하게 그려진다.

1897년 명성왕후 추모예배가 거행된 정동제일교회 벧엘예배당

십일월 이십일일 … 예배 날을 맞아 명성황후의 인봉(因封)하시는 때라. 서국 목사들과 본국 성도들이 특별히 황후를 생각하여 비통한 마음과 나라를 위하여 사랑하는 정성으로 장로회 교우들과 미이미(감리)회 형제들이 함께 대정동 새로 지은 회당에 모이어 하나님께 기도할 새 아펜설라 씨가 마태복음 십육 장을 읽어 드리고 교우 양홍묵 씨는 로마인서 십삼 장의 말씀으로 전도하되 우리가 마땅히 님군을 잘 섬길 것은 하나님께서 우리나라 님군을 내시고 또 황제가 되시게 하셨으니 님군의 명령을 거역함은 곧 하나님의 뜻을 거스림이라 하고, 목사 원두우 씨는 말씀하되 '명성황후께서 병환이 계셔 천명으로 승하하시고 인산(因山) 때를 당하였더라도 나라 신민이 되어 사람마다 비감할 것이어늘 하물며 역적의 손에 변란을 당하심이리오 우리가 오늘 한 곳에 모임은 황후를 위할 뿐 아니라 하나님께서 나라를 도우사 교회가 흥왕케 하시기를 원한다 하고 …'

("나라를 위홈", 「죠션크리스도인회보」, 1897년 12월 1일)

요전 일요일 오전에 장로교 교회와 미이미(감리)교회 회원들이 정동 새 예배당에 모여 명성황후 폐하 혼백을 위하야 기도하고 황실을 공경하야 하나님께 축수하고 신문사장 제손씨와 그리스도신문 사장 원두우 씨와 그리스도회보 사장 아편셜라 씨가 연설하고 교(敎)하는 백성들이 다른 백성과 달라 특별히 충군애국하는 마음을 단단히 먹고 행실이 정직하고 청결하여야 하겠다고들 말하며 대한 인민이 속히 성교聖敎를 믿어 일심이 되야 나라를 도와 중흥하게 하여야 할 터이오, 전국 인민이 옳은 백성들이 되거드면 하나님이 복음을 국민 간에 다 입히리라고 하더라. ("잡보", 「독립신문」, 1897년 11월 25일)

이덕주 교수는 한국교회 교인들 모습에서 볼 수 있는 "'복음적이고 민족적이며 토착적인' 신앙 양태는 복음의 토착화, 그 필연적인 과정을 보여 준다"고 말한다. 초기 신앙인들은 자신들에게 익숙한 문화양식으로 장식한 예배당에서 당시 민족적 과제였던 '충군애국'과 '국권회복'의 염원을 기독교 예배를 통해 표현했다. 그 결과 "이 땅에서 복음은 민족적이고 토착적인 양식을 통해 자기를 표현"하게 되었고, "토착민을 통한 '토착적인 신앙'을 통해 '민족적인 신앙'을 거쳐 '복음적인 신앙'으로 접근해 간다"고 분석했다. '낯설었던 이방 종교'인 기독교가 한국인에게 한국인의 문화와 역사 속에 '친숙한 종교'로 뿌리내리는 과정을 통해 마침내 복음의 보편성과 본질을 완성해 나아가고 있다는 사실을 120여 년 전 '태극등 성탄 축하'의 단편적 장면을 통해 확인할 수 있다는 말이다.

슬프다 너 대한국기여!
태극기와 일장기의 공존과 대결

우리가 이왕에는 항상 대한 국기를 바라보고 슬피 눈물을 흘리며 말하기를 슬프다 너 대한국기여 너는 무슨 연고로 영국 십자기와 같이 오대양과 육대주에 널리 꽂히지 못하였으며 너는 무슨 연고로 미국의 사십팔성기와 같이 십삼도 안에서 영구히 빛나지 못하며 이태리국 삼색기와 같이 반도국의 영광을 날리지 못하며 아라사(러시아)의 쌍솔개기와 같이 아세아와 구라파 대륙을 굽어보지 못하고 다만 동방 한 모퉁이에서 수치와 욕을 면치 못하고 있어서 서녘 하늘에 풍우가 일며 너의 다리가 흔들리며 남녘 지방에 티끌이 날리며 너의 낯이 참담하여 너를 대하는 이천만 형제로 하여금 애곡함을 말지 않게 하니 슬프다. 너는 어느 때에나 나라 사기史記의 신령한 빛이 돌아오게 하며 국민의 권리를 붙들어 호위하리오 하고 눈물을 뿌렸더니 오늘날에 이르러서야 한국 국민의 국가 정신을 보니 네가 분발하여 일어날 때가 반드시 있으며 네가 독립을 할 날이 반드시 있으리로다.

국민의 국가 정신이 이 같은즉 우리 독일무이(獨一無二)하시고 지존지대(至尊至大)하신 상제(上帝)께서 너의 위에 임하사 너로 하여금 나라의 혼을 부르게 하시며 너로 하여금 나라의 힘을 붙들게 하시고 너의 이르는 곳에 보배로운 빛이 항상 비치더니 저 마장(魔障, 귀신의 장난)이 무슨 물건이며, 고통이 무슨 물건이며, 수치가 무슨 물건이며, 번뇌가 무슨 물건인가. 무릇 일체 한국 동포들아 이 외의 혁혁한 국기를 항상 볼지어다. 그 대내의 국가 정신이 여기 있느니라. 바람이 임하여 대한 국기에 대하여 두 번 절하고 한 붓을 들어 전국 동포를 권면하노라.("논설 – 자국 정신", 「대한매일신보」, 1909년 2월 7일)

경술국치(1910년 8월 29일)를 불과 1년 6개월 앞두고 「대한매일신보」 주필은 비애와 한탄의 눈물을 쏟으며 바라본 태극기를 향해 이처럼 능멸한 태극기 애가愛歌를 읊조렸다. 처연하게 나부끼는 태극기 옆에는 언제인가부터 섬뜩하고 음험한 일장기가 팔짱을 끼듯 교차해 걸려 있었으리라. 이러한 기괴한 풍경이 바로 1909년 망국 직전 한반도 태극기의 처지였다.

친일 단체 일진회가 숭례문 앞에 게양한 태극기와 일장기. 통감부는 1907년 8월 27일 순종 즉위식에 일본 황태자가 방한할 당시 숭례문을 통과하는 것은 조선 왕실을 숭배한다는 의미라 하여 일진회를 통해 숭례문 성곽을 철거하게 하여 마차를 타고 덕수궁까지 이동했다. 숭례문과 서울 성곽의 수난은 이때부터 시작되었다. 일진회는 일본 황태자가 지나갈 수 있는 봉영문(奉迎門)을 조성해 태극기와 일장기를 함께 게양했다.

기록상 민간 행사에서 태극기가 처음 내걸린 것은 1896년 11월 독립문 정초식에서였다. 이러한 군중 집회에서 〈애국가〉 혹은 〈독립가〉의 제창은 태극기가 민족 공동체와 국가를 상징하는 표상임을 확인하고 공유하는 과정이었다. 한국사학자 전우용은 태극기는 "대한제국의 주권과 국체의 상징"으로 시작해 이후 "애국심을 표현하는 도구", 더 나아가 "애국심을 투사投射하는 대상"으로 확장해 마침내 "임금과 인민의 몸을 받은 존재", 즉 국가 그 자체라는 계몽작업으로 그 위상과 영향력이 확장되었다고 분석했다.

> (독립)신문 사장(서재필)이 연설하되 '대체 무슨 일이던지 까닭이 있는지라. 오늘날 조선 학교 학도들이 여기 모여 대운동회를 할 때 이 마당을 조선 국기로 단장을 하였으니 그걸 보거드면 조선 인민도 차차 국기가 무엇인지 알며 국기가 소중한 것을 아는지라. 국기란 것은 우흐로는 님군을 몸 받은 것이요 아래로는 인민을 몸 받은 것이라. 그러한 고로 국기가 곧 나라를 몸 받은 것이니 이렇게 학도들이 모여서 운동회를 할 때에 국기를 모시고 하는 것은 조선 인민들이 차차 조선도 남의 나라와 같이 세계에 자주 독립하는 것을 보이자는 뜻이라.'
> (「독립신문」, 1897년 4월 29일)

이러한 태극기의 위상은 대한제국의 국운이 망국의 시기에 가까워질수록 더욱 초월적 단계로 격상되었다. 1907년 미국에서 귀국한 도산 안창호 선생은 미국에서와 같은 국기 의례를 한국에서도 시행할 것을 제안하고 국기에 대한 사랑과 숭상을 의전적으로 보급하고자 했다.

「대한매일신보」는 도산 안창호의 제안으로
태극기를 숭상하는 의례가 공식행사로
채택되었음을 알렸다.

서서(西署) 만리현 의무균명학교(義務均明學校)에서 지난해(去年) 귀국하였던 미국 유학생 안창호 씨가 생도에게 대하여 권면한 내개(內開, 봉투에 넣어 봉하여진 편지 내용)에 '미국 각종 학교에서는 애국 사상으로 매일 수업(上學) 전에 국기(國旗)에 예배(禮拜)하고 애국가를 부르는 것(唱함)을 보았은(見한)즉, 그 개명(開明) 모범(模範)은 사람으로 하여금(今人) 감격(感昻)케 한다. 그러므로(然則) 우리나라(凡吾) 학교들도 이제부터 시행하자(從今施行)' 함으로 그 학교(該校)에서 지난 달(去月) 일주일(曜日)로 위시(爲始)하여 배기창가례(拜旗唱歌例)를 행한다더라. ("국기 예배", 「대한매일신보」, 1907년 3월 20일)

1907년 국가 존망 위기에 처한 대한제국은 안창호의 제안을 기점으로 기독교의 예배 의식을 차용한 '배기창가례'拜旗唱歌禮로 채택했다. 이러한 학교에서의 국기 의례는 오늘 우리에게도 익숙한 국민의례와 학교 조회의 역사적 연원이 되었다. 체제의 허약과 붕괴 조짐은 사회규범과 제도를 더욱 보수화·제도화·형식화하는 관성이 있다. 현재까지 전승되어 온 국기 게양 이벤트와 퍼포먼스가 바로 이러한 망국의 불안이 정점에 이른 시기에 형성되었다는 점은 역사의 아이러니가 아닐 수 없다. 1907년 당시 '배기창가례'가 어떠한 형태로 진행되었는지는 알 수 없으나 큰절을 하거나 허리와 고개를 숙여 태극기를 향해 최고의 경의를 표하는 자세를 취했을 것으로 짐작된다. 그러나 이러한 태극기에 대한 사랑과 숭배는 일장기라는 실체적 그림자를 품은 불안한 사랑이었다.

태극기와 일장기의 대결

일반적으로 교회사 연구가들은 국권 상실의 절망이 높아가던 시기의 한국교회가 1907년 대부흥 운동 이후 개인적 내세 신앙과 성령 체험에 몰두한 나머지 '비민족화'되었다는 평가를 하기도 한다. 하지만 대부흥의 분위기 속에서 기독교인들은 자신들의 근대 시민 정체성과 만민 평등 사상을 공유하며 오히려 더욱 끈끈하고 내밀한 애민 애족 정신을 구축했다. 1903년 원산 대부흥의 산실인 원산 남산동교회 신축 예배당 기념사진(1906)을 보면 전 교인 뒤로 태극기를 게양해 기독교 신앙과 민족정신을 표현한 것을 알 수 있다.

원산 남산동교회 신축 예배당에서 신자들이 함께한 사진 (1906)
교회 전면에 태극기를 교차해 게양한 것이 눈에 띈다.

1905년 을사늑약 체결 이후 국운은 날로 쇠약해 갔다. 한일 강제 병합 직전 일제의 한국 침탈이 기정사실화되면서 교회 내에서도 강제적으로 일장기를 게양토록 하는 조치가 빈번해졌으며, 이는 민족적 반감을 불러일으켰다. 그 대표 사례가 1909년 초 순종 황제가 평안도 일대를 돌아본 '서북 순행' 당시 교회와 학교 기관에서 일장기를 태극기와 함께 게양하는 것에 평양의 길선주 목사를 비롯한 여러 기독교 지도자가 강한 거부감을 표출하며 저항했던 사건이다.

1909년 1월 27일 평양역 앞에서의 순종 서북 순행 모습.
평양역 입구에 태극기와 일장기가 교차 게양되어 있다. 순종은 1909년 1월 경상도와 충청도 순행을 마친 후, 27일부터 2월 3일까지는 7박 8일간 평양·의주·신의주·개성 등지를 순행하고 돌아왔다. 이 순행에는 이토 히로부미 통감을 비롯한 궁내부 201명, 내각 49명, 통감부 29명 등 총 279명이 호종원으로 참여했다. 「순종황제 서북 순행 사진첩」 [국립고궁박물관 소장]

"이번 서도 거동 시에 지영차로 한일 국기를 같이 달려는 문제에 대하야 평양야 소교회 목사 길선주 씨와 장로 김성택 안봉주 박치득 제씨가 극력 반대하야 교회 여러 학교에서 태극기만 달았는데 그곳에 잇는 경찰서에서 김성택 씨를 불러다가 일본기 달지 아니한 일을 질문하매 김씨가 대답하기를 모든 학도들이 다 일본기 다는 것을 즐겨 하지 아니함으로 이같이 하였노라하였더라."
("일국기 반대", 「대한매일신보」, 1909년 2월 5일)

한국 기독교인의 태극기에 대한 애정과 관심은 1903년 한국 최초로 조선인 미주 이민단이 하와이와 멕시코 지역에 이주하면서 더욱 강화되었다. 이역만리 타국에 정착하게 된 한인 이민자들은 새로운 삶의 터전에 정착하는 불안감과 고국을 향한 그리움을 해소하고자 신앙에 의지했고, 자연스럽게 한인 교회는 이민 사회의 구심점 역할을 감당하게 되었다. 1906년경에 이르러서 한인들은 13개 교회와 35개 전도소를 갖추었고, 하와이 한인 교회는 10년 만에 예배당 39개, 신자 3,800명에 이르렀다. 이는 당시 하와이 한인 중 70~80%에 달하는 규모였다. 이러한 사실을 통해 초기 미주 지역 이민 사회가 교회와의 밀접한 관계 속에서 확장·발전하였다는 것을 알 수 있다. 이렇게 성장한 하와이 한인 교회들은 한민족의 동질성과 공동체성을 확인케 하는 태극기가 어김없이 게양되었다.

그러나 하와이는 이미 일본인 이민자들이 다수 세력을 형성하고 있었기에, 일본 이민 사회와의 교류 및 관계 또한 요구되었다. 하와이 감리교 선교 연회가 열릴 경우, 다인종 사회가 참여하는 대개의 연례 회의는 한인 교회에서 개최되었는데, 1909년 하와이 한인 교회에서 열린 회의 사진을 보면 일장기와 태극기가 나란히 게양되어 있다. 당시 한일강제병합을 눈앞에 둔 시점에 한일 이민자 간의 적대감이 최고조에 달했음에도 양 국기가 교회에 게양된 모습은 당시의 미묘한 전환기적 상황을 여실히 증언해 주고 있다.

1909년 하와이 한인 감리교회의 선교 연회 기념사진
1909년 한인과 일본인들의 갈등과 적대감이 최고조에 달했음에도 양 국기가 게양되어 있다.
[민병용 소장/로베르타 장 제공]

의병장 출신 구연영 전도사의 순국

  일제의 본격적인 침략 과정에서 기독교계는 적극적인 저항운동을 전개했다. 대표적으로 경기도 광주·이천 지역에서 활동한 구연영·구정서 전도사 부자의 순국 사건을 주목할 수 있다. 1895년 일제가 자행한 을미사변과 단발령에 반발해 전국 각지에서 의병이 일어났는데, 당시 경기도 광주와 이천 지역에서 활동하던 구연영은 의병대 중군장이 되어 백현(이천 널고

개) 전투를 압승으로 이끈 바 있다. 그러나 남한산성 점거 이후 경북 의성까지 내려가 항전하던 그는 의병 운동에 한계를 느끼고 반년 만에 퇴군한다. 그리고 구국 운동의 새로운 방편으로 기독교를 받아들여 전도자의 길을 걷게 되면서, 20개가 넘는 교회를 세웠다. 구연영은 이를 통해 더욱 강한 민족 의식과 구국의 의지를 담아 자신의 신앙을 고백했다.

> 믿음(信)은 진실한 신념으로 상제(上帝)를 신봉하고 그리스도(基督)의 교훈으로 죄과(罪過)를 회개하고 진리의 삶으로써 완전한 인간의 기초를 삼고자 함이오,
> 소망(望)은 확고한 소망을 가지고 관존민비(官尊民卑), 의타사상(依他思想), 직업차별(職業差別), 미신허례(迷信虛禮) 등 악풍폐습(惡風弊習)을 타파 개선하며 신교육(新敎育)을 흡수하여 현실 만에 낙념(落念) 말고 직업에 충실함이오.
> 사랑(愛)은 진정한 애의 정신으로 경천애인(敬天愛人)을 표어로 하고 하느님을 공경하며 조국을 사랑하고 동포를 사랑하고 정의로 단결하여 모르는 사람을 깨우치는 것이 조국 광복의 기초라. ("춘경(春景) 구연영 선생 약전", 『獨立血史』, 2권, 1950, 179.)

의병장 출신 양반의 개종과 전도 활동은 지역사회에 큰 변화를 주었다. 그는 자신의 노비들을 풀어 주었고 천민들에게도 존칭을 사용해 광인狂人이라는 소문이 돌았다. 그러나 이에 아랑곳하지 않았던 구연영은 권서인 활동에 충실하면서도 각 지역의 교회 청년들을 중심으로 "구국회"를 조직해 구국 계몽운동을 진행했다. 특히 친일 어용 단체인 일진회一進會(1904년

친일파 송병준 주도로 설립된 친일 어용 단체)의 민낯을 폭로하고 일제의 침략 행위를 비판하는 집회를 개최했다. 이에 일제 헌병대는 기밀문서에서 "경성 동편 십여 군郡에 구연영만 없으면 기독교도 없어질 것이요, 배일자排日者도 근절될 것"이라고 했다. 구연영은 일본의 한반도 침략 계획과 일진회 활동에 큰 걸림돌이었던 것이다.

1907년 구한국 군대의 해산에 따라 거병된 정미의병으로 전국은 다시 술렁이기 시작했다. 이에 일본군 헌병대는 의병장 출신 전도사 구연영과 그 아들 구정서가 활동하는 이천 지역에 진주하여 마침내 두 부자를 이천 우시장 미루나무에 묶고 팔과 다리를 칼로 찌른 후 총살했다. 초기 개신교 전도인 중 첫 순국이었다. 이들의 죽음에 대해 「대한매일신보」는 다음과 같이 보도했다.

구연영 전도사. 그들 부자의 순국을 보도한 「대한매일신보」 기사(1907년 9월 29일)
이천중앙교회 앞에 건립되어 있는 구연영 전도사 순국 추모비 (좌측부터)

일병 오십여 명이 이천읍 안에 들어와서 예수교 전도인 구연영 구정서 부자를 포살하고 그 근처 오륙 동리를 몰수히 충화하엿다더라 ("부사구몰", 「대한매일신보」, 1907년 9월 29일. ※구몰[俱沒] : 부자가 모두 죽다 / 충화[衝火] : 일부러 불을 지르다)

구연영·구정서 부자의 비극적 죽음을 몇 줄 단신으로 보도한 「대한매일신보」는 그로부터 2년 후 친일 매국노들과 일진회의 패악질로 스러져 가는 조국과 태극기의 처량함을 한탄하며 다음과 같은 울분에 찬 논설을 내놓았다.

오늘날 한국에 무슨 물건이 남아 있는가. 외교도 저 역적이 팔았으며 군대와 경찰도 저 역적이 팔았고, 삼림과 광산도 저 역적이 팔았으며, 사법권도 저 역적이 팔았고 정부관리자리도 저 역적이 팔았으니 그 남은 것은 빈껍데기 대한이라 하는 명칭뿐인데 지금 와서는 이 빈껍데기까지 한입에 집어넣고자 하여 소위 합방성명서를 주출하였으니 오호라! 동포여 아는가 모르는가! …
생각하여 볼지어다. 합방이 된 이후에는 단군을 배척하고 천조대신(天照大神, 아마테라스 오미카미)을 받들 것이오, 군부(君父)를 버리고 명치 천황을 높일 것이며, 조국의 태극기를 버리고 태양기를 잡을지니 동포의 마음이 이 때에 어떠하겠는가. 저 일진회는 외교권을 내어준 것이 독립하는 복이라 하고 모든 이익을 다 빼앗기는 것이 행복의 종자라 하더니 이제 또 그 성명서에 하기를 황실을 존숭한다 인민의 복이 된다 보호국의 수치를 벗어 버린다 하였으니 오호라! 지옥을 천당이라 하는 마귀들아 그 말의 간교하고 불경함이 어찌 이렇게 심하뇨.
폐일언(蔽一言)하고 저 일진회는 한국이 한 치만 넘어도 한 치를 멸하고 한인이 일개만 넘어도 일개를 죽이고자 하나니 동포들아 아는가 모르는가 살았는가 죽었는가. ("논설 : 두 번 한국동포에게 고하노라", 「대한매일신보」, 1909년 12월 8일)

113

20세기 초 제국주의의 폭력과 침탈 앞에 무기력한 조선 지식인들은 이제 단군왕검의 자리를 일본 천조대신이, 대한제국 황제의 자리를 일본 천황이, 태극기의 자리를 일장기가 차지하리라는 것을 기정사실로 받아들이고 있었다. 그러면서 이러한 민족적 비극 앞에 선 무기력한 동포를 향해 덧없는 호소만을 쏟아낼 뿐이었다.

태극기에 새긴 혈서의 신앙

1905년 을사늑약 체결을 통해 나라의 외교권이 강탈당하고 일제의 조선침탈 야욕이 극에 달하자 천주교인 안중근(안응칠)과 상동감리교회 웹윗청년회 출신 우덕순 등 항일 투사 11명은 1909년 3월 동의단지회東義斷指會를 결성하고 왼손 약지의 첫 관절을 잘라, 태극기에 "대한독립"이라는 혈서를 남겼다.

단지회 동지들은 이토 히로부미가 러시아 당국과 남만주 철도 건설을 협의하기 위해 하얼빈에 온다는 정보를 입수하고 이토를 암살할 계획을 세운다. 압록강 건너 봉천에서 출발한 하얼빈행 기차가 중간에 기관차를 바꾸기 위해 머무는 곳이 채가구역이었다. 단지회의 안중근과 우덕순은 중간 정차역인 채가구와 종착역인 하얼빈에서 각각 이토의 암살 기회를 노리기로 했다. 다음은 안중근의 〈장부가〉에 대한 답가로 우덕순이 작성한 〈의거가〉의 내용이다.

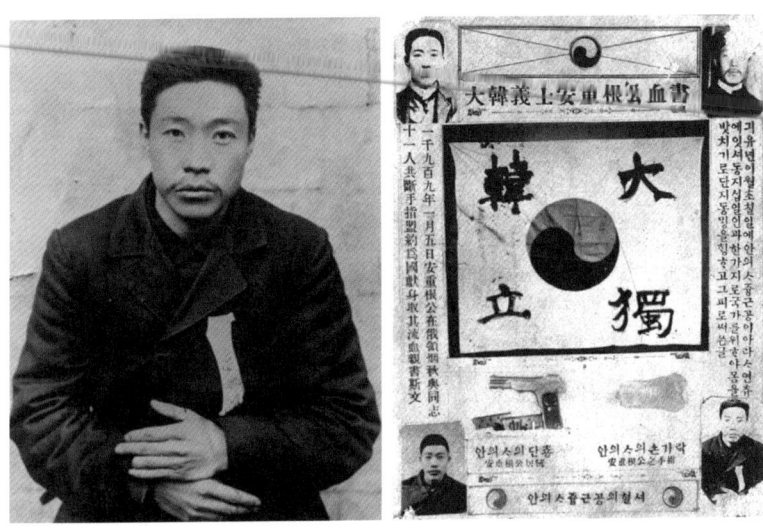

안중근 의사(좌)와 그의 재판 비용을 모금하기 위해 제작된 <대한의사안중근공혈서> 엽서(우).
엽서의 중앙에 단지회 동지들이 함께 쓴 "대한독립" 태극기 혈서가 수록되어 있다.
이 태극기의 원본은 안중근 의사 사후 동생 안정근이 보관하다 1946년 분실되었다.

만났도다 만났도다 원수 너를 만났도다 /

너를 한번 만나고자 일평생에 원했지만

하상견지만야(何相見之晚也)런고 /

너를 한번 만나려고 수륙으로 기만리를 /

혹은 윤선 혹은 화차 천신만고 거듭하여 /

노청(露淸) 양지 지날 때에 앙천하고 기도하길

살피소서 살피소서 주 예수여 살피소서 /

동반도(東半島)의 대제국을 내 원대로 구하소서

오호라 간악한 노적(老賊)아 / 우리(我等) 민족 이천만을 멸망까지 시켜 놓고

금수강산 삼천리를 삼천리를 소리 없이 뺏느라고 /

궁흉극악(窮凶極惡) 저 수단을 …

지금 네 명 끊어 지닌 너도 원통하리로다 /

> 갑오 독립 시켜 놓고 을사체약(乙巳締約)한 연후에
> 오늘 네가 북향할 줄 나도 역시 몰랐도다 /
> 덕 닦으면 덕이 오고 죄 범하면 죄가 온다
> 너 뿐인 줄 알지 마라 너의 동포 오천만을 /
> 오늘부터 시작하여 하나둘씩 보는 대로
> 내 손으로 죽이리라. (「대한매일신보」, 1910년 2월 18일)

우덕순의 거사에 대한 의지는 이처럼 결연했다. 안중근, 우덕순의 이토 암살 계획은 민족해방을 향한 신앙적 결단이었다. 하지만 운명은 그에게 거사의 기회를 쉽게 허락하지 않았다. 원래 처음 계획은 우덕순이 하얼빈을 맡기도 한 것이었지만, 결행 하루 전에 거사의 성공률을 높이기 위해 각자의 위치를 다시 바꾸었다. 하지만 이토가 탄 기차가 채가구역을 통과할 때 러시아 경찰 당국이 역사 전체를 봉쇄하는 바람에 우덕순은 은신처였던 지하실에 갇혀 있어야 했다. 결국 1909년 10월 26일 오전 7시, 이토는 안중근의 총에 쓰러졌다.

이로써 안중근은 현장에서 체포되어 사형 당했으며, 우덕순은 징역 3년형을, 조도선·유동하는 징역 1년 6개월 형을 언도받았다. 그러나 우덕순은 경성감옥에 수감 중 1908년의 함흥감옥 탈옥 사건이 드러나 형이 추가되어 7년간의 옥고를 치른 뒤 1915년 2월에야 출옥할 수 있었다.

맛낫도다 ᄉᆞᄉᆞ 寃讐너를 맛나도다 너를 한번맛나고져 壹平生에 願힛지만何相見之 晩也런고 幾萬里를 或은 輪船 水陸으로 或온 火車千辛萬苦거듭ᄒᆞ야 露淸兩地지낼ᄯᅢ에 안질ᄯᅢ나 셧슬ᄯᅢ나 仰天하고 祈禱하길 살피소셔 ᄉᆞᄉᆞᄉᆞᄉᆞ生예수여 살피소셔 東半島의 大帝國을 ᄂᆡ願디로 敎ᄒᆞ소셔 嗚乎奸惡 이老賊아 我等民族二千萬을 滅ᄒᆞ고져식혀 ᄂᆞᄀᆞ錦繡江山 三千里를 소리업시 ᄲᅢ앗노라고 窮凶慘惡ᄒᆞ며 手段을 (中略) 至 已締約혼然後에 오ᄂᆞᆯ네가 北 向흐줄나도 亦是 몰낫노라 德 닥그면 罪犯호 면罪가온다너 外同胞五千萬을 오ᄂᆞᆯ부터시 作ᄒᆞ야ᄒᆞ나 들식보는도 리로다甲午獨立식혀ᄂᆞᆯᄭᅩᆯ 리로다

안중근 의사 공판 장면. 앞줄 왼쪽부터 유동하·조도선·우덕순·안중근
우덕순의 〈의거가〉, 「대한매일신보」, (1910년 2월 18일)

이토 히로부미가 처단된 지 1년도 되지 않아 한반도는 완벽히 일제의 손아귀에 넘어갔다. 태극기는 더이상 나부낄 공간을 허락받지 못했다. 망국대한大韓의 비애를 목놓아 울던 「대한매일신보」는 일제에 강제 매수되었고, 조선총독부 기관지 「매일신보」라는 이름으로 새롭게 발행되었다. 강제 병합 직후 이 신문에서는 태극기의 처지에 대해 다음과 같이 단신으로 보도했다.

> 각 학교 및 관청과 회관 양제옥자문(洋製屋子門, 서양식 건물 입구) 비 위(上)에 조각(彫刻)한 태극기호(太極旗號)를 일전(日前)부터 일절(一切) 말거(抹去, 기록 따위를 뭉개버리거나 지워 없앰)하고 다시(更) 일본기호(日本旗號)를 게양 및 부착(揭付)한다더라. ("잡보 : 태극기호 말거", 「매일신보」, 1910년 9월 3일)

1910년 가을 이후, 한반도 어디에서도 태극기의 게양이나 표시는 불법이 되었다.

1910년 소위 "한일합방"을 기념하여 발행된 다양한 기념엽서들. 명치 천황과 고종의 얼굴이 그려진 엽서 배경에는 오얏꽃과 국화, 태극기와 일장기가 교차하고 있으며, 이토 히로부미와 이완용의 사진이 그려진 엽서와 경운궁 대한문이 그려진 엽서에도 태극기와 일장기가 그려져 있다. 봉황이 그려진 '일한 합방 기념' 카드에는 일장기와 태극기가 대각선으로 교차되어 그려져 있다.

STORY 3

못다 이룬
대동 세상의 상징

교기와 태극기를 함께 게양한 숭실학교

행군 나팔 소리에 태극기를 높이 들고
태극기를 높이 올린 기독교 학교와 무장 독립 투쟁

대군주 폐하 탄신 날에 평양서 성교(聖敎)하는 백성 삼백여 명이 국기를 높이 달고 대동강 건너 사각 대청으로 모여 처음에 교우 한석진 씨가 기도하고 우리나라 자주독립한 경사로운 것을 연설하고, 방기창 씨는 모든 교우를 흥기(興起)하여 독립가를 부르고 이영언 씨는 연설하되 우리나라가 일찍이 청국에 속하여 종노릇만 하더니 지금은 자주국이 되었으니 우리 인민들도 각각 자주할 마음을 두어 대군주 폐하의 성덕을 돕고 태서(泰西) 각국과 같이 문명 개화되어 보자 혹 풍설을 들은즉 우리나라는 개화되기 어렵다 하나 이는 지각없는 어리석은 사람들의 말이라 일본국이 삼십 년 전에 극히 쇠미하더니 지금은 동양에 제일 개화되어 국부 병강하고 인민이 태평한지라 어찌 그러한고 하고 인민이 태평한지라 어찌 그러한고 하니 인재를 교육함이라. 우리 조선 사람들도 인재가 없는 바이 아니로되 교육이 없는 까닭이라. 이제부터 교육을 힘 쓰거든면 나라가 저절로 자주 기초가 더욱 튼튼하여질지라 하며 김종섭 씨가 연설하되 우리나라가 단군 기자 때부터 자주독립 이룬 이름도 알지 못하다가 오늘날 우리들이 독립가를 부르는 것이 모두 우리 대군주 폐하의 성신 문무하신 덕택이라 하고 여러 교우들이 만세를 부르고 종일토록 길거(拮据) 하였다더라. ("잡보", 「독립신문」, 1897년 9월 2일)

1897년 고종의 탄신일을 맞은 평양 기독교인들 모습이다. 평양 쾌재정(사각 대청)에서 이루어진 것으로 보이는 이 행사에서는 신자 300여 명이 참석해 태극기를 높이 게양했으며, 한석진이 기도하고 방기창의 인도로 독립가를 제창했다.

이 당시 행사를 진행한 사람들은 장로교의 영수였던 이영언(1898년 사망)을 비롯해 이후 평양신학교의 첫 입학생(김종섭, 방기창 1905), 첫 졸업생(방기창, 한석진 1907)으로, 한국교회의 지도자로서 부흥과 체제를 확립하는 데 크게 기여한 이들이다. 이처럼 새로운 자주독립 국가의 국민, 민족으로서 정체성을 내재화한 초기 기독교인들은, 이후 수학하게 된 신학교에서 자연스레 민족의식과 기독교 신앙을 조화하게 되었다.

1896년부터 제정된 황제탄신기념일을 계기로 한국 기독교는 '충군애국' 신앙을 공개적으로 표현했으며, 그 행사에는 어김없이 태극기와 십자기가 게양되었고, 각종 악기를 사용해 애국가와 독립가 등을 불렀다. (*Missionary*, Nov. 1908, 549.)

1905년 개교한 평양신학교의 초기 단체 사진을 보면, 한석진은 태극기를, 길선주는 성경을 들고 있다. 초기 기독교인들의 신앙 정체성을 잘 드러나는 장면이다. 이러한 신학생들의 민족주의적 행동에 대하여 사진 속 신학교 교수(선교사)들은 크게 문제 삼거나 경계하지 않았던 것 같다. 아마도 교수진 스스로도 자국에 대한 강한 자긍심과 민족적 혹은 국가적 정체성을 내재화하고 상호 존중하는 문화를 지녔기 때문이었을 것이다.

19세기 말 개신교 내한 선교사들은 다양한 교파적 배경을 지님과 동시에 미국·영국·캐나다·호주 등 근대 국민국가의 정체성도 강하게 지녔다. 따라서 개항 이후 외국 공관들과 내한 선교사들이 각종 행사나 의례에서 자국의 국기를 사용하던 관행은 한국인들에게 낯설지만 인상적인 일이었다. 특히 전 세계에 파견된 미국인 내한 선교사들이 보인 자국 국기(성조기)를 향한 사랑은 남달랐다. 그들은 교회나 학교를 설립할 때마다 국기에 대한 미국식 존경의 태도를 한국인에게 가르쳤다.

1905년 평양신학교의 재학생들과 교수들 맨 앞줄의 한석진이 태극기를 길선주가 성경을 들고 있다.

기독교 학교와 부흥회에 게양된 태극기

19세기말 20세기 초 열강의 각축장이 된 한국의 위태로운 시대 상황은, 교회로 하여금 기독교 신앙을 통한 근대 자주 국가 건설 의지와 독립 정신 고취에 적극 참여하도록 이끌었다. 많은 선교사와 기독교 지도자들은 기독교 학교를 세워 차세대를 향한 신앙 교육과 민족 교육을 적극적으로 병행해 나갔다.

한국 최초의 근대식 교육기관인 배재학당을 설립한 아펜젤러(Henry G. Appenzeller, 1858~1902)는 배재학당 당훈을 "욕위대자欲爲大者 당위인역 當爲人役"(크고자 하는 자는 남을 섬기라)으로 정했다. 이는 "너희 중에 누구든지 크고자 하는 자는 너희를 섬기는 자가 되고 너희 중에 누구든지 으뜸이 되고자 하는 자는 너희의 종이 되어야 하리라"(마 20:26-27)라는 성경 말씀을 교육 이념에 반영한 것이었다. 또한, 그는 "우리 학교의 목표는 통역관이나 기술자를 만드는 것이 아니라 폭넓게 교양을 쌓은 사람을 만들고자 하는 것"(「미감리회 해외선교부 연례 보고서」, 1892, 285.)이라고 밝히며, 기독교적 근대 교육을 통해 근대적 시민과 지도자를 양성하려는 의지를 분명히 밝혔다. 아펜젤러 전기를 집필한 그리피스는 이러한 그의 교육철학을 다음과 같이 정리한다.

이 민족 앞에 아펜젤러는 잔치를 벌이고, 생명의 떡을 찢어 나누고자 했다. 목소리와 펜으로, 낡아빠진 중국 학문에 짓눌려 있던 젊은이들 대신에, 배재학당에서 훈련된 근대적 삶을 영위할 자질을 갖춘 수백 명의 교사들이 아펜젤러의 눈앞에서 배출되었다. 동시에 깨어 있는 젊은이들과 호기심 많은 어른들은 세계와 인류에 대해서 알게 되었고 자기 민족과 인류의 진보를 위하여, 보다 고상한 역할을 감당하도록 고무되었다. 그들을 구원하려고 예수는 자신의 생명을 내어주셨기에. (W. E. Griffis, *A Modern Pioneer in Korea : The Life Story of Henry G. Appenzeller*, 1912, 180.)

이화학당을 창설한 스크랜턴 대부인(Mary F. B. Scranton, 1832~1909)도 한국인에 대한 기독교 학교의 교육 목표는 한국인의 주체적인 민족성과 정체성을 스스로 찾아 그 가치를 발전시켜 나갈 수 있도록 돕는 것에 있다고 역설했다.

나는 학생들이 서양인의 생활양식과 의복제도를 따르게 하도록 생각하지 않는다. 나는 한국사람을 가장 훌륭한 한국 사람으로 만드는 것에 만족하려 한다. 그러기 위하여 그리스도와 그의 가르침을 따라 교육하려고 힘쓰는 것뿐이다. (*The Godpel in All Lands*, 1888, 373.)

이러한 초기 한국 기독교의 교육 선교는 단순히 개종자들을 양산하는 도구가 아니라, 새로운 근대국가의 시민으로서 갖추어야 할 소양, 즉 애국심과 민족애, 민주주의, 사회적 약자를 향한 헌신과 개혁의 자세를 기독교 교육을 통해 배양하려는 일이었다. 그러한 교육철학에 기초해 19세기 말

20세기 초 풍전등화의 한반도 현실에서 기독교 학교는 자연스럽게 애민 애족 독립 정신 고취의 중심지이자 대안적 공간이 되고 있었다.

한국교회의 각 교파 선교부들은 서울의 배재학당이나 이화학당을 모델로 삼고, 각 지역의 교회 건물을 이용해 지역의 아동과 청소년들을 대상으로 '매일학교'(Day School)를 실시했다. 그 목적은 기독교 교육을 통한 지역 복음화였다. 당시의 학생들은 전통 유교 가치만을 배우는 서당보다 신학문을 가르치는 매일학교에 입학하기를 원했다. 이에 전국 각 지역의 교회에서는 교인 스스로 학교 건물을 짓고 예산을 마련해 매일학교를 운영하도록 했다. 이로 인해 '아현여학교', '상동매일학교', '동대문매일학교', '인천매일학교', '평양매일학교', '공주매일학교' 등 전국 각처 교회에서 매일학교 운동이 전개되었다.

매일학교에서는 주로 한글과 한문, 기독교 교리와 성서를 비롯해 근대적 지식들과 예체능을 교육했으며, 매일학교에 입학한 소년과 소녀들은 아동 시기부터 기독교 교육을 통해 민족의식과 독립 정신을 고취해 갔다. 인천 내리교회가 우리나라 최초로 설립한 초등교육 기관인 '영화소년매일학교'(Boys Day School)의 단체 사진과 평남 강서교회에서 운영한 강서매일학교 학생들의 단체 사진을 보면 자연스럽게 태극기가 게양된 모습이 확인된다.

인천 영화학교(좌)와 강서매일학교 학생들(우) [1900년대 초]
학생들의 배후엔 태극기가 게양되어 있다.

남감리회 선교의 일환으로 윤치호가 설립한 개성 '한영서원'(이후 송도고보)에서도 실재적 기술과 지식 습득을 위한 실업교육과 더불어 민족의식 함양에 관심을 기울였다. 한영서원의 학생들이 군사훈련을 받으며 촬영한 초기 사진에도 태극기가 게양되어 있으며, 1907년 개성 지역 기독교학교 학생들의 야유회 사진 속에서도 어김없이 학생들은 태극기를 들고 행사에 참여했다. 진남포교회에서 운영하던 진남포매일학교 학생들이 방문 선교사를 맞이하기 위해 도열한 선두에도 태극기가 게양된 모습이 눈에 띈다.

감리교뿐 아니라 장로교의 각 지역 기독교 학교 풍경도 크게 다르지 않았다. 1900년 설립된 전주 신흥남학교에서도 선교사 지도하에 모든 학생이 태극기를 들고 도열한 모습(1908)이 확인되며, 목포장로교회에서 운영한 목포남학교의 학생들이 십자기와 태극기 아래 목총을 들고 기념사진을 찍은 모습(1908)도 인상적이다. 평양 숭덕학교 학생들은 대운동회에서 태극기를 들고 집단체조를 실시하고 있다(1907).

이처럼 초기 개신교회와 학교들이 보인 태극기 게양의 모습은, 교회가 민족의식을 존중하되 비정치적인 신자들도 육성하기 위한 절충안이었다. 1906년 당시 목포장로교회에서 부흥회를 진행한 프레스톤 선교사의 진술을 보자.

> 내가 참여한 가장 강력한 부흥회가 최근 목포에서 일어났다. … 성령의 특별한 초대와 분명한 인도하심으로 남감리교 저다인 목사가 내려와 일주일 동안 하루 두 번 설교했다. … 처음부터 끝까지 기도, 중보 기도, 고백의 영이 회중에게 쏟아졌다. 실로 놀라운 일이었다. 부흥회 4일 동안 150명이 기도하기 위해 모였다. 부흥회 기간 동안 몇 명이 큰 소리로 기도하기 시작했고 설교하기 위해 기도를 멈추라고 할 때까지 계속했는데, 이것은 종종 있는 일이었다.
>
> 집회의 목적은 외부인 전도보다는 신자들을 일깨우고 생동력 있게 하는 것이었다. 그 목적은 만족스럽게 달성되었다. 거의 모든 사람들이 받은 은혜를 분명하게 간증했다. 더욱이 많은 사람들이 명백하게 회심했다. 가장 주목할 만한 것은 먼 지방에서 온 매우 명석한 남자의 경우였다. 그는 정치적 목적으로 기독교를 이용하려고 찾아온 사람이었다. 하지만 가장 놀라운 신앙적 경험을 하였다.
>
> (J. F. Preston, *"A Notable Meeting"*, *The Korea Mission Field*, Oct, 1906, 227~228.)

1905년은 을사늑약이 체결되어 대한제국의 외교권이 피탈된 해였으며,

1 목총을 들고 군사훈련 중인 개성 한영서원 학생들 (1907년)
2 개성 인근으로 야유회를 떠난 개성의 남감리회 신자들과 한영서원 학생들 (1908년), [한국 기독교역사박물관 소장]
3 선교사를 맞이하기 위해 도열한 진남포매일학교 학생들 (1907년)
  이들 모두 각 행사에서 태극기를 들고 있다.

4 목총을 들고 지도교사 및 교인들과 함께 서 있는 목포남학교 학생들 (1908년)
5 태극기를 들고 집단체조를 실시하는 평양 숭덕학교 학생들 (1907년)
6 선교사의 지도하에 태극기를 들고 도열해 있는 전주 신흥학교 학생들 (1908년)
　이들은 모두 기독교 학교에서 태극기를 들고 민족의식과 기독교 신앙을 함께 교육받았다.

1907년은 고종이 을사늑약의 무효를 세계열강에 호소하려다 실패한 헤이그밀사사건으로 강제 퇴위당하고, 이토 히로부미가 한국의 국권을 빼앗는 한일신협약(정미7조약)을 강제 체결한 해였다. 이 조약에는 비밀 각서가 첨부되었는데, 군대를 해산하고 사법권과 경찰권을 일제가 관장한다는 내용이었다. 이 비밀 각서를 근거로 1907년 8월 1일 대한제국 군대는 해산되었고, 이에 항거하는 정미의병이 전국 각지에서 일어났다.

국권이 피탈되어 가는 시기에, 교회는 정치적 목적으로 교회로 흘러들어 오는 이들을 경계했다. 하지만 한편으론 종교적 각성과 회개 운동을 통해 이들의 상실감을 위로하거나 신앙 체험으로 정치적 울분을 극복하도록 이끌기도 했다. 비록 한반도의 망국과 전환기에 교회는 비정치화와 종교적 심연으로 침잠했지만, 태극기라는 국가 상징을 적극적으로 끌어안으면서 국권피탈이라는 슬픔과 절망을 위로하고, 새로운 희망의 가능성을 신앙을 통해 발견할 수 있도록 모색했다.

> 그해(1907년) 서울은 선교사들이나 한국 기독교인들이 모두 새로운 마음으로 생활하기를 바라는 강한 열망으로 새해를 시작했다. … 한국인 장로(길선주)가 와서 이 대도시의 교회들에서 며칠을 보냈다. 이것은 정화 체험의 시작이었다. … 죄로 인한 고뇌와 슬픔, 고백할 때의 극심한 고통, 삶에서 나타나는 깊고 놀라운 능력의 현상들이 동일하게 나타났다. (Jones & Noble, *The Religious Awakening of Korea*, 1908, 22~23.)

망국의 그늘이 드리운 태극기를 게양하고 부흥회에 임한 수많은 기독교인이 느꼈을 죄책감이란 무엇이었을까. 각자의 나태와 안일함, 윤리적 일탈과 무관심 속에서 국권피탈이라는 절망적 상황을 맞았다는 각성이 그들을 한없이 부끄럽게 만들었을 것이다. 따라서 그 수치와 모욕감을 녹여 내고자 기독교 신앙이라는 거대한 용광로 속으로 자신을 내어던졌던 것은 아니었을까. 도가니의 열기가 달아오른 바로 그 현장에서 태극기는 그렇게 민망한 모습으로 펄럭이고 있었다.

1907년 안식년을 마치고 돌아온 게일 선교사를 환영하는 인파 2,000여 명이
서울 연동교회에서 환영회 겸 부흥회를 개최했을 때에도
한국 기독교인들은 태극기와 십자기를 게양했다.

행군 나팔 소리에 태극기를 높이 들고

어서가세 / 바삐가세 / 구세할때 / 늦어가오
구자세자 / 이두자를 / 형제마다 / 깊이 듣고
열심으로 / 단체하여 / 속히속히 / 구세하세
("군가", 32~36행, 『필사본 구세군 가사』)

    1907년에 대한제국의 군대는 해산되었다. 이듬해 낯선 신식 군복을 입은 브라스밴드가 행군 찬송을 부르며 황성 거리에 등장했다. 군복을 벗고 망연해 있던 구한국 군인들은 구세군으로 하나둘 모여들었다. 이들은 구세군에 가입하면 군복과 무기를 지급 받고 독립운동을 할 수 있으리라 기대했다. 하지만 외형상 군대의 틀을 갖춘 구세군이었고, 그들에게 총은 지급되지 않았다. 오히려 구세군은 기독교의 기본 원리를 비롯해 엄격한 사회윤리와 절제 운동, 사회악 해소와 빈민 구제라는 사회 선교의 구체적 소명을 가르쳤다.
    많은 군인은 실망하여 구세군을 떠났지만, 일부는 구세군에 남아 이 또한 민족 구원의 새로운 대안의 길이라 믿고 전도와 사회 구제 사업에 동참하고 헌신했다. 이렇게 구세군은 총이 아닌 자선냄비의 종소리로 새로운 나라의 꿈을 향해 행진해 나갔다.

1910년 한일 강제 병합 직전 서울 평동에서 개최된 구세군 한국총회 모습
회중의 뒤편에 게양된 태극기가 선명하게 보인다.

구세군과 달리 유소년 및 청소년을 대상으로 한 감리교회의 학교에서는 실제적인 군사훈련도 실시했다. 특히 한반도의 위태로운 상황 속에서 교회와 기독교 학교는 민족의식 함양뿐 아니라 군사훈련의 요구에도 직면해 있었다. 이러한 군사훈련을 더 체계화한 대표적인 기독교 학교가 공옥소학교와 상동청년학원이었다. 두 학교는 전덕기 목사를 필두로 김구, 이준, 이동녕, 이동휘, 노백린, 이회영, 남궁억, 신채호, 최남선, 이상재, 이상설, 양기탁, 주시경, 이필주, 이승훈, 안창호, 이승만 등 쟁쟁한 민족운동가들이 활동한 상동청년회(소위 상동파)가 운영하였다.

전덕기 목사는 1904년 상동청년학원을 통해 민족 독립운동에 헌신할 인재 양성과 기독교 정신에 입각한 민족정신 앙양을 목적으로 독립지사들을 강사·교사·특별강사로 초빙하였고 차세대 청소년들을 교육하도록 했다. 이 학교에서는 기독교 신앙 교육뿐 아니라 한글, 한국사, 외국어, 각종 신문화(음악·미술·연극 등)와 체육을 가르쳤다.

특히 체육은 구 한국 군대의 직업군인 출신인 이필주(훗날 3·1운동 민족대표 33인 중 한 명)에게 맡겨 여러 체육 종목을 지도하고 동시에 학생들에게 군복과 같은 유니폼을 입혀, 목총을 메고, 군가를 부르는 제식과 행군 등의 군사훈련도 실시했다. 이러한 훈련 광경은 서울 시내의 유명한 구경거리였는데, 대내외적으로 한국 청소년들의 기개와 기상을 선보이려는 목적도 있었다.

 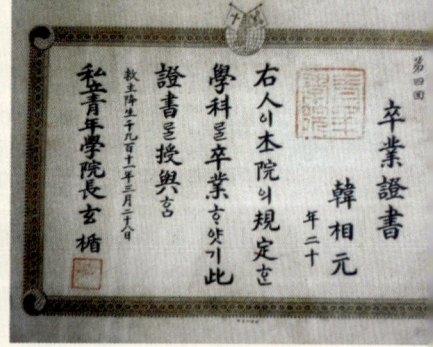

내리교회 영화학교 학생들의 군사훈련 광경 (1900년대 초)
상동청년학원의 졸업증서 (1911년)
감리교 목회자이자 독립운동가인 현순 목사가 학원장으로 한상원 졸업생에게 발급된 졸업증이다.
한일강제병합이 이루어진 시기임에도 상단에 지구와 한반도,
십자기와 태극기가 교차된 이미지를 사용한 점이 인상적이며,
졸업증서 네 모서리의 태극 문양도 선명하다.
[한국기독교역사박물관 소장]

일제가 한국 침탈을 노골화한 1905년에는, 상동청년회에서 활동하던 박용만이 도미하여 미주 지역으로 이주한 한인 청소년들을 모아 '한인소년병학교'를 설립했다. 이 학교는 일제에 저항할 독립군 장교들을 양성할 목적으로 1909년 미 중부 네브래스카주 커니(Kearney)에 세워졌다. 이는 식민지로 전락한 고국의 독립을 이루기 위해 해외에서 시작한 최초의 구체적 도전이었다. 그가 미국에 소년병학교를 설립한 것은, 상동청년회와 연계된 나름의 계획을 실행한 결과라고도 볼 수 있다. 박용만이 미국으로 이주하게 된 배경과 관련해 「사이토 문서」에 실린 "조선독립운동의 근원"에서 상동청년회에 대한 언급이 이를 시사한다.

> 메이지(明治) 37년(1904) 가을, 즉 러일전쟁이 가장 치열하던 때에 예수교 전도의 이름 아래 상동청년회라는 것이 출현하였다. … 청년회의 간부는 이동녕, 이승만, 정순만, 이희간, 박용만, 조성환 외에 예수교 목사 전덕기를 회장으로 하고 … 회의 사업은 청년학원을 경영하여 뜻있는 청년을 양성하는 외에, 미국에 이민의 명분으로 유학생을 파견하여, 이민 개발 회사와 묵계를 맺어 이희간을 러일전쟁 중에 고등군사탐정으로 종군하여 얻은 6만 8000원 중 1만 3000원을 유학생의 미국 상륙 휴대금으로 유용하고, 박용만과 이희건(이희간의 동생)을 미국에 파견하여 그 수지(상륙 후 휴대금은 바로 반환하는 방법)를 맞추었고, 이어 이승만도 유학생 감독으로 도미하고 이희간도 또한 상황 시찰을 위해 일시 도미하였다. (『조선총독부관계사료 "齋藤實 文書" 9』, 고려서림, 1990, 354~360.)

박용만이 설립한 한인소년병학교는 상동청년회 활동 당시 상동교회에서 운영한 공옥소학교와 상동청년학원에 큰 영향을 받았다. 상동청년학원의 교과목이 "국문, 영어, 한문, 산술, 지지, 역사, 습자, 수신, 성서, 체조"("학원모집광고", 「대한매일신보」, 1906년 8월)인 점과, 1909년 설립한 한인소년병학교의 교과목이 "국어, 영어, 한문, 일본어, 수학, 역사, 지리, 과학, 성서, 병학"(안형주, 『박용만과 한인소년병학교』, 지식산업사, 2007, 171~173.)인 점을 보면 소년병학교가 상동청년학원의 교육 내용을 그대로 답습하고 있음을 알 수 있다. 소년병학교에서는 상동청년학원과 달리 '습자'(글쓰기)와 '수신'(윤리·도덕)을 빼고, '일본어'와 '과학'을 추가한 것만이 예외적이며, 두 학교 모두 '성서'를 중요 과목으로 채택하고 있다는 사실도 주목할 만하다.

박용만이 네브래스카주 헤이스팅스에 설립한 '한인소년병학교'

공옥소학교와 상동청년학원에서 강조한 교육 내용 가운데 하나가 바로 기독교 신앙과 민족의식 고양 및 군사훈련이었다. 1907년 당시 공옥소학교 학생들이 행진하며 부르던 〈행보가〉行步歌는 상동청년회의 교육 이념을 여실히 느끼게 해 준다.

> 산 곱고 물 맑은 우리 동반도는 / 사천년래 살아오는 우리 땅
> 사시 기후 항상 좋고 화평한데 / 우리 그 중에서 호흡하누나
> 하나님은 좋은 천지 주셨으나 / 지금 우리 더욱 힘쓸 때로다
> 전일 태도 급히 벗어버리고서 / 강한 용맹으로 다 나아가누나
> 지식을 넓히고 신체를 강케해 / 부강흥성하는 모든 학문을
> 주야 바삐 촌음 다투어가면서 / 풀무 속에 백련 강철이 되게
> 약육강식 험한 오늘 당한 세계 / 열심하는 의기 우리 갑줄세
> 사면 열강들은 호랑들 같으나 / 무릅쓰고 마고 몰아나가세
> (후렴) 나아가누나 나아가누나 / 우리 학생들이 나아가누나
> ("공옥소학교 행보가", 「대한매일신보」, 1907년 10월 23일)

박용만은 상동청년회의 바로 이러한 교육 이념을 더욱 강화하고, 미주 지역에서 기독교 신앙에 기초한 무장 독립운동가를 양성하기 위해 '한인소년병학교'를 설립한 것이다. 다음은 한인소년병학교의 군가이다.

> 이 몸 조선 국민 되어 / 오늘 비로소 군대에 바쳐
> 군장 입고 담총하니 / 사나이 놀음 처음일세

군인은 원래 나라의 번병(藩屏) / 존망과 안위를 담당한 자
장수가 되나 군사가 되나 / 나의 직분 나 다할 것
나팔소리 들릴 깨마다 / 곤한 잠을 쉬이 깨어
예령 돌령 부를 때마다 / 정신차려 활동하라
우리 조련 이같이 함은 / 황천이 응당 아시리라
독립기 들고 북치는 노래 / 대장부 사업 이뿐일세
(후렴) 종군악(從軍樂) 종군악 / 청년 군가 높이 하라
사천년 영광 회복하고 / 이천만 동포 안녕토록
종군악 종군악 / 이 군가로 우리 평생
("소년병학교 군가", 「신한민보」, 1914년 4월 16일)

박용만의 한인소년병학교 설립 목적은 첫째, 장기적인 독립 투쟁에서 자급자족할 수 있도록 서방의 최신 군사교육을 습득해 우수한 핵심 장교들을 양성하는 것이었으며 둘째, 문약文弱해진 민족의 성격을 바로잡고 폭넓은 신지식과 세계 정세에 밝은 눈을 갖도록 서방국가의 앞선 교육을 받게 한다는 것(안형주의 같은 책, 124~125쪽)이었다. 하나 더 추가하면, 기독교 신앙으로 새로운 국가 건설을 위한 민족의식과 의지를 함양하려 한 것이다. 당시 소년병학교의 일과시간표를 보면, 오전 6시 기상 이후 오전 7시 50분에 아침 예배를 드리고 하루 종일 교육과 훈련을 마친 후, 오후 9시 10분에 저녁 예배를 드리고 하루 일과를 마치는 일상이었다. 소년병학교의 하루 시작과 마무리는 '예배'였던 것이다.

한인소년병학교는 1910년 한일강제병합을 전후하여 뜨겁게 타오른 민

족의식과 애국심, 일제 침탈에 대한 적개심으로 설립된 학교였다. 이 학교를 통해 독립군 간부를 양성해 만주와 연해주 지역에 파견, 부상 항일 투쟁 운동을 지원하려 했다. 하지만 한인소년병학교는 1914년 6기 생도를 받고 폐교의 운명을 맞았다. 일본이 미국 정부에 강력히 항의해 압박을 느낀 헤이스팅스대학이 지원을 끊었기 때문이다. 소년병학교는 6년간 170여 명이 입학해 40여 명이 졸업했다. 졸업생들은 이후 독립운동에 투신하기도 했고, 학계와 언론계 등에 종사하기도 했다. 소년병학교 동문 중 널리 알려진 이로 기독교 실업가인 유일한(유한양행)과 초대 보건사회부장관인 구영숙 등이 있다. 이후 샌프란시스코에 있는 「신한민보」의 주필로 자리를 옮겼던 박용만은 다시 하와이로 이주해 1913년 대조선국민군단과 사관학교를 창설하고 300여 명의 군인들을 양성했다.

네브라스카 커니의 농장과 헤이스팅스의 캠퍼스, 국민군단사관학교의 오아후섬 훈련장 등은 비록 타국의 설움과 외로움이 가득한 땅이었지만, 망국의 절망 속에서도 태극기를 게양하고 강렬한 기독교 신앙과 민족의식으로 조국의 해방을 위해 피땀 흘린 역사의 현장이기도 했다. 나라 잃은 소년과 청년들이 기도하며 바라보았을 네브래스카와 하와이의 태극기는 그렇게 처연히 펄럭이고 있었다.

박용만은 1914년 6월 하와이 오아후섬 카훌루에 대조선국민군단을 창설하고
사관학교를 개교했으며, 이곳에서 300여 명의 군인들을 훈련시켰다.
국민군단 사열식 모습(1913년)

하와이 국민군단 훈련병들의 훈련 중 휴식 광경. 뒤로 태극기가 게양되어 있는 것이 보인다.

종로통의 태극기와 차별 극복의 모뉴먼트
만민이 평등한 대동 세상을 꿈꾸는 태극기의 역설

19세기 중엽 우리나라 연해에는 수많은 외국 군함들이 출몰했는데 그 군함에는 한결같이 국기와 소속을 알리는 기가 달려 있었다. 그래서 국기가 특정한 나라를 상징한다는 사실을 알았다.

1876년 강화도에서 일본과 개항 조약을 맺을 때 일본에서는 국기를 내걸었으나 조선은 그렇지 못했다. 일본 사절이 조선의 국기는 무엇이냐고 묻자 오경석(吳慶錫)이 임기응변으로 강화 연무당 여기저기에 그려진 태극을 가리키며 '저것이 우리나라를 상징하는 문양이다'라고 대답했다. 사실 태극은 건축물이나 생활 도구 등에 많이 그려져 있어 그 말은 억지는 아니었다. (이이화, 『한국사 이야기 19 : 오백 년 왕국의 종말』, 한길사, 2003, 225~226.)

1876년 '강화도조약' 당시 조선의 양반 관료들은 근대적 의미의 외교 관계나 조약, 국가 개념 및 상징에 대한 지식이 부족했다. 이때는 태극이 구한말 조선과 대한제국의 상징으로 그 방향이 대략 결정된 시점이었다. 변화하는 국제 현실과 제국주의의 발호에 무지한 한 관료의 임기응변은 나름대로 의미있는 일이었다. 당시 조선의 민중은 『주역』과 『태극도설』 같은 철학서의 심오한 이론과 의미까지 헤아리진 못했지만, 태극에 담긴 천지 음양, 태극이 남녀 귀천이 조화하고 평등하는 대동大同 세상을 의미하고 있다는 사실 정도는 몸과 삶으로 이미 체득하고 있었으리라. 그래서 태극은 개항기 이후 한국 사회와 민속의 상징으로 자연스럽게 채택되고 민중의 생활 속에 깊숙이 자리잡을 수 있었다.

대한성공회 강화읍교회(1900년 축성)의 대문에 그려진 십자가와 태극 문양

역설적이게도, 구한말 태극기는 외적으로 조선 500년이 추구하고 구축해 온 지배 가치와 체제를 강화하기 위한 수단으로 시작했지만, 내적으로는 억눌리고 잠들어 있던 민중 역할에 대한 각성과 대동 세상을 향한 욕망을 자극해 새로운 시대를 향해 달음박질치게 하는 이정표가 되었다. 반상의 차별과 사회적 약자에 대한 배제가 국가 시스템과 사회제도로 고착된 조선 500년의 끝자락에 서서 이러한 태극 사상과 대동 세상의 구체적 실

현이 비로소 가능할 수 있겠다는 희망을 발견한 것이다.

『예기』禮記의 예운禮運 편에는 우리 민족의 정신사에 도도히 흐르는 대동사상과 그 세상에 대해 다음과 같이 설명하고 있다.

> 大道之行也, 天下爲公(대도지행야 천하위공) 選賢與能, 講信修睦(선현여능 강신수목) 故人不獨親其親, 不獨子其子(고인부독친기친 부독자기자) 使老有所終, 壯有所用, 幼有所長, 矜寡孤獨廢疾者, 皆有所養(사노유소종 장유소용 유유소장 환과고독폐질자 개유소양) 男有分, 女有歸(남유분 여유귀) 貨惡其棄於地也, 不必藏於己(화오기기어지야 불필장어기) 力惡其不出於身也, 不必爲己(역오기불출어신야 불필위기) 是故謀閉而不興, 盜竊亂賊而不作, 故外戶而不閉(시고모폐이부흥 도절난적이부작 고외호이불폐) 是謂大同 (시위대동)

대도(大道)가 행해지는 세계에서는 천하가 천하 사람들에게 공유된다. 현명한 자를 등용하고 능력 있는 자가 정치에 참여해 신의를 가르치고 화목함을 이루기 때문에, 모든 사람들은 자기 부모만이 아닌 남의 부모도 사랑하며, 자기 자식뿐 아니라 남의 자식에게도 자애롭게 된다. 나이 든 사람들이 그 삶을 편안히 마치고 젊은이들은 재주와 능력을 펼칠 수 있으며 어린이들은 안전하게 자라날 수 있고 혼자 남겨진 남편, 부인, 고아, 자식 없는 노인, 병든 자들이 모두 부양되며, 남자들은 모두 각기 자신의 본분을 다하고, 여자들은 돌아갈 곳이 있도록 한다. 물건은 아무 곳에 두더라도 아무도 가지려 하지 않으며, 사회적으로 책임져야 할 일들은 스스로 하려 하지만, 반드시 자기만이 할 수 있다고 생각하지는 않는다. 이 때문에 음모를 꾸미거나 간사한 모의가 일어나지 않고 도둑이나 폭력배들이 횡행하지 않는다. 그러므로 집집마다 문을 열어 놓고 닫지 않으니 이러한 사회를 일러 '대동 세상'이라 한다.

내 속에 있는 500년 묵은 백정의 피를 보지 말고

그렇게 구한말 태극기의 게양과 함께 조선 500년 동안 억눌린 어깨를 펴며 역사의 전면에 얼굴을 새롭게 드러낸 상징적 인물이 바로 백정 출신 기독교인 박성춘朴成春(1862~1933)이었다.

1894년 그가 중병으로 생사의 기로에 섰을 때 아들 봉출(박서양)이 곤당골 예수교학당의 무어(S. F. Moore) 선교사에게 아버지의 응급상황을 알렸고, 무어는 당시 고종의 시의侍醫로 활동하고 있던 에비슨(O. R. Avison)을 대동해 왕진 치료를 해 주었다. 마침내 기사회생한 박성춘은 크게 감동하여 곤당골교회를 출석하게 되었는데, 이곳에서 백정의 출석에 반발하는 양반들의 모습과 맞닥뜨리게 된다.

선교사 무어 목사는 여러 조선인들을 일요일마다 교회에 모이게 했는데, 박성춘도 이 모임에 들어갔다. 물론 이들은 갓도 쓰지 않은 사람들이 끼어드는 것을 보고 눈을 흘겼으며, 백정의 친구들이 집회에 많이 나오기 시작하여 이 모임이 흔히 백정교회라 불리게 되자 몹시 당황하게 되었다. 무어는 양반들과 협의하고 교인인 백정을 교회 밖으로 몰아낼 수 없다고 했으며, 결국 양반들이 교회에서 나오기로 결정하여 교회가 번성하게 되었다. (O. R. 에비슨, 『구한말 비록』, 대구대학교출판부, 1984, 193~196.)

무어 선교사는 기독교의 '만민 평등' 가치를 내세워 백정들을 교회에서 내보내 달라는 양반들의 요구를 받아들이지 않았으며, 이에 반발한 양반들은 인근 홍문섯골교회로 분립해 나갔다. 이렇듯 선교 초기 기독교는 조선 500년의 고질적인 신분제도와 차별, 배제의 인습과 문화에 정면으로 충돌하는 대안 이데올로기로 작동하고 있었다.

백정 출신 박성춘이 장로로 장립된 승동교회의 신축 예배당 모습(1913년 준공)

기독교의 '만민 평등'의 정신에 고무된 박성춘은 이후 백정 해방 운동을 펼쳤다. 갑오개혁으로 명목상 신분제가 철폐되었지만, 백정을 향한 사회적 편견과 차별은 여전하여 백정은 호적도 없고, 상투도 틀지 못하며, 갓이나 망건을 쓸 수 없었다. 당시 백정들 중에는 정부의 칙령만을 믿고 도포를 입고 외출했다가 구타를 당하는 일이 빈번했다.

1895년 콜레라가 만연했을 당시 방역 책임자로 활동했던 에비슨은 정부를 대표한 유길준의 감사 편지에 회신하며, 백정도 상투를 틀고 갓을 쓸 수 있게 해달라는 메시지를 전달했다. 박성춘도 무어 선교사의 도움을 받아 백정 차별제도 철폐를 다시 확인해 달라는 탄원서를 정부에 제출했다. 그러한 노력의 결과로, 그해 5월 13일 백정 차별을 금지하는 내용의 칙령이 다시 한 번 반포되고 11월에는 전국에 방이 붙었다. 이에 환호한 박성춘은 '500년 동안' 금기시되었던 의관衣冠을 갖추고 여러 백정들과 함께 하루 종일 종로 거리를 행진했다. 얼마나 좋았는지 잘 때도 갓을 벗지 않을 정도였다고 전한다.

박성춘의 이러한 경험은 스스로를 역사의 주체로서, 새로운 대동 세상의 시민 사회운동에 적극 동참하도록 이끌어 주었다. 1898년 3월 10일부터 독립협회 주최 하에 외세의 침탈과 이권 개입, 간신들의 전횡과 부패에 대해 비판하는 민중대회인 만민공동회가 수 개월간 개최되었다. 당시 첫 모임에만 한양 시민 1만 명 이상이 종로 거리에 운집해, 정부의 정책과 외세의 침탈 행위에 구체적인 영향력을 행사하면서 만민공동회는 점차 더 적극적인 자주독립과 사회 개혁 운동으로 확대되었다.

이러한 만민공동회의 군중집회는 10월에 그 절정을 맞았다. 10월 29일

정부 판료들도 함께하는 관민공동회가 개최되었다. 의정부 잠정 박정양을 비롯한 법무대신, 탁지부대신, 중추원 의장, 한성부판윤 등 정관계 거물들도 대거 참여했다. 이러한 대규모 시국 집회의 개막 연설자로 단상에 선 인물은 바로 백정 출신 박성춘이었다. 그는 조선의 천민 출신으로, 정부의 관료들과 시민들 앞에서 다음과 같이 연설했다.

1898년 10월 29일 종로에서 개최된 관민공동회에서 개막 연설을 하는 박성춘. 그는 백정 출신으로서 처음으로 정부관계자와 한양 시민들 앞에서 시민의 권리와 책임에 대해 역설했다. 그의 등 뒤에는 당당하게 태극기가 게양되어 있다.

나는 대한의 가장 천한 사람이고 무지몰각합니다. 그러나 충군애국(忠君愛國)의 뜻은 대강 알고 있습니다. 나라를 이롭게 하고 인민을 편하게 하는(利國便民) 길은 관민(官民)이 합심한 연후에 가능하다고 생각합니다. 저 햇볕을 가리는 천막(遮日, 차일)에 비유하자면 한 개의 장대로 받치면 역부족이나 많은 장대를 합하면 그 힘이 심히 견고(鞏固, 공고)합니다. 원컨대 관민이 합심하여 우리 황제의 성덕에 보답하고, 국운이 만만세 이어지게 합시다. (독립협회에서 주최한 관민 공동회, 박성춘의 개막 연설 중에서, 1898년 10월 29일)

이 연설은 불과 수년 전에는 인간 취급도 받지 못했던 사회적 약자인 일개 백정이 조선 500년 뿌리 깊은 신분 차별의 벽을 무너뜨리고 근대 시민사회의 새로운 출현을 양반 관료들과 한양 시민들 앞에서 당당히 외친 한국 근대사의 가장 드라마틱한 장면 중 하나였다.

만민공동회의 노력으로, 마침내 나라의 독립과 자주권을 지키기 위한 원칙으로 황제에게 제출된 헌의 6조를 관철할 수 있었다. 그 내용은 자주성을 가진 군주 주권국가를 확립하되 의정부를 폐지하고, 서구의 상원의회와 같은 중추원을 국가 의결기관으로 설립하여 왕권을 견제하는 일을 비롯해 재정기관의 탁지부 일원화, 공정한 재판제도 확립, 외세의 배격, 부정부패 척결, 공정한 인사 제도 도입 등 정치와 사회제도의 개혁과 관련한 것이었다. 그러나 독립협회와 만민공동회의 이러한 개혁 성과에 위협을 느낀 수구파들은, 독립협회가 의회(중추원) 설립이 아닌 황제 폐위와 민주공화제 수립을 목표로 한다며 전단을 뿌리고 고종에게 모함했다. 이에 놀란 고종은 독립협회 간부들을 체포했으며, 정치 깡패(보부상)들을 동원해 만민공동회를 진압하고는 결국 독립협회와 만민공동회를 해산시켰다.

독립협회와 일진회. 왼편의 독립관은 청나라 사신이 머물던 모화관을 1896년 독립협회가 개수하여 사용한 공간이다. 이곳에서는 수시로 회의가 개최되거나 시국 집회, 대중 계몽 강연회 등이 열렸다. 한편 독립관 옆 팔각형의 양관에 자리를 잡은 일진회는 친일 매국 단체로 조선의 문명개화를 촉진한다는 미명하에 일본의 조선침략과 식민지화에 앞장섰다.

이렇게 박성춘이 개막 연설에 참여한 만민공동회는 한국 사회에 자주적 민주 시민사회의 희망을 보여 주었지만, 기득권에 눈이 먼 황제와 수구파들에 의해 그 꿈이 짓밟히고 말았다. 하지만 백정 박성춘은 태극기가 게양된 만민공동회 단상에 올라, 종로 거리에서 당대 최고의 지식인들과 정치인들, 한양 시민들을 향해 역사의 당당한 주체로서 자신의 이름과 생명을 걸고 민족 공동체의 일원으로 동참하겠다고 외쳤다. 이 연설은 이미 한반도에 새로운 시대가 시작되고 있다는 사실을 증명하는 신호탄이 되었다.

박성춘의 아들 봉출(박서양)은 이후 에비슨 박사의 제자가 되어 세브란스의학교 첫 졸업생이 되었다. 그는 세브란스의학전문학교의 첫 한국인 교수가 되었는데, 백정 출신 교수의 부임 소식에 불만과 저항의 태도를 보인 당시 의학생들에게 그가 첫 강의 단상에서 했던 일성一聲은 다음과 같다.

 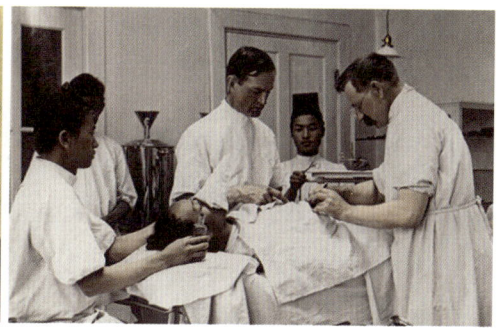

박서양(좌). 세브란스병원에서 한국인 조수 박서양의 도움을 받아 에비슨이 수술하는 장면을 찍은 유리 건판 사진(등록문화제 제448호)(우)이다.

내 속에 있는 오백 년 묵은 백정의 피를 보지 말고 과학의 피를 보고 배우십시오.
(전택부, "관작골의 박가(朴哥) 성춘(成春)", 「기독교사상」, 1961년 10월호, 78.)

평민과 양반 출신 학생들에게 무시와 냉대, 조롱을 받았던 그는 기독교 신앙을 통한 정체성과 존재의 회복을 통해 새로운 인생을 선택할 수 있었다. 이후 그는 만주로 이주해 한인 이주 사회를 위한 의료 및 교육 사업, 독립운동과 독립군 지원 사업을 이어 갔다.

이렇듯 백정 출신 박성춘과 박서양 부자의 삶에 기독교와 태극기는 그렇게 아로새겨졌다. 그것은 더 넓은 터전에서 새로운 세상을 꿈꾸고 성취해 나갈 수 있도록 이끌어 주는 힘이 되었다.

서린동 한성감옥의 개종자들

백정 박성춘이 1898년 만민공동회 개막 연설을 했던 바로 그 역사적인 자리에는 현재 전봉준 장군의 동상이 건립되어 있다. 영풍문고가 들어서 있는 서린동은 사실 조선 시대 죄수들을 수감하던 한성감옥(전옥서)이 있던 곳이었다. 이곳에서 조선 후기 체포된 천주교 신자들도 다수 수감되거나 순교했으며, 외세 침탈과 탐관오리들의 가렴주구에 저항한 동학 농민군의 지도자들도 이곳에서 처형(1895년 3월 30일)되었다.

천주교의 평등 사상과 동학의 인내천人乃天(사람이 곧 하늘) 사상은 유교의 차별적 세계관을 국체로 숭상하는 이들에게는 불온하고 위험한 것이었다. 녹두장군 전봉준은 처형되기 직전 "나를 죽일진대 종로 네거리에서 목을 베어 오고 가는 사람들에게 내 피를 뿌려 주는 것이 옳거늘, 어찌 (새벽에) 남몰래 죽이느냐?"고 관원들에게 꾸짖었다. 그만큼 부패하고 무기력한 당대 조선의 국가권력은 동학혁명군 장수들에 대한 처형도 은밀히 숨어서 진행할 수밖에 없을 만큼 허약하고 비겁했다.

전옥서로 끌려가는 전봉준의 모습과 현재 전옥서터에 세워진 전봉준 동상

전봉준 장군의 처형 이후 창설된 독립협회는 1898년 3월부터 만민공동회를 개최하고 근대 민주주의를 소개하면서 개혁적 정치 운동을 전개했다. 이에 수구 세력들이 고종을 설득해 독립협회를 해산하고, 이에 연루된 이들을 한성감옥에 수감하는 사건이 발생했다.

당시 이곳 한성감옥에 수감되었던 인사들은 내부 토목국장을 역임했던 남궁억, 개화파 원로 유길준의 동생인 유성준, 시위 진압 책임이 있는 경무관인데도 오히려 독립협회를 지지했던 김정식, 처음부터 독립협회 핵심 세력으로 참여했던 이상재와 그의 아들 이승인, 법무협판을 지낸 이원긍, 신소설 『금수회의록』의 저자 안국선, 후에 대한민국 초대 대통령이 되는 이승만, 배재학당 학생 신흥우·박용만 등 많은 정치인과 지식인들이었다.

수감 당시 개화 인사들의 모습. 맨 왼쪽의 이승만은 중죄수 복장으로 하고 있다.
앞줄 오른쪽부터 김정식, 이상재, 유성준 홍재기, 강원달,
뒷줄 오른쪽부터 부친 대신 복역한 소년, 안국선, 김린, 유동근, 이승인[이상재 아들]

한성감옥을 찾은 선교사가 이승만과 이야기를 나누고 있다.

당시 개화파 양반 엘리트들의 집단 투옥은 한성감옥 내에 적잖은 변화를 불러왔다. 1902년에 새로 부임한 김영선 감옥서장은 이승만의 요청을 수용해 옥중 도서관을 설치했다. 독립협회의 양반들과 친분을 맺고 있던 언더우드·아펜젤러·벙커·헐버트 등의 선교사들은 이때를 양반 엘리트층에 대한 전도 기회로 삼았고, 그들이 요구하는 다양한 서적을 한성감옥에 넣어 주었다. 이때 다양한 서구의 과학·철학·역사·정치 관련 서적뿐 아니라, 한글 성경과 기독교 서적도 함께 제공되었다.

1903년에 이르러 이상재와 이승만, 김정식, 박용만, 유성준 등 양반 유학자들이 성경과 기독교 서적을 읽기 시작하면서 감옥 내 집단 개종 사건이 일어나게 된다. 한때는 마음속 깊이 정치적 야망과 정적에 대한 복수의 칼날을 날카롭게 세웠던 이들이었다. 하지만 이들의 집단 회심은 정치적 야심가의 모습에서 겸양의 신앙인으로 스스로를 변모케 했다.

> 이 해(1903년) 12월 말에 피수된 여러 동지들이 모여 서로 말하기를 우리 오늘날 이와 같이 하나님의 무한한 은총을 얻음은 모두 이근택 씨(당시 그들을 곤경에 처하게 한 정적 - 필자 주)의 덕이라 출옥한 후에는 그를 심방하고 치사함이 옳다 하고 원수 갚을 생각이 이같이 변한 것을 일동이 감사하는 뜻으로 하나님께 기도하였다. (유성준, "믿음의 동기와 유래", 「기독신보」, 1928년 7월 11일)

집단 개종한 이후 한성감옥의 수감자들. 이전보다 표정이 밝고 한 손에는 성경을 들고 있다.

1903년 한성감옥에서의 양반 엘리트 그룹의 집단 개종 사건은, 그동안 한국교회가 주로 민중 계층을 중심으로 수용되던 상황에서 일대 사건이 아닐 수 없었다. 그리고 이때 개종한 이들은 이후, 한국교회의 충실한 지도자로서, 구국 계몽 운동의 선구자로서, 독립운동가로서 새로운 진로를 모색해 나갔다. 그러니, 이후 수립되는 '황성기독교청년회'(YMCA)의 주축 멤버들이 모두 이들 옥중 개종자들이었다는 사실은 자연스러운 귀결이라 할 수 있다.

피맛길, 그 차별의 역사를 끊고 우뚝 선 새 시대의 모뉴먼트

서울 종각의 옛 성서공회와 예수교서회 자리 바로 맞은편에는 한국 기독교의 청년 민족지도자들을 양성했던 서울YMCA가 위치해 있다. 과거 조선 500년 신분 차별의 상징적 길이었던 종로 뒷골목, 피맛길은 사대부들의 가마를 피해 민초들이 걸어야 했던 곳이다. 그러할 때 저 500년 묵은 옛길의 질기고 질긴 숨통을 단숨에 끊어 버렸던 그 건물이 바로 오늘도 위풍당당하게 서 있는 서울YMCA회관이다. 1908년 준공한 이 건물은 마치 새로운 시대의 개막을 알리는 기념비(Monument)와도 같았다.

이 새 회관은 서울의 심장부에 우뚝 서 있다. 그리고 이 나라의 중심에 자리 잡고 있다. 진고개의 천주교당과 덕수궁을 빼놓으면 이 회관은 서울에서 가장 훌륭하고 출중한 건물이다. (J. S. Gale, *Korea in Transition*, 1909, 238~239.)

1908년 준공 초기의 종로 YMCA회관 현관 초입에 태극기가 게양되어 있다.

기독교청년회(YMCA)는 기독교 신앙을 고백하는 청년들의 세계적 연대체로서, 사회 속에서 기독교 정신이 구체적으로 구현되어야 한다는 목표를 위해 1844년 창립되었다. 1903년 10월 28일 한국의 황성기독교청년회 창립 이후 1904년부터 미래 청년 지도자들을 양성하기 위해 '황성기독교청년회학관'이라는 교육기관이 시작되었다. 당시 한국교회의 YMCA 운동을 주도한 헐버트 선교사는 말한다.

> 성실하고 정직하게 다 살펴봅시다. 한국의 개신교 기독교인이야말로 이 강산의 가장 총명하고 가장 진취적이며, 가장 충실하다는 사실을 부정할 사람이 없습니다. … 그들의 비전을 흐리게 하는 올가미를 걷어 버리게 하고, 그들의 희망을 밝혀 주는 데에는 뭐 대단한 캠페인이 필요한 것이 아닙니다. 새로 문을 연 YMCA가 도와주면 됩니다. (H. B. Hulbert, The Education Needs of Korea, *The Korea Review*, 1904년 10월호, 451.)

임시 건물에 교실을 마련한 청년회학관은 처음에는 야학 형식으로 150여 명의 학생들에게 주간 3일간의 교육을 실시했으며, 1906년에 이르러 수강 인원이 많아지자 정식으로 발족했다. 청년회학관에서는 기독교와 신문물을 단순히 이론적으로만 배우지 않았다. 실용적 기술(설계, 목공, 염색, 섬유, 도자기, 비누, 피혁, 인쇄, 양화, 사진, 금속가공 등)과 실업교육도 병행했다.

YMCA 학관의 기계공작, 목공 실습 광경

금개(今開)한즉 황성기독교청년회에서 각 학교를 창설하고 국내 청년들을 교육하는데 그중(其中)에 공업교육과를 특설(特設)하고 과목과 연한을 규정하여 물품 제조하는 학술을 교습하여 … 한국의 부흥지원(富興之原)이 재차(在此)할지라. 전국의 행복과 개인의 행복이 숙대어시(孰大於是)리오. 차(此)는 본국의 유지제씨(有志諸氏)와 외국의 인애제군자(仁愛諸君子)가 병심동방(幷心同方)하여 진실주거(眞實做去)함이니 상천(上天)이 한국을 권애(眷愛)하시는 은총이 아니면 영유시야(寧有是也)리오. (이상재, "富興說", 「황성신문」, 1906년 11월 7일)

직접 기술을 연마하는 공작 실습 참여를 선뜻 내켜 하지 않던 양반 출신의 청년들도 결국 노동 실습에 참여하게 됐다. 또한 노동과 함께 청년회에서 실시하는 야구·축구·농구·배구 등 다양한 스포츠 게임을 통해 체육의 가치와 의미도 깨달을 수 있었다. 아울러 이러한 배움과 훈련의 과정에서 양반과 상놈의 신분 차이와 차별은 서서히 불식되어 갔다.

 YMCA의 이러한 사회변혁적 활동에는 한국 강점을 노골화한 일제에 대한 항일 의식과 애국정신이 깃들어 있었다. 1907년 1월, 250여 명이 참여한 YMCA 월례 회의를 은밀히 참관한 일본공사관 직원의 보고서를 보면 이러한 묘사가 있다.

> 애국가, 이 창가(唱歌)는 비애(悲哀)다. 즉, 그 뜻은 우리나라 삼천리 강토(疆土)와 오백 년 종사(宗社)를 천주(天主)에 빌어 독립을 빨리 회복해 주십사고 노래하는 것으로서, 듣기에는 눈물이 나도록 … 기도하고 폐회하였다. (일본공사관 편책, 1907년 기밀 서류철 갑 사법계에 수록된 일련의 청년회 상황 보고, 『한국 독립운동사 1』, 401.)

이 문서에는 의사부(議事部) 보고와 이상재 선생의 연설, 신임 학감 및 공업 교사 그레그(G. A. Gregg) 소개 등 월례 회의의 진행 과정이 묘사되는데, 신임 학감 소개에 덧붙여 "우리들은 잘 공부하여 한편으로는 나라를 위하고, 한편으로는 학감의 마음에 보답할 것을 명심하여야 하며, 또 우리는 … 우리나라 독립의 기초를 만드는 인물이 되어야 할 것"이란 말을 특별히 강조해 기록했다. 당시 YMCA의 청년운동, 교육 운동의 목표와 정체성이 드러나는 대목이다.

YMCA학관은 보통과·어학과·공업과·상업과 아학과 등으로 나뉘어 다양한 근대 교육을 시도해 나갔는데 개교한 지 3년이 지난 1907년에 이르러서는 학생이 1,800여 명을 넘어서고 있었다. 1906년부터 1907년 6월까지 10개월간의 통계에 의하면 축구 경기가 56회, 실내 체육 경기가 33회 개최된 것을 알 수 있는데 부족한 체육 시설에 대한 아쉬움 또한 수시로 토로된 점이 인상적이다.

또 1906년부터 7년까지 성경연구회의 모임 횟수가 크게 증가했으며, 여병현, 윤효정, 이승만, 안창호, 윤치호, 이상재, 이준, 최병헌, 전덕기, 김규식, 지석영 등이 연사로 참여한 종교 집회와 강연회에는 회마다 평균 1,600명이 넘는 인원이 참여했다. 1907년 세계적인 선교 운동가이자 국제 YMCA 학생부 책임자였던 존 모트(J. R. Mott)가 내한해 집회를 진행했을 때에는 6,000여 명의 관중이 모여 장안에 화제가 되기도 했다.

1903년 11월 향정동(현 인사동, 태화빌딩 자리)에 처음 임시 회합 장소를 마련하고 공간을 조금씩 확보해 온 황성기독교청년회는 날로 성장하는 청년 사업의 요구에 더 이상 회관 건축을 미룰 수 없었다. 정령正領 벼슬을 한 현흥택玄興澤이 24칸 기와집(지금의 종로2가 9)을 기증하여 대지가 마련된 후, 중국 상하이의 알제 비즐리(Alger Beesly)사의 건축사 퍼시 비즐리(Percy M. Beesley)가 1906년 3월 서울을 방문하여 설계와 건축 관련 조사를 실시했다.

건축 경비는 국내외 모금으로 충당했다. 미국의 '백화점 왕' 워너메이커(John Wanamaker, 1838~1922)가 4만 달러를 쾌척했고, 각계각층의 위정자들과 시민, 독지가들의 후원이 잇따랐다. 1907년 5월 중순 공사의 첫 삽을 뜬 YMCA회관의 설계 감리는 돈햄(B. C. Donham)이 맡았고, 공사는 중국인인 헨리장(Henry Chang)이 맡았다.

창단 초기의 YMCA 야구단의 모습과 1909년 삼선평(三仙坪)에서 개최한 황성기독교청년회 주최 축구 대회. 축구 대회 운동장에는 십자기와 태극기가 게양되어 있다.

YMCA 회관 건축을 위한 모금 홍보 사진. 태극기와 기부금이 어우러져 있다.
(월간지 《THE WORLD'S WORK》 Oct, 1908에 소개된 YMCA 관련 사진 중에서)
1907년 기공식 이후 건축이 한창 진행 중인 YMCA회관
[한국 기독교역사박물관 소장]

1907년 11월 14일 오후 2시, 마침내 신축 YMCA회관의 상량식이 개최되었다. 당시 나이 11세의 황태자 이은李垠과 조선통감 이토 히로부미伊藤博文, 총리대신 이완용과 각부 대신들, 중추원 칙임관들, 일본군 조선주둔사령관 하세가와長谷川好道, 내외국 고등관들과 외교 사절단, 미합중국 주한 총영사, 내한 선교사들, 한국교회의 지도자 등이 건평 600평, 벽돌 건물 3층의 위용을 갖춘 종로의 신식 빌딩 건축을 축하하기 위해 참석했다.

　조선통감과 일본군 사령관의 밀착 호위(혹은 감시) 하에 참석한 황태자는 신화新貨 1만 원을 하사하고 '一千九百七年'이라는 여섯 글자를 적어 주었고, 황태자와 통감은 나란히 회관 입구의 초석 둘을 하나씩 정초했다. 그러나 당시 일제의 침략 행위에 대해 비판적이던 기독교 신문 「예수교신보」는 황태자의 글씨에 대해서만 보도했다.

황태자 이은의 황성기독교청년회 회관 정초식 참가 (1907)
[한국 기독교역사박물관 제공]

황태자가 직접 쓴 '一千九百七年' 정초석의 현재 모습

학관 학생들이 도열한 황성기독교청년회 회관의 모습. 입구에 태극기를 게양했다. (위)
현재의 서울YMCA 빌딩 전경 (아래)

그때에 황태자 전하께옵서 금 일만환을 하사하옵시고 예필(睿筆)로 일천구백칠년 여섯 자를 크게 쓰셨는데 여러 손님들이 다 들러 구경하더라. (「예수교신보」, 1907년 11월 27일)

이 글씨가 적힌 성초석은 6·25 전쟁 당시 폭격에도 살아남아, 1961년 재건한 서울YMCA회관 입구를 여전히 지키고 있다.

을사늑약 이후 망국의 그늘이 드리운 종로 하늘 아래 새 시대의 이상과 한국의 독립 자주를 외치는 청년운동 단체 회관 기공식에 참가한 이들의 면면을 보면 실로 그로테스크(grotesque)하다. 망국의 운명을 예감하면서도 마지막 안간힘으로 몸부림치는 청년들의 치열함과 처연함이 교차하는 그 자리는 절망이 절정에 이른 곳에서 극한의 희망을 쏘아 올리던 역설의 자리였다.

1908년 12월, 황성기독교청년회 회관의 개관식이 거행됐다. 개관 예식은 3일간 지속되었으며, 서울의 수많은 교회와 학원에서 회관의 개관 축하 행사를 가졌다. 새 회관은 960평의 부지에 약 600평의 건물로 강당, 체육관, 교실, 도서관, 공업실습실, 식당, 목욕탕, 사진부, 사무실, 소년부 등 다양한 공간으로 구성했다. 게일 선교사는 1905년 선교 편지에서 YMCA회관의 의미와 건축 필요성을 다음과 같이 소개했다.

> YMCA회관이 일반 시민에게 공개되었다. YMCA는 이제 시민들의 소유가 되었다. 그 회관은 상가와 관가 중심부에 자리 잡고 있고 대지는 훌륭한 것이었기 때문에 누구나가 쉽게 찾아 올수 있다. 무엇보다 흐뭇한 일은 많은 사람들이 이리로 찾아온다는 사실이다. 1년 동안 내쳐 더 큰 회관의 필요성을 느끼게 된다. 나는 이제 **YMCA를 통하여 다년간의 소원이던 청년들을 만나게 되었다.** 천민의 자식, 상인들의 자식, 선비 또는 양반들의 자식이 한자리에 앉게 되었으며, 밤마다 더 많은 사람들이 찾아오고 있다. 질레트 씨가 별도로 각종 교육사업과 강연 등

에 관한 부고를 하였거니와, 모든 사업을 하든지 처음 프로그램을 시작할 때에는 반드시 기도를 하고 그리스도를 증거한다. 성경공부는 계동(桂洞, 묘존내 산동리)에 사는 양반집에서 금요일마다 한다. 그 당시 한성판윤이던 김 씨는 성경공부를 하는 데 자기 집 사랑채를 내어 주었던 것이다. 계동에서 찬송가 소리가 나기는 이것이 처음 일이며, 성경공부를 하는 것도 이것이 처음이었다. …

지금 이때야말로 한국이 천시(天時)를 만났다고 말할 수 있다. YMCA는 이 도시 청년들의 유일한 집회 장소로서 또 실질적인 사교 장소로서의 의의가 크다. 미신은 서구적인 세력에 밀려 무너져가며, 국민 생활은 전면적으로 변화하고 있다. 청년들이 천시를 만나고 국민 생활이 변하고 있는 것, 일평생 나라를 위해 몸바쳐 일하던 애국자들에게는 다시없는 기쁨이요, 힘이 아닐 수 없다. 신자들이 이처럼 많이 모여드는 것을 볼 때, 하느님이 이 나라를 버리시지 않으며, 도리어 큰일을 예비하사 YMCA를 통하여 그의 목적을 성취하려 한다는 사실을 우리는 확신하게 된다. (J. S. Gale's Letter to the International Committee, YMCA, New York, on June 1905)

게일의 증언대로 "천민의 자식, 상인의 자식, 양반의 자식"이 차별과 구별의 구습을 극복하고, 기독교의 복음과 신앙 안에서 민족 공동체의 미래를 위해 한자리에 앉아, 뜻과 힘을 모으기 시작한 그 자리, 종로통 피맛길의 심장부에 새 시대의 기념비로 우뚝선 YMCA회관에는 자랑처럼 태극기가 휘날리고 있었다.

붓다 이룬 독립의 꿈, 태극으로 새기다
3·1운동의 유산과 태극에 투영한 희망의 신앙

그날 우리의 아들이 태어났다. 의식이 반쯤 돌아온 상태에서 나는 병원에서 커다란 동요가 일고 있음을 어렴풋이 감지했다. 문들이 열렸다 닫히고, 귓속말과 고함 소리, 쿵쾅거리는 발소리와 발끝을 들고 조심조심 걷는 소리가 번갈아 가며 들렸다. 나중에는 사람들이 내 방에 살금살금 들어왔다 빠져나가는 것을 느꼈고, 어느 순간 눈을 떴더니 간호사가 아기가 아니라 종이 뭉치를 안고 있는 모습이 보였다. 그러다 그 서류를 내 침대의 이불 밑에 집어넣는 것이 아닌가.
바깥 거리도 온통 소란스러웠다. 간간이 비명 소리와 총성이 들리고, 찬송가를 부르는 소리도 들렸다. '만세, 만세' 하고 외치는 커다란 함성이 계속 반복되었다. '만세!' 그 소리는 거의 포효와 같았다. (메리 린리 테일러, 『호박 목걸이 : 딜쿠샤 안주인 메리 테일러의 서울살이 1917~1948』, 책과함께, 2014, 225.)

3·1운동 당시 아들을 출산한 산모였던 메리 테일러(Mary L. Taylor)의 자서전 중 한 장면이다. 그의 남편 앨버트 테일러(Albert W. Taylor)는 1896년 광산업자로 내한했다가 UPI 통신사의 임시 기자직을 겸하게 되어 3·1운동을 가장 먼저 세계에 타전한 사람이다. 이후 원한경 선교사(H. H. Underwood), 미 영사 커티스와 함께 경기도 화성 제암리와 수촌리 등지에서 일본군에 의해 자행된 3·1운동 참가자들에 대한 학살 현장을 취재해

세계에 고발한 한국인의 선한 벗이자, 양심적인 언론인이었다.

이 부부의 외아들 브루스가 태어난 직후 세브란스병원 병실에서 메리가 목격한 3·1운동의 생동감 있는 풍경들은 당시 세브란스 직원들(선교사와 한국인 간호사들)의 대응이 인상적으로 묘사되고 있다.

테일러가 취재한 제암리 사건 현장의 모습

우리도 모두 한국인들의 대의가 성취되기를 기도하고 있답니다." 이렇게 말을 마친 수간호사는 창가에 모여 거리를 내려다보고 있던 한국인 간호사들에게 돌아서서 무어라고 말을 했다. 이어서 모두 함께 무릎을 꿇더니 기도를 했다. 그런 다음 수간호사를 선두로 재빨리 병실을 나갔다. (메리 린리 테일러, 『호박 목걸이 : 딜쿠샤 안주인 메리 테일러의 서울살이 1917~1948』, 책과함께, 2014, 226.)

메리는 에스텝 수간호사를 통해 세브란스병원 직원들이 독립선언서를 인쇄한 인쇄기를 병원 시트 보관 창고에 숨겨 뒀는데 발각되었고, 현재 경찰들이 인쇄물을 찾고 있지만 그것들은 발견하지 못했다는 증언을 들었다. 그리고 에스텝 수간호사는 한국인들이 벌인 만세운동을 두고 독립에 대한 염원을 표현한 평화적 시위라고 말했다. 메리는 "지금 한국은 전 세계의 모든 민중과 손을 잡고 자유와 인류애를 다짐하고 있었다. 나는 수간호사의 들뜬 표정에서 그녀 역시 그들과 같은 이상을 품고 있음을 알았다"고 회고했다.

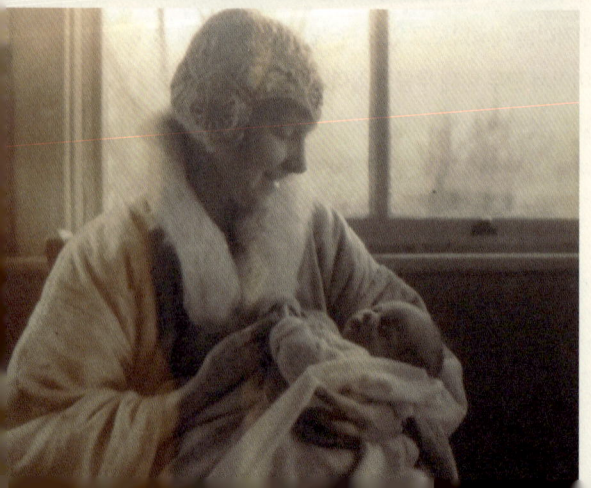

세브란스병원에서 출산 직후
아들을 안은 메리 테일러
그녀는 이 당시 창밖으로 3·1운동의
군중을 바라보았다.

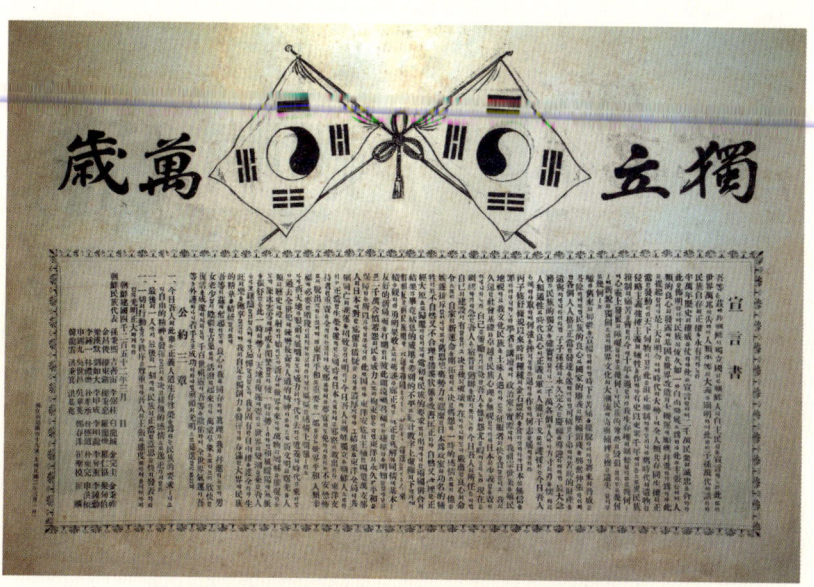

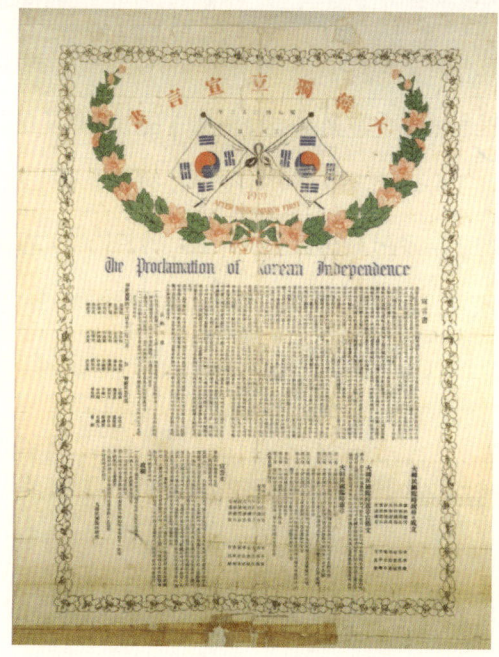

태극기가 교차되어 편집된 「독립신문」 3·1절 기념호(49호, 1920년)의 독립선언서
본 선언서의 왼쪽 측면에는 "대한민국 2년 3월 1일"이라고 적혀 있다.(위)
1919년 4월 하와이 대한인국민회가 발행한 독립선언서. 독립선언서 전문과 임시정부의
각료 명단, 임시헌장, 선서문, 정강을 비롯해 여기에도 태극기가 교차해 삽입되어 있다. (아래)
[국가기록원 제공]

간호사들이 메리의 침대 밑에 숨겨 놓은 종이 뭉치는 기미 독립신언문이었다. 병실이 어둑할 무렵 아들을 보러 온 남편 앨버트는 종이 뭉치를 발견하자 급히 아들을 내려놓고 한 장을 꺼내 읽었다. 그리고 그는 아들과의 행복한 밤을 뒤로하고 그날 밤 동생 빌에게 독립선언문 사본과 3·1운동에 대해 쓴 기사를 구두 뒤축에 숨겨 도쿄로 보냈다. 더 엄격하고 삼엄한 검속령이 내려지기 전에 이 놀라운 소식을 미국 본사에 타전하기 위해서였다. 앨버트는 급히 기사를 넘기고 난 후 새벽 2시가 되어서야 비로소 병원으로 다시 돌아왔다. 그리고 잠든 아들을 사랑스럽게 내려다보며, 일본인들이 시위자들을 많이 체포하고 진압하는 중이라고 말했다.

앨버트와 메리는 외아들 브루스의 탄생만큼이나 한국인의 독립선언과 새로운 시대의 시작을 누구보다도 함께 기뻐하고 한국인들의 소망이 이루어지길 함께 응원했던 푸른 눈의 선한 이웃이었다. 그리고 이후 전개된 한국인의 시련과 고통의 현장을 외면하지 않고 세상에 전하고자 애썼던 양심적이고 용기 있는 증언자였다. 이러한 그들의 드라마틱한 삶의 한 장면이 펼쳐진 장소는 기독교 의료 선교 기관 세브란스병원이었다.

일장기가 삽시간에 변하여 태극기가 되다

한국 최초의 서양식 의료 기관이자 개신교 연합 의료 선교 기관이었던

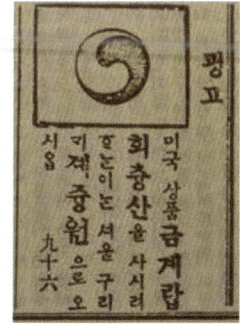

태극 문양이 표기된 제중원의 약 광고(「독립신문」 1898년 10월 12일)
한일 강제 병합 직전 이토 히로부미가 세브란스병원을 방문하고 돌아가는 장면. 병원의 외부에
성조기와 태극기가 게양되어 있다(1908)./ 세브란스병원 내 태극 모양으로 조성된 정원에서
기념 촬영을 한 세브란스 간호학교 학생들의 모습(1931)

세브란스병원(제중원)에는 3·1운동 당시 민족 대표 중 한 명이던 이갑성李
甲成(1889~1981)이 제약 담당 사무원으로 재직 중이었다. 의전 재학생 이
용설은 독립선언서를 전달받아 병원 지하에서 등사해 세브란스 의전 학생
들에게 배포했다. 캐나다 출신 세균학 교수 스코필드 선교사는 내한 선교
사로서는 유일하게 이갑성과 은밀히 소통하며 3·1운동에 대한 협력을 제

안반고 국제 정세에 대한 정보를 파악해 전달하는 역할을 했다. 그는 이후 3·1운동의 진상과 일제 만행을 해외에 알리는 일에 적극 협력했다. 그리고 졸업생들 중에는 박서양과 김필순, 이태준, 배동석, 이용설 등 의사로서 독립운동에 투신한 이들이 적지 않았다.

이렇듯 세브란스병원과 의학교는 역사적 의미를 따졌을 때 단순히 한국 기독교의 선구적 의료 선교 기관일 뿐 아니라 스러져 가는 민족과 국가의 독립을 위해 헌신한 민족운동의 기지로서 역할도 감당했다.

세브란스의학전문학교뿐 아니라 기독교 연합 대학인 연희전문학교 학생들도 3·1운동에 적극 참여했다. 그중 대표적인 인물이 연희전문 학생대표 김원벽金元璧이었다. 그는 민족 대표 이필주 목사의 집에서 서울시내 전문학교와 중학교 학생 대표단을 소집해 청년 학생들이 3월 1일 오후 2시에 탑골공원으로 집합하도록 결의하고, 28일 승동교회에서 각 전문학교 대표들과 함께 이갑성으로부터 전해 받은 독립선언서를 배부했으며, 3월 1일과 5일 두 차례의 만세 시위를 지휘하다 일경에 체포되어 2년간 옥고를 치렀다.

이러한 기독교 교육기관의 학생들이 3·1운동에 적극 나설 수 있었던 것은 자연스러운 일이었다. 3·1운동은 우리 민족이 이전과는 전혀 다른 가치관, 역사관, 시대정신을 공동으로 품어 내고 당당히 선포한 집단적 회개 사건이자 혁명이었다. '회개'의 본뜻은 "메타노이아(μετανόια) 즉, "생각을 고쳐먹는"다는 것이다. 왕의 백성, 천황의 신민이 아닌 하나님의 형상

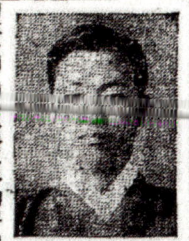

연희전문학교 학생 대표로서 3·1운동의 서울 집회를 이끈 김원벽 선생과
그의 별세 소식을 알리는 「동아일보」 기사(1928년 4월 12일)

대로 지음 받은 존재로서 나 자신이 이 땅의 주인이며, 역사의 주체라는 사실을 집단적으로 자각하고 회개를 경험한 사건이 바로 3·1운동이었던 것이다. 아울러 전근대의 가부장성과 차별적 사회구조, 제국주의의 폭력 앞에서 하나님의 나라가 이 땅에서 실현되는 비전을 구체적으로 실천한 교회사의 한 장면이었다.

그런 의미에서 일제의 무단통치가 심화된 1919년에 이르러, 기독교 신앙을 통해 민족의 자존과 가치를 소중히 여기고 조화시켜 나가는 것은 한국교회의 역사적 당위가 되었다. 3·1운동 당시 교회는 외국인 선교사들의 안전망이라는 치외법권적 특권을 이용해 각 지역 시위의 구심점 역할을 했으며, 교회를 중심으로 태극기의 제작과 배포가 적극적으로 이루어졌다. 당시 기독교인들이 3·1운동 참여 과정에서 태극기를 제작·게양·배포한 사실을 증언한 민족 대표 김병조 목사의 저술, 3·1운동에 직접 참여한 도인권 목사와 선교사들의 진술 몇 편을 소개하면 다음과 같다.

숭실학교 태극기.
1919년 3월 1일 평양 지역 독립 만세 운동을 주도한 숭실학교 교정 국기 게양대에 걸려 있던 것으로 3·1운동 이틀 전 숭실학교 학생 김건, 박병곤 등이 제작. 교장 마펫 선교사가 보관하다가 사후 그의 아들이 1974년 숭실대학교에 기증했다. [숭실대학교 한국기독교박물관 소장]

한국에서의 독립운동
조선, 평양 1919년 3월 1일 …

한국인들 사이에는 요 며칠 동안 분명히 억누른 흥분이 감돌고 있고, 우리는 그때에 무엇인가 중요한 일이 일어나리라는 소문을 많이 들었다. B(S. A. Moffett) 씨와 C(E. M. Mowry) 씨 그리고 나(C. F. Bernheisel)는 그 모임에 직접 참가해서 우리 눈으로 무슨 일이 일어나는가를 보기로 했다. AA(선천)의 F(S. L. Roberts) 씨도 후에 늦게 와서 운동장 뒤편에 서 있었다.

운동장은 3,000명의 인파로 발 디딜 틈이 없었다. 우리는 아주 앞쪽의 한쪽 열 옆으로 자리가 비어 있는 것을 보았다. 우리의 모든 교회학교와 대부분의 공립

학교에서 온 학생들이 참석했다.

입구 정면에는 강단이 있었고, 그 주위와 뒤에는 몇몇 목사들과 이 도시의 장로교 임원들이 자리 잡고 있었다. 내가 들어섰을 때에는 제5교회(서문외교회)의 목사이며 장로회 총회장인 김선두 목사가 이야기하고 있었다. 제4교회(산정현교회)의 강규찬 목사는 이미 고종 황제의 생애를 이야기했다. 이야기를 마친 후 김선두 목사는 이제 송영가를 부르고 축도를 하며 봉도회를 마친다고 말했다. 그리고 나서 사람들에게 다음 순서가 남았으니 그 자리에 그냥 앉아있어 달라고 말했다.

축도를 한 후, 김선두 목사는 베드로전서 3장 13~17절, 로마서 9장 3절의 두 성경 본문을 봉독했다. 그가 이 말씀을 엄숙하게 읽는 것을 볼 때, 심각한 일이 남아있다는 것은 분명했다. 그리고 신학교를 졸업하고 제4교회(산정현교회) 전도사로 있는 정일선이 연단에 올라서서, 읽어서 알려드려야 할 중요한 것이 있다고 말했다. 그는 오늘이 그의 평생에서 가장 행복하고 영광스러운 날이며, 내일 죽는 한이 있더라도 이것을 읽지 않고는 못 배기겠다고 말했다. 청중들은 굉장한 박수갈채를 보냈다. 그러자 그는 사실상 한국 민족의 독립을 선언하는 독립선언서를 낭독하기 시작했다. 낭독이 끝나자, 한 사람이 올라가 사람들이 지켜야 할 것을 설명했다. 불법적인 짓을 해서는 안 되고, 모두 주어진 지시에 따를 것이며, 관헌에게 저항하지 말고 일본인 관리나 민간인들을 해치지 말라고 말하였다. 그리고 나서 강규찬 목사가 민족 독립에 대한 연설을 했다. 연설이 끝날 때 즈음에 몇 사람이 태극기를 한 아름씩 건물에서 가지고 나와서, 사람들에게 나누어 주었다. 커다란 태극기 하나가 연단에 걸리자, 군중들은 만세를 부르기 시작했으며, 태극기가 물결쳤다. 그리고서 우리 모두가 대열을 지어서 태극기를 흔들며 "만세", "만세"를 부르며 거리를 행진하자고 그들에게 설명했다.

(C. F. Bernheisel, "The Independence Movement in Chosen. Pyengyang, Chosen, March 1st ,1919" 이 보고서는 『*KOREAN INDEPENDENCE OUTBREAK*』(1919)에 익명으로 게재되었다.)

준비했던 태극기를 숭덕학교 큰 승강구에다 높이 걸어놓게 되니 일반대중들은 미치리만큼 놀라며 흥분하였다. 이어서 독립선언식을 정중히 거행하게 되었다. 나는 먼저 독립선언식의 취지와 주제를 선포한 것이며 강규찬 목사는 연설을 하였고 정일선 목사(전도사 – 필자 주)는 선언문을 봉독하였으며, 윤원삼 황민영 양 씨는 태극기를 대중에게 배부하였을 뿐만 아니라 곽권응 씨는 10년 만에 애국가를 인도하여 일반 대중이 제창토록 하였고, 김선두 목사는 이 집회의 사회를 하였다. 이러한 일의 구체적 상황은 『독립운동혈사(獨立運動血史)』에 평기(評記)되어 있는 것이다. 이 회합이 진행된 때는 일본 경관 수십 명이 달려와서 이 운동의 지도자들을 체포하려 하였으나 수천 군중이 달려들어 우리를 전체로 잡아가라고 고함과 반역을 하니 그들은 실색을 하고 달아나 버리고 말았다. 큰 태극기를 선두에 내세우고 해추골로 시가행진을 하려고 나와본즉 거리는 인산인해를 이루고 만세를 부르고 있었으며 좌우 상점에는 눈부시리만큼 태극기가 게양되어 있었다. 일장기가 삽시간에 변하여 태극기가 된 것은 장차 일본이 한국의 국권 앞에 머리 숙일 예표인 양 보였다. (장로교계 주동자 중 한 사람으로서 3월 1일 평양 만세시위에 참여했던 『도인권(都寅權) 회고록』(1962), 34~37.)

의주 인민의 독립선언

김병조, 김승만은 비밀 기관의 간부가 되고, 유여대는 시위운동의 회장이 되어, 운천동(雲川洞)에서 태극기와 선언서를 준비하여 50여 교회와 사회 각 단체에 통고문을 밀포(密布)하여 2월 28일 밤에 군내 양실학원(養實學院)에 모여 회의하고, 다음 날에 경성에서 (거사하라는) 전보가 내도(來到)하였으므로 … 오후 1시에 2000여 명의 민중이 학슬봉(鶴膝峰) 아래에 회집하였다.
유여대가 헌앙(軒昂)한 기개와 충성스럽고 간곡한 언사로 취지를 설명하고 독립가를 제창한 후, 황대벽, 김이순 두 사람의 연설이 있었으니, 공중에 펄럭이는 팔괘국기(八卦國旗, 태극기)는 선명한 색채가 찬란하고 벽력과 방불한 만세 부르짖음 소리는 뜨거운 피가 비등하매 통군정(統軍亭) 숙운(宿雲)에 놀란 학(鶴)

이 아들이여 울고, 압록강의 오열(嗚咽)하는 파도에 물고기와 자라가 고개를 내밀고 듣더라. (김병조가 1920년 상하이에서 출판한 『한국 독립운동사』 중에서 ; 길형석 편, 『일재 김병조의 민족운동』, 남강문화재단출판부, 1993, 217~218.)

함흥에서 … 1919년 3월 2일 밤과 3월 3일 새벽에 기독교 학교의 학생들 몇 명과 교사 한 명이 체포되어 경찰서로 연행되었다.
3일 월요일에 경찰이 (장날인데도) 가게 문을 닫으라고 명령했다는 말이 있었다. 이것 때문에 많은 사람들이 중심가에 모였다. 군중 속에서 한 사람이 나팔을 불었고, 이를 신호로 하여 군중들은 '대한 독립 만세'를 불렀고, 태극기가 물결쳤다. (맥래 선교사(Rev. M. D. MacRae, 마구례)가 1919년 3월 20일 함흥 만세 시위의 실상을 영국영사관에 알리고 총독부에 항의하기 위해 직접 작성한 진술서 ; Statement by Rev. M. McRae of Events in Hamheung, Korea(Seoul, March 20th, 1919), 『Korean Independence Outbreak』(1919))

평양 출신 한국화가 혜촌 김학수 화백이 그린 〈평양 남산현교회〉(1998)
3·1운동 당시 태극기를 들고 참여한 기독교인들을 표현했다.

이상의 몇몇 신술만 살펴보더라도 3·1운동 당시 한국교회는 전국적으로 그 구심점 역할을 담당하면서 만세 시위 현장에서 대개 대형 태극기를 게양하고 시민들에게 다수의 태극기를 배포해 참여를 독려했다는 사실을 확인할 수 있다. 특별히 "평양 거리 상점 곳곳에 태극기가 게양되고 수많은 일장기가 삽시간에 태극기로 바뀐 것은 장차 일본이 한국의 국권 앞에 머리 숙일 예표인 양 보였다"는 도인권 목사의 회고는 자못 인상적이다. (※ 이외에도 3·1운동 당시 기독교인들의 태극기 제작 배포 관련 기사는 다양하게 확인되나 지면 관계상 이 정도로 소개한다.)

3·1운동의 결과로 전환된 일제의 문화 통치는 1910년 이후 거의 10년 간 금기시되었던 태극기의 제작과 게양은 여전히 금기시되었지만, 태극 문양의 사용에 대해서는 우회적으로 용인되었다. 일제는 표면적으로 언론·출판·결사의 자유를 허락하는 모양새를 갖추었으며, 이러한 변화된 분위기에서 1920년대 이후 한국 기독교의 다양한 문화적 양식과 표현 속에 구 한국의 상징이었던 태극 문양이 조심스럽게 반영되기 시작한 것이다.

그 대표적 사례가 바로 3·1운동에 세브란스의학전문학교 교장 애비슨이 교장을 겸하고 있던 연희전문학교의 신축 교사에서 확인된다. 3·1운동 이후 조선 민립 대학 설립 운동이 뜨겁게 일어나던 시기, 내한 선교사들도 한국인들을 위한 고등교육에 더 많은 지원과 확대를 위해 재정과 인력을 투입하게 되었다. 그러한 과정에서 연희전문학교의 캠퍼스 내에 더 나은 교육여건을 확보하기 위한 석조 교사들이 속속 신축되었다.

미국 LA의 찰스 스팀슨(Charles S. M. Stimson)이 대학 설립 자금으로 기부한 2만 5000달러를 기반으로 1920년 8월 연희전문의 첫 석조 건물이 준공되었다. 이 건물의 준공식에는 기독교와 정관계 다양한 인사들이 참여했는데, 행사장에는 어쩔 수 없이 일장기가 교차 게양되었고, 단상에는 영국과 미국 국기가 게양되었다.

하지만 연희전문의 선교사들과 학교 관계자들은 이 건물의 각 동측과 남측 베이 윈도(bay window) 상단에 화강암으로 태극 문양을 새겨 넣었다. 아울러 스팀슨관의 중앙 출입문은 특별히 제작된 태극 문양의 유리문이 설치되었는데, 그 문은 현재까지도 사용되고 있다. 이후 1924년과 1925년 연이어 준공한 아펜젤러관과 언더우드관에도 동일한 패턴의 태극 문양이 건물의 베이 윈도 상단에 자랑처럼 새겨졌다. 아울러 이 문을 드나들며 수학하고 미국으로 유학한 선배들이 미 동부지역의 한인들과 뜻을 모아 1927년 연희전문 본관 앞에 계단을 조성해 주었을 때에도 그 기념 석판에 "뉴욕에 있는 우리 겨레로부터 붙여줌"이라는 글귀를 새기고 하단에 자랑처럼 태극 문양 두 개를 아로새겼다. 이러한 동포들의 희생과 지원은 이 계단을 오르내렸던 많은 연희전문 학생들에게 기독교 신앙과 더불어 민족에 대한 애끓은 사랑의 마음 또한 새겨주었다.

비록 3·1운동을 통한 구체적인 민족의 독립을 성취하지는 못했지만, 이후 건립된 연희전문학교의 신축 교사를 드나드는 학생들은 기독교 신앙과 민족의식을 조화하며 장차 성취할 독립의 이상을 마음에 새기며 새로운 배

1920년 조선기독교대학(연희전문학교) 스팀슨관 준공식.
일제강점기이기에 일장기가 게양되어 있지만 건물의
베이 윈도 상단과 출입문에는 태극 문양이 은밀히 새겨져 있었다.

1935년 한국에서의 선교 활동을 마치고 귀국 직전 스팀슨관 앞에서 기념사진을 찍은 애비슨 교장 부부.
뒤로 태극 문양과 십자가가 교차하는 장식이 보인다. 이 문은 현재도 남아 있으며,
이 도안은 1946년 연희대학과 1957년 연세대 상징 휘장의 도안으로 그대로 사용되었다.

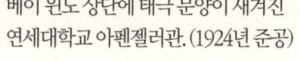

베이 윈도 상단에 태극 문양이 새겨진
연세대학교 아펜젤러관. (1924년 준공)

1927년 뉴욕에 있는 한인들이 기금을 모아 연희전문학교에 설치한 계단 준공 기념석판.
여기에도 태극 문양이 양쪽으로 두 개 새겨져 있다. (좌)

시인 윤동주도 이 계단을 오르내리며 문학과 민족애, 시심을 키웠다.
앞줄 오른쪽 두 번째 검은 교복을 착용한 이가 윤동주. (우)

움의 길을 걸었을 것이다. 태극이 아로새겨진 연희전문의 건물과 태극문을 통해 이후 윤동주, 송몽규, 강성갑과 같은 인물들이 배출되었다. 그리고 이곳을 통해 위당 정인보, 외솔 최현배, 한결 김윤경 등은 일제의 민족 말살 정책 하에서도 한국의 정신과 언어를 연구하는 한국학 연구의 토대를 만들었다. 이후 조선어학회의 주축 멤버가 배출되고, 일본의 식민사관에 대항하는 민족사관의 역사적 노력들이 가능할 수 있었다. 일제 파시즘의 광기 속에 민족 얼이 파괴되는 절망의 시절, 한글 시를 붙들고 민족의 언어와 역사를 지켜 내기 위해 투쟁한 최후의 보루가 선교사들이 세운 기독교 대학이었다는 것은 역사의 역설이자 아이러니가 아닐 수 없다.

연희전문에 유학한 윤동주 생가의 막새기와. 삼태극 문양과 주변의 십자가 무궁화가 조화를 이루고 있다. 이 또한 기독교 신앙(십자가)을 통한 민족 구원(삼태극, 건곤감리, 무궁화)의 의지를 만주 용정의 기독교 신앙 공동체에서 확고히 했던 결과였다. [연세대 윤동주기념관 소장]

갈참 드러스에 새긴 태극 문양

1919년 4월 1일 충남의 고도 공주에서도 대한독립만세 운동의 함성이 울려 퍼졌다. 공교롭게도 충청권 최대의 만세 시위라고 알려진 천안 병천 장날 만세 시위와 같은 날 공주에서도 장터 시위가 일어난 것이다. 이날 공주 만세 시위를 이끌었던 이들은 감리교 윌리엄스(F. E. C. Williams) 선교사가 설립한 영명학교의 교사와 목사, 학생들이었다. 3월 24일부터 영명학교의 현석칠, 안창호, 김수철, 김관회 등은 만세 시위를 계획하고 준비 활동을 전개했으며, 25일에는 교사 김관회가 김수철에게 독립선언서 제작을 의뢰했다. 김수철의 권유로 유우석(유관순 열사의 오빠), 노명우, 윤봉균, 강윤 등이 3월 31일 오후 3시경 영명학교 기숙사에 모여 윤봉균이 서울에서 가져온 독립선언서를 인쇄해 1,000매를 준비했다. 이 선언서는 4월 1일 강윤, 노명우, 유우석, 양재순 등 영명학교 학생들이 공주시장에 나가 군중들에게 배포했다. 학생들은 장터에 운집한 회중들 앞에 서서 대형 태극기를 흔들며 앞으로 나아갔다.

이날 함께 만세 시위를 주도했던 강윤(姜沇, 1899~1975)은 함께 운동을 전개한 동기들과 함께 일제에 체포·구금되었고, 공주지방법원에서 유관순의 오빠 유우석과 함께 징역 6월, 집행유예 2년을 선고받았다. 병천에서 공주로 잡혀 온 유관순은 5년형을 선고받은 뒤 경성복심법원으로 옮겨져 3년형을 언도받았다.

공주 3·1운동을 주도한
강윤과 유우석 등이 재학했던
공주 영명학교

영명학교의 윌리엄스 선교사는 일제 당국과 재판장을 찾아다니며 학생들의 입장을 대변하며 탄원했다. 결국 구속 교사와 학생들에 대해서는 조건부 감형이 이루어졌으나 이듬해 영명학교는 신입생을 모집하지 못했다. 강윤을 비롯한 일곱 명의 3·1운동 주도자들은 졸업식은 치르지 못하였고 졸업장만 받을 수 있었다.

강윤의 도일(渡日)과 건축가의 길

공주 3·1운동의 주동자 중 한 명인 강윤은 출소 이후 윌리엄스 선교사의 추천으로 일본으로 떠나 시가현의 오미하치만에서 활동하던 평신도 선교사 보리스(W. M. Vories)를 찾아갔다. 강윤은 보리스가 선교적 목적으로 설립한 건축사무소에서 건축 일을 배웠다. 보리스건축사무소에는 일본인·중국인·미국인·소련인·베트남인 등 다양한 인종이 함께 일하고 있었는데, 조선인은 세브란스병원 의료 선교사의 추천으로 와있던 임덕수와 윌리엄스 선교사의 추천으로 들어온 강윤이었다. 이 건축사무소 직원들은 각기 국적과 성격은 달랐지만, 모두가 기독교인이었다.

보리스건축사무소와 간사이공학전수학교에서 건축을 배울 당시의 강윤(가운데)

보리스건축사무소는 이윤을 추구하기보다는 건축을 선교 사업의 일환으로 삼았다. 일본을 비롯해 조선, 중국, 만주, 동남아시아 등지에 선교 사업을 위한 교회, 병원, YMCA, 복지시설, 선교사 저택 등의 건축물을 왕성하게 건축했으며, 40여 년간 1,484건의 건축물을 시공했다.

일본에서 건축을 배우고 풍부한 경험을 쌓은 강윤은 1933년 조선으로 돌아왔다. 그가 3·1운동으로 옥고를 치르고 도일한 지 13년의 세월이 지난 후였다. 그 사이 그는 간사이공학전수학교(현 오사카공대) 건축과를 졸업하고, 보리스건축사무소의 주축 멤버로 성장했다.

귀국 직후 강윤이 맡은 사업은 서울 정동에서 대현동으로 이전하는 이화여전 새 캠퍼스를 조성하는 것이었다. 그는 1935년 이화여전의 본관·음악당·중강당·체육관을, 1936년에는 기숙사·보육과·영어실습소·가사실습소 등을 지었다. 강윤은 이외에도 한국 내에 다양한 기독교 관련 건축물들을 시공했다. 태화사회관, 공주 공제의원, 대천 외국인 선교사 수양관, 세브란스병원, 평양 광성중학교, 함흥 영생중학교, 대구 계성학교, 원산중앙교회, 철원제일교회, 나남교회, 부산진교회, 해방 이후의 이화여대 대강당, 수유리 한국신학대학 본관 등 그가 한반도에 시공한 건축물은 145건에 달했다.

3·1운동의 원점, 태화사회관

한국으로 돌아온 강윤이 1930~1940년대 지은 건물 중 본인이 가장 애착을 가졌던 곳은 종로의 '태화사회관'이었다. 이 자리는 다양한 역사의 노정과 이야기들이 깃들어 있다. 예전에는 순화궁터(중종이 순화 공주를 위해 지어 준 사저)였고, 후에 친일파 이완용의 땅이 되었는데, 3·1운동 당시에는 명월관 지점 태화관太華館이라는 이름의 식당으로 운영되기도 했다.

그러나 이후 이완용이 이 건물을 매각하면서 남감리교 여선교사들이 구입하여 '태화여자관'(1921년, 후에 태화기독교사회관)으로 사용되었다.

옛 순화궁 전경

이렇게 조선 시대에는 명문대가, 권문세도 양반 귀족이 살던 대감집이자, 왕이 등극하기 전에 살았던 잠룡저, 일제강점기에는 친일파 이완용의 가족이 살다가 장안 제일의 요릿집이 되어 3·1운동 당시에는 독립선언식이 거행된 복잡하고도 독특한 이력의 순화궁인 태화관은 기독교 선교의 새로운 장으로 옷을 갈아입었다.

1921년 4월 태화여자관泰和女子館이란 이름으로 문을 연 이곳에서는 서울의 여성과 학생, 청년들의 전도 집회와 성서 교육, 부녀자들을 위한 직업교육, 요리, 재봉, 위생, 아동교육, 유치원 및 탁아 사업, 여성들의 친교와 교류 활동, 야학과 우유 급식 등의 다양한 여성 사회복지 사업이 전개되었다.

마이어스 선교사가 이곳의 원래 이름인 태화太華를 태화泰和로 바꾼 것은 사대주의와 남성중심주의를 극복하고 이곳을 통해 여성들이 큰 평화와 하나님 나라의 조화를 이루라는 뜻이었다.

한국 YWCA도 바로 이곳, 3·1운동 당시 독립선언식이 거행되었던 '별유천지 6호실', 즉 '태화정'에서 출범하였다는 사실은 이곳이 한국 여성 선교와 여성운동의 배꼽 자리임을 다시 한번 확인시켜 준다. 하지만 옛 별유천지 태화정의 현 위치를 직접 찾아보면 휑한 공터만이 덩그러니 남아있다는 걸 알 수 있다. 태화빌딩 남측 주차장 부지(옛 태화유치원 자리)가 그곳이다. 이렇듯 3·1운동의 역사적 현장이 빌딩의 부속 주차장으로 변모해 있는 데에는 안타까운 역사적 과정이 존재한다.

민족 대표 33인이 독립선언식을 가진 태화관 별유천지 6호실

'한양韓洋 절충식'으로 민족의식과 기독교 신앙을 표현하다

'태화기독교사회복지관'의 옛 건물은 한국 근대건축사에서 중요한 의미를 지니는 아름다운 건축물이었다. 3·1운동에 참여한 민족의식과 기독교 신앙이 남달랐던 강윤은, 한국의 전통적인 팔작지붕과 르네상스 양식이 조화를 이룬 '한양韓洋 절충식'으로 회관 건물을 시공(1939)했다. 강윤은 자신에게 인생의 고난과 기회를 동시에 주었던 3·1운동의 역사적 원점에서 오늘의 자신을 있게 한 기독교 신앙과 민족정신을 조화하여 역사적인 기념비를 세운 것이다.

강윤은 태화관 옛 한옥의 기와를 재활용해 새 건물의 지붕을 올렸다. 기존의 역사성을 새 건물이 계승한다는 의미였다. 일제의 파시즘이 극

태화사회관의 외관 및 내부 강당 전경. 강당의 측면 트러스에 태극 문양이 보인다.
강윤은 강당의 장의자 측면에도 태극 문양을 조각해 넣었다. [태화복지재단 제공]

에 달했던 이 시기에 그는 한국인에게 친숙한 토담 형식의 외벽과 한옥의 전통 띠 문양을 장식했고, 내부의 예배당과 교육 공간은 전형적인 고딕풍의 서양식으로 구성했다. 그리고 구조재인 목조 트러스와 장의자 등에 한국을 상징하는 암호처럼 태극 문양을 곳곳에 새겼다. 강윤은 태화사회관 건축에 대해 다음과 같이 말했다.

> 이 '양식'이 우리 건축가에게 그렇게까지 중요한 것일까. 그 지방에서 나오는 재료로 그 지방의 사람들에게 친밀감을 주는 모양의 집을 세우면 그것으로 족한 것이 아닐까. (「조선과건축(朝鮮と建築)」, 1940년 4월호)

이렇듯, 공주 3·1운동을 주도해 옥고를 치르고, 도일해 근대건축을 배워 온 민족운동가 강윤은, 자신의 전공인 건축을 통해 신앙과 민족의식을 묵묵히 펼쳐 보였다. 이곳은 일제의 제국주의 야욕이 정점에 달했던 파시즘 시기, 식민지민의 저항과 불굴의 의지, 기독교인의 소망과 믿음을 건축이라는 양식에 담아 담대히 표현해 낸 3·1 정신의 상징이며, 기념비와도 같았다. 그러나 이 건물은 일제 말 전시체제, 해방 공간, 한국전쟁기를 거치면서 여러 차례 변형과 철거의 위기를 겪었다. 그때마다 강윤은 태화사회관의 원형 보존을 위해 노력했다. 한국전쟁을 치르고 1955년 감리교 여선교부가 건물을 되찾았을 때에도 강윤은 이 건물의 복원 공사를 맡았다.

그러나 안타깝게도 1975년 1월 30일, 강윤은 76세의 나이로 생을 마감했으며, 태화사회관 옆 중앙교회에서 장례를 지냈다. 강윤은 2004년 독립유공자로 추서되었으며 2004년 국립대전현충원 애국지사 제3묘역에 안장되었다.

태화기독교사회관은 강윤의 사후 5년 뒤인 1980년 인사동 개발계획으로 철거되었다. 비록 3·1 독립선언식이 열렸던 태화관과 이후 3·1 정신을 계승해 이 땅의 선교와 복지, 근대화에 기여한 태화사회관의 그 역사의 흔적은 모두 사라지고 없지만, 그 터는 여전히 남아 오늘을 살아가는 기독교인의 삶의 자리를 겸허히 돌아보게 한다.

태화강당의 의자. 측면에 태극 문양이 조각되어 있다. (좌)
태화복지재단 엠블럼 (삼태극) (우)
[태화복지재단제공]

도안에 숨긴 태극 문양
기독교 문화 콘텐츠 속의 태극

도안圖案에 숨긴 태극 문양

　선교 초기부터 3·1운동 이후 일제가 문화 통치로 전환하는 기간에, 비교적 일제의 침략과 통치로부터 자유로웠던 내한 외국인이나 선교사들이 간행한 각종 출판·문화 콘텐츠를 보면 조심스럽게 혹은 은밀히 한민족의 상징인 태극을 사용한 흔적들이 종종 확인된다.

　1915년 창간된 「기독신보」에서는 "교회통신"을 비롯한 각 지면 제호에 태극 문양이 인쇄되어 있다. 이는 일제의 무단통치기에 간행된 한글 신문에 도입된 태극 도안으로서 소극적이긴 하지만 항일성과 민족 의식을 표출한 것이라 할 수 있다.

　선교사들이 관여한 출판물 중에서 눈에 띄는 것은 「왕립아시아학회 한국지부 저널」(Transactions of the Korea Branch of the Royal Asiatic Society)의 표지이다. 왕립아시아학회 한국지부는 1900년 6월, 서울의 유니온클럽에서 결성되어 게일·헐버트·언더우드·존스·아펜젤러·벙커·스크랜턴·알렌·에비슨·트롤로프 등 쟁쟁한 내한 선교사들이 주축이 되어 설립되었다. 1900년 「왕립아시아학회 한국지부 저널」을 창간할 때부터 표지에 태극 문양을 사용했는데, 1910년 한일 강제 병합 이후 1940년 정간되기 전까지 처음 사용했던 표지 도안을 끝까지 고수했다. 이는 일제의 태극 문양 사용 금지 조치에서 비교적 자유로운 내한 선교사들의 치외법권적 안전망이 작동한 이유도 있겠지만, 한국의 역사·종교·문화·언어·풍속·생활상을 연구하는 한국학 연구지라는 정체성으로 한국에 대한 애정을 지속적으로 표현한 하나의 중요한 사례로 볼 수 있다.

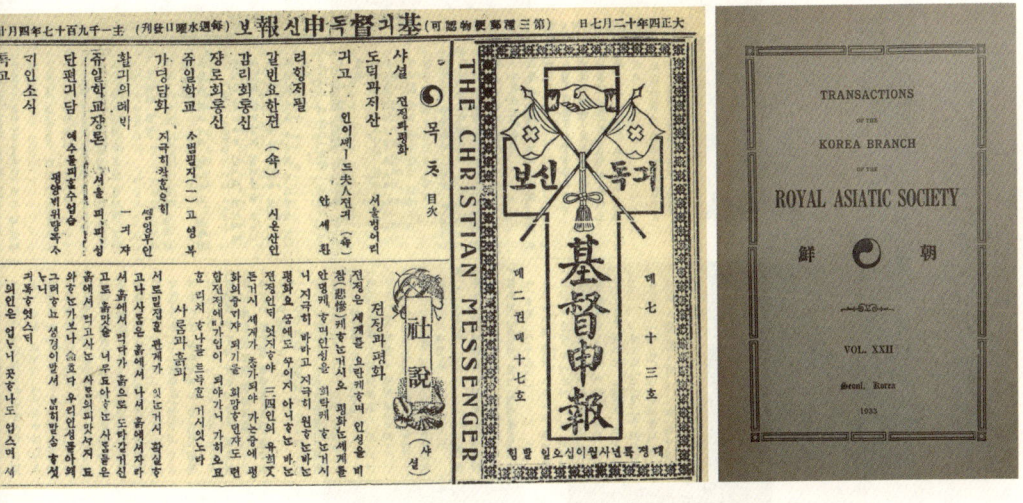

일제의 무단통치기인 1915년에 창간한 「기독신보」. 신문 곳곳에 태극 문양을 배치했다. (좌) 왕립아시아학회 한국지부 저널 RAS의 표지. (우) 중앙에 태극 문양이 선명하다.

한국과 관련한 영문 서적 중에서 태극 문양을 적극 사용한 초기 사례로 한국을 네 차례나 방문하고 한국에 관한 책을 쓴 이사벨라 버드 비숍(Isabella Bird Bishop, 영국, 1894년 첫 방한 후 네 차례 조선 답사) 부인과 새비지 랜도어(A. H. Savage Landor, 영국, 1891년 방한), 헤세-바르텍(Ernst von Hesse-Wartegg, 오스트리아, 1894년 방한) 등의 저작들을 들 수 있다.

비숍은 당시 쏟아지던 편견과 차별의 시선을 극복하고 여성으로서 세계 여행을 단행한 여행가이자, 탐험가, 저술가였다. 그는 자신의 책 표지나 책등에 태극 문양을 삽입해 한국을 향한 각별한 애정과 관심을 표현했다.

1 비숍 부인의 『한국과 그 이웃 나라들』의 표지. 두 판본 모두 표지와 책등에 태극 문양을 새겨 넣었다.
2 랜도어의 『고요한 아침의 나라 조선』(1895)
3 헤세-바르텍의 Korea, Eine Sommerreise nach dem Lande der Morgenruhe (1894)

조선 사람의 품성과 근면성은 장래 이 민족을 기다리고 있을 더 나은 가능성을 나에게 알께써 주었다. 조선은 처음에는 틀림없이 분개감을 주었겠지만, 이를 극복할 정도로 오래 산 사람이라면 누구에게나 마찬가지로 강한 흡인력을 가졌다. (Isabella Bird Bishop, *Korea and Her Neighbours*, 1898.)

랜도어도 그의 저서 『고요한 아침의 나라 조선 (*Corea or Cho-sen, The Land of the Morning Calm*)』(1895)에서 1894년 조선을 여행한 경험을 총 21장의 내용으로 구성하여 한국의 역사와 문화, 풍습과 지리, 한국인의 성격 등에 대해 소개했다. 그는 한국인들은 감정표현을 잘 안 하고, 풍자와 해학을 즐기며, 비범한 지성으로 단기간에 지식을 습득하며, 일반적으로 다정다감한 성품을 지녔다고 평했다. 오스트리아 여행가인 헤세-바르텍도 랜도어와 비슷한 시기에 한국을 기행하고 부산에서 제물포, 서울 지역을 여행하며 직접 관찰한 한국의 정치, 경제, 사회적 현실에 대한 비판적이면서도 애정 어린 묘사와 서술을 보여 주고 있다. 그는 비록 현재의 한국이 무능한 정부에 의해 열악한 삶의 현실에 처해 있지만, 그들이 지닌 정직한 본성과 재능으로 훗날 놀랄만한 민족적 성취를 이룰 것이라고 예견했다.

이들은 자기들끼로 그렇지만 낯선 이방인에게도 매우 정직하다. 절도와 강도는 드물며, 살인은 거의 없다. … 상당수의 국민이 글자를 쓸 줄 아는데 이는 예를 들어 이탈리아보다 훨씬 높은 비율이다. … 조선인들의 내면에는 훌륭한 본성이 있어서 진정성이 있고 현명한 정부가 주도하는 변화된 상황이라면 이들은 아주 짧은 시간에 깜짝 놀랄만한 것을 이루어낼 것이라 생각한다. 잽싸고 기민한 일본인들처럼 빠르게 진행되지 않더라도 한 때 이들의 종주국이었던 중국보다는 훨씬 빠를 것이다. … 조선은 아주 큰 발전을 이룰 거의 모든 자연적인 조건을 갖추고 있다. 최근 전쟁을 통해 이제 잠에서 깨어났다. 동아시아 열강들 사이의 경쟁심이 이 아름답고 부유한 나라가 앞으로 발전해 나가는 데 더 이상 장애가 되지 않기를 바랄뿐이다. (에른스트 폰 헤세-바르텍, *Korea, Eine Sommerreise nach dem Lande der Morgenruhe*, 1894.)

초기 내한 선교사 언더우드 부인(Lillias H. Underwood)이 한국에서 보낸 15년 생활을 회고하며 집필한 『상투잡이와 함께 보낸 15년 (*Fifteen Years Among The Top-Knots*)』(1904)의 표지에는 '대한'이라는 한글 글씨와 태극 마크, 그리고 중앙에 태극 문양이 새겨진 한국의 전통 홍살문이 그려져 있다. 또 선교사 가정과 한국인 가정의 육아와 일상을 비교하며 조선의 생활상을 상세히 묘사한 *With Tommy Tompkins in Korea* (1905)에도 표지에 태극 문양을 다수 새겨 넣었다. 이는 한국의 정체성·전통·문화에 대한 깊은 애정이 묻어나는 도안이다.

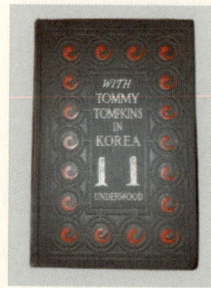   

표지에 태극 문양이 삽입된 언더우드 부인과 언더우드의 저술들

남편 언더우드 선교사도 한국의 정치·종교·풍속을 서구 세계에 소개하기 위해 저술한 *The Call of Korea* (1908) 표지에 테두리 장식 디자인으로 복수의 태극 문양을 넣었다. 같은 북장로회 선교사 클라크(Charles Allen Clark)가 실화에 기반해 한국 기독교의 초기 성장 과정을 서술한 소설 *First Fruits in Korea* (1921)의 표지에도 *The Call of Korea*나 *With Tommy Tompkins in Korea*와 유사한 도안의 태극 문양이 수록되었다. 한국 최초의 한글 번역소설인 『텬로력뎡』의 역자이기도 한 게일 선교사도 그가 직접 한국에서 만나고 체험한 갓바치 고찬익(1857~1908)이라는 실존 인물의 이야기를 소설 형식으로 소개한 책 *The Vanguard* (1904)의 표지에 태극 문양을 장식했다. 그는 한국의 왕이나 귀족보다도 그리스도교 신앙으로 변화된 삶을 평생 선구자적으로 살아낸 한 민중의 삶에서 한국의 희망을 보았으며, 바로 그러한 고찬익의 변화된 삶에서 태극의 역동성과 다이너미즘(dynamism)을 발견한 것이었다. 이 책의 마지막 부분의 집필후기의 일부분이다.

 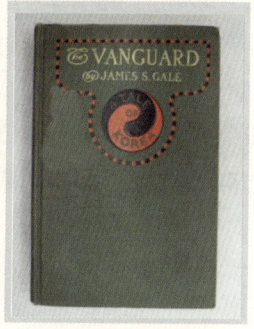

(좌) 클라크의 *First Fruits in Korea* (1921) (좌)
게일의 소설 *The Vanguard* (1904). 중앙에 태극 문양이 도안으로 활용되었다. (우)

필자는 언젠가 '당신이 만난 가장 위대한 인물은 누구인가?'라는 질문을 받은 바 있다. 그는 왕이 아니요, 백만장자도, 발명가도, 전도사도 아니고, 버림받은 자이다. 가산을 모두 탕진한 노름꾼이었으며, 지적 수준이 평균치에도 이르지 못하고, 온갖 죄악의 표상으로 낙인찍혔으며, 한센인과 다름없는 흉측한 외모를 가진 인물이었다. 비록 사회적으로, 지적으로, 윤리적으로, 신체적으로 정상이 아닌 거리의 부랑아였지만, 그는 남을 죄로부터 구원해낸 인물이다. 스스로를 들여다보고, 기도하며, 자기 삶의 이상을 꿈꾸게 되면서 점차 변하기 시작했으며, 옛 삶을 청산했다. 이후 놀랍게도 그의 얼굴은 온화하고, 자애로우며, 빛이 나는 미남으로 변모했고 이기적인 인간에서 이타적인 인물로 바뀌었다. 그는 가죽신을 만들어 번 돈 중에서 최소한의 식량을 살만큼을 제외하고는 주저 없이 모두 타인을 위해 희사했다. 가난한 사람들은 그의 자선적인 행위에 감동했으며, 전직 고관들도 그의 조용한 음성과 따뜻한 사랑의 마음씨에 감복해 하나둘씩 그에게 전도됐다. 오만한 사람들은 자세를 낮췄고, 미천하고 보잘 것 없는 사람들은 기가 살아나고 화색이 돌았다. 그는 점점 세계에 대한 지식, 과학에 대해서도 눈을 돌렸다. 그의 지적인 지평은 넓어져 개화된 다른 민족들에 대해 탐구했고, 자기 민족이 그들과 같이 되기를 기도했다. 그는 내가 1904년에 집필한 소설 *The Vanguard* (선구자)의 주인공이다. 전 세계의 모든 순례자들과 마찬가지로 그는 일하고, 슬퍼하며, 기뻐하고, 기도했다. 그리고 이제 먹고 살만큼 됐건만, 아직도 서울의 동대문 밖에서 숙식하며 고된 삶을 살고 있다. 그 사람이야말로 노벨상을 받을 자격이 있는 인물이다. 최고의 인내로, 최대의 이타심을 가지고 가장 많은 동시대의 사람들을 사랑했기에 그는 노벨상을 받을 만하다. 넘치는 인간미로 그 누구보다 그들의 앞날을 생각하고, 용기와 기쁨을 주고, 일일이 찾아다니며 그들을 위해 기도했기에 그는 노벨상을 받아야 마땅하다. 내가 아는 가장 고귀한 마음씨를 가진 인물, 그는 바로 고찬익(1857~1908)이다. 독자 여러분, 부디 그와 같은 인물이 되기를!

1904년에 내한해 1940년까지 한국에 정주하며 개성여학교(훗날 호수돈여학교)·태화여자관 등에서 일했던 감리교 엘라수 와그너(Ellasue Canter Wagner) 선교사도 다수의 한국 관련 선교 이야기와 단편선을 출판했다. 그중에서도 한일 강제 병합 직후에 간행한 *Pojumie : A Story from Land of Morning Calm*(1911)의 표지에도 상단에 쌍태극기가 삽화로 게재되었다. 그는 다른 저서 *Korea : The Old and the New*(1931)에서 한국인 특유의 민족적 정체성에 대해 다음과 같이 말한다.

엘라수 와그너의 *Pojumie : A Story from Land of Morning Calm*(1911)

조선인들의 가장 두드러진 특징은 열렬한 민족정신이다. 조선 사람은 애국심과 자신의 친구, 가족, 왕과 나라에 대한 충성심 때문에 종종 위험하고 고통스러운 일을 맞았으며, 자신이 지키려는 원칙을 위해서라면 이를 대수롭지 않게 여겼다. 끝까지 용감하여 좀처럼 패배를 인정하지 않았다. (Ellasue Wagner, *Korea : The Old and the New* (1931), 엘라수 와그너 지음, 김선애 옮김, 『(미국인 교육가 엘라수 와그너가 본) 한국의 어제와 오늘 1904~1930』, 살림, 2009.)

미 남장로회의 선교사로 1911년 내한해 26년간 광주에서 활동한 교육 선교사 스와인하트(L. H. Swinehart)도 여성과 아동 선교에 관여한 관심을 살려 *The Korea Mission Field* 등의 잡지에 한국 아동과 가정에 대한 다양한 문학 작품들을 발표했다. 그가 1926년 간행한 *Sarangie : A Child of Chosen*(1926)도 불우한 환경에서 자라다 기생집에 팔려 가게 된 사랑이가 기독교인들에게 구출되고 신앙을 통해 행복한 삶을 살게 된다는 이야기를 담은 선교 소설집이다. 그런데 이 책의 표지에도 태극 문양을 집어넣어 불행한 현실을 신앙으로 극복하는 사랑이와 한국의 현실과 미래를 향한 소망을 오버랩하고 있다.

이 외에도 내한 외국인과 선교사들의 다양한 기고와 출판물 등을 통해 한국의 상징인 태극이 사용된 사례가 다수 확인된다. 태극이 서양인과 한국인들 모두에게 명실상부 한국의 역사와 민족성을 표현하고 외국인들이 한국에 대한 애정과 연민을 표현하는 하나의 상징이자 수단으로 활용되고 인식 되어 왔음을 알 수 있다.

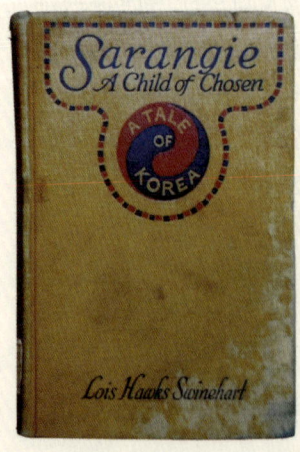

스와인하트의 *Sarangie : A Child of Chosen* (1926)

크리스마스실(Seal)의 숨은그림찾기

한국에서 크리스마스실을 처음 만든 이는 선교사 셔우드 홀(Sherwood Hall)이었다. 그는 평양에서 처음 의료 선교를 실시했던 미 북감리회의 의료 선교사 윌리엄 제임스 홀(William James Hall)과 로제타 셔우드 홀(Rosetta Sherwood Hall) 부부의 아들로, 1893년 서울에서 출생했다. 셔우드 홀은 질병으로 고통받는 한국인들을 위해 헌신적으로 봉사하다 순직한 아버지 윌리엄 제임스 홀의 숭고한 삶을 본받아, 자신도 그러한 섬김의 삶을 평생 살아가겠다고 다짐했다.

모국인 캐나다에서 의학 공부를 마치고 다시 한국으로 돌아온 셔우드 홀은 1925년부터 해주 구세병원에서 일하였다. 그는 진료를 하는 동안 한국인들의 가장 시급한 질병이 '결핵'이라 판단하고, 1928년 해주 결핵요양원을 설립했다. 지금은 흔하지 않지만, 결핵은 1930년대부터 60년대까지는 가장 많은 한국인이 고통 받았던 고질적 질병이었다.

셔우드 홀과 메리안 홀 부부

그는 결핵 환자 치료뿐 아니라 일반 사회를 대상으로 한 결핵 퇴치 운동도 적극 추진했다. 1930년 6월 27일 안식년을 맞은 그는 아내와 함께 귀국하여 감리교 선교부의 소개로 미국에서 크리스마스실의 창안자 비셀(Emily P. Bissell) 여사를 만나 크리스마스실 운동에 대한 정보를 얻고 돌아왔다. 그리고 1932년 크리스마스를 맞아 한국 최초의 크리스마스실을 발행하여 결핵 퇴치 운동의 새 기원을 마련했다. 셔우드 홀은 1932년 실을 처음 발행하며 이 사업의 동기를 세 가지로 이야기했다. 첫째, 한국 사람들에게 결핵을 올바르게 인식시키고, 둘째, 만인을 결핵 퇴치 운동에 참여시키는 것, 즉 실값을 싸게 매겨 부자나 가난한 사람이 모두 참여할 수 있도록 하고, 셋째, 재정적 뒷받침이 시급한 결핵 퇴치 사업의 기금을 모으기 위함이라는 것이다. 그 후 셔우드는 '크리스마스실 닥터'라는 별명을 얻었다. 당시로선 불가능할 것으로 여겼던 이 사업이 성공할 수 있었던 것은 그의 적극적이고 헌신적인 봉사 때문이었다.

해방 이후 1950년대에 삼태극을 도안으로 사용한 실과 첫 크리스마스실의 초안으로 그려졌던 거북선을 도안으로 삼은 1967년 크리스마스실

여기서 주목할 것은, 홀 자신도 한국에서 태어나 자랐고, 한국인들의 민족운동을 심정적으로 동조하고 있었기에 크리스마스실을 제작하면서 그 도안에 한국의 전통 건물과 풍습을 담아내기 시작했다는 사실이다. 1932년 처음 발행한 실의 첫 도안은 조선의 민중에게 애국심과 독립의 의지를 고취하기 위해 '이순신과 거북선'으로 그릴 계획이었다. 그러나 일본 관리의 강한 반대로 서울의 남대문을 도안하여 발행했다. 그런데 이 도안을 자세히 살펴보면, 숭례문의 누각 창문에 작은 점들이 그려져 있다. 이는 바로 숭례문에 실제로 그려진 태극 문양들이다. 이렇듯 한국 최초의 크리스마스실에도 태극 문양이 보이지 않게 새겨져 있었던 것이다. 이후 첫 도안에 숨겨진 태극 문양은 1957년판 크리스마스실에 당당히 그 실체를 드러내며 삼태극으로 발행되었다.

한국의 첫 크리스마스실(1932년, 숭례문 도안)과 독일 오틸리엔 베네딕토수도회에서 발행한 한국선교 기념 크리스마스실. 세밀히 보면 누각에 복수의 태극 문양이 선연하다.

이후 셔우드 홀은 한국의 전통 건물이나 풍경을 배경으로 한 한국 어린이와 민초들의 모습을 도안으로 사용했다. 이런 크리스마스실이 일제 말기 우리 고유의 풍습과 민속, 전통을 말살하려는 일제 총독부의 정책에 배치되는 것은 당연한 일이었다. 일제는 크리스마스실을 발행하지 못하도록 훼방하기 시작했으며, 결국 일본이 미국과의 전쟁 준비에 박차를 가하던 1940년 12월, 마지막으로 발행된 실에서 '서양 연호'인 '1940'을 못쓰게 하고 대신 일본의 연호年號인 소昭和 사용을 강제했다. 홀은 이에 굴복하지 않고 뜻밖에 '제9년'(Ninth Year)이라는 연도를 표기한다. 이는 크리스마스실이 아홉 번째로 발행되었다는 의미였다. 이런 표기 방식으로, 구세요양원의 크리스마스실은 마지막 순간까지 일본식 연호인 소화를 사용하는 것을 거부했다. 일제강점기 마지막 실을 전통 한옥 대문에서 한복을 입은 어린이들이 서 있는 모습으로 인쇄할 수 있었던 것만도 다행이었다. 결국 이후로 크리스마스실은 발행되지 못했고, 해방 후에 대한적십자사가 이어받아 발행하면서 오늘에 이르고 있다.

일제에 의해 마지막으로 발행되었던 한옥 문 아래의 두 아이 그림은 1919년 3·1운동 직후 내한해 한국의 아름다운 풍물과 풍경, 인물들을 그림으로 담아낸 영국의 판화가 엘리자베스 키스(Elizabeth Keith, 1887~1956)의 작품이었다. 그녀가 한국 곳곳을 다니며 그렸던 한국인의 얼굴과 풍경들은 지금도 그 아름다움과 생동감이 살아 있어, 현대를 살아가는 우리에게 훈훈한 감동을 전해준다. 1936년 키스가 도안한 한국 아동들이 연날리기 풍경은 다름 아닌 3·1운동 당시 독립선언서가 낭독된 탑골공원이었고, 실에는 잘 드러나 있지 않지만, 연날리기 그림의 원화에는 주돈이의 음양 태극장이 그려진 태극연을 날리고 있음을 알 수 있다. 엘리자베스 키스의 다른 작품 '연날리기'(Kite Flying)에서도 천진한 아이들이 삼태극이 그려진 태극연을 신나게 날리는 모습이 확인된다.

이렇게 전시체제하 태극의 이미지는 크리스마스실 안에서도 숨은그림 찾기처럼 일제 당국과 관원의 눈을 피하며 모든 한국인의 마음속 그림으로 가슴에만 아로새겨질 수밖에 없었다.

엘리자베스 키스가 그린 연날리기 풍속화.
삼태극이 그려진 연들도 보인다.

엘리자베스 키스의 크리스마스실에 모티브를 제공한 풍속화.
탑골공원 연날리기 그림에는 음양 태극장이 선명하다.

엘리자베스 키스 (아래)와
그가 그린 크리스마스실의 도안들. (위)

학교와 교회에 태극을 새기다

대한제국 초기 개화운동을 전개한 독립협회의 법인 도장의 중앙에는 태극 문양이 아로새겨져 있다. 태극기와 태극 문양은 한국교회가 발행한 서양 달력에도 삽입되어 근대적 삶에 대한 새로운 상징으로 태극과 달력을 교차시켰다. 이렇게 태극의 문화적 상징은 한국 기독교와 근대 한국의 생활 문화 곳곳에 깊숙이 스며들어갔다.

미 남장로회의 선교 지역 중 한 곳이었던 목포의 모교회 양동교회의 예배당 건물에는 이례적으로 태극 문양이 발견된다. 1898년 9칸 한옥 예배당으로 시작한 양동교회는 교인 수의 증가로 1910년 건축에 착수했다. 유달산 돌로 지은 100여 평의 예배당은 정면 외에도 양쪽에 출입문이 두 개 있는데, 특별히 서쪽 출입문에는 위쪽 아치 조각에 한문으로 '대한융희사년'韓隆熙四年(1910)이라는 여섯 글자 중 '융'隆과 '희'熙 사이에 태극 문양이 선명하게 조각되어 있다. 이는 호남 기독교인들의 깊은 신앙과 민족의식을 교회 건축에 표현한 한 사례라고 볼 수 있다. 엄혹한 일제강점기를 보내며 이 태극 문양이 무사할 수 있었던 것은 이 서쪽 출입문 위로 큰 등나무가 있어, 거기에 가려 글씨와 태극 문양이 잘 보이지 않았기 때문이다.

1929년 제6회 조선예수연합공의회(현 한국기독교교회협의회의 전신) 기념 메달에서도 태극을 발견할 수 있다. 기념 메달 앞면에는 한반도와 십자

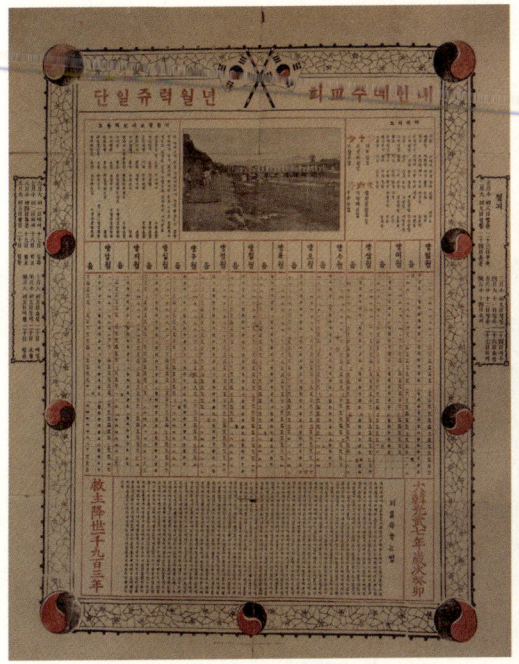

초기 한국교회가 새로운 생활 방식을 계몽하기 위해 보급한 달력
대한예수교회연월력주일단 (1903, 동은의학박물관 소장)
성서공회단력 (1910, 한국 기독교역사박물관 소장)
태극 문양과 십자가가 삽입되어 있다.

태극 문양이 새겨진 독립협회의 법인 도장 (윤치호 소장)

목포 양동교회와 서쪽 출입문의 태극 문양

이 교파 연합 기구인 조선예수교연합공의회도 3·1운동 이후 한국 사회와 교계에서 활발히 전개되던 농촌 운동, 절제 운동, 기독교 진흥 운동, 기독교 학생운동 등의 다양한 사업에서 주도적인 역할을 감당하고, YMCA, YWCA, 감리교와 장로교의 사회운동 기관들을 조율하며, 복음 전도 사업 이외의 당대 사회 현안에 대한 구체적 대응과 대안 모색에 적극 참여했다. 아울러 1926년 일제 당국이 종교를 통제하기 위해 '종교 법안'을 발의했을 때에도, 한국교회와 기독교 단체들을 대표해 신앙의 자유와 교회의 주체성을 보호하기 위한 적극적인 반대 운동을 전개하였다. 이렇듯 1929년 조선예수교연합공의회 기념 메달은 민족 교회의 정체성을 보존하고 일제의 간섭에 저항하는 주체적 집단으로서 연합공의회의 성격을 잘 드러내 보여주는 역사적 증거다.

제6회 조선예수교연합공의회(1929) 기념 메달
앞면에는 한반도와 십자가, 뒷면에는 태극 문양이 새겨져 있다. [한국 기독교역사박물관 소장]
오늘날 NCCK 엠블럼에도 태극도안이 삽입되어 있다.

이러한 기독교의 태극 문양을 통한 민족적 신앙 양태는 기독교계 학교에도 자연스럽게 스며들었다. 1897년 미북장로회 베어드 선교사에 의해 설립된 숭실학당은 1905년 감리교 선교부가 숭실운영에 합류하며 합성 숭실대학(Union Christin College)으로의 발전을 위한 초석을 마련했다. 그 과정에서 초안된 것으로 보이는 숭실대학 교표에는 십자가 문양 중앙에 태극 문양이 삽입된 도안으로 기독교신앙과 민족의식의 조화를 적극적으로 표방했다. 하지만 이러한 교표의 도안은 1910년 한일강제병합 이후 십자가 도안만으로 변경되었다. 하지만 이후에도 숭실학교의 학생들은 3·1운동 당시 평양지역 만세시위를 주도하며 민족운동을 적극 실천했다. 1905년 남감리회 선교부에서 설립한 배화학당(배화여학교)의 당인(학교 도장)에도 중앙에 태극 문양이 각인되어 있다. 배화학당은 민족운동가였던 남궁억 장로와 차미리사 선생 등이 기독교 신앙에 입각해 민족 교육을 실시한 전통 있는 기독교 학교였다. 이 선생님들의 가르침을 받은 학생들은 1920년 3·1운동 1주년을 맞아 필운대 언덕에 올라 만세 시위를 펼쳐 일제로부터 탄압을 받기도 했다. 남궁억 선생은 학생들에게 한반도 모양의 열세 송이 무궁화 자수 실습을 실시해 자연스럽게 기독교 신앙과 민족의식을 조화하도록 가르쳤다.

1930년대가 되어 일제의 황국 신민화 정책이 노골화되어 갈 즈음, 기독교계 교육기관에서는 학교의 교표를 새롭게 제정했다.

이화학당의 경우 1914년 처음 제정한 교표는 단순히 배꽃 이미지에 국

숭실학교 초기 태극 십자가 심벌 도안

숭실 졸업 기념장 (1921년 앨범)
왼쪽 기념장에 태극 문양과 무궁화가 새겨져 있다.

중앙에 태극 문양이 새겨진 배화학당의 당인

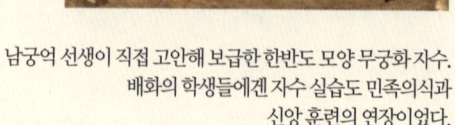

남궁억 선생이 직접 고안해 보급한 한반도 모양 무궁화 자수.
배화의 학생들에겐 자수 실습도 민족의식과
신앙 훈련의 연장이었다.

한되어 있었으나, 1930년 아펜젤러 교장이 미국에 체류하는 동안 교장대리를 맡고 있던 밴 플리트(Edna Marie Van Fleet) 선생이 교수회의에서 여러 선생에게 받은 의견을 종합해 직접 디자인하여 학교의 교표를 완성했다. 아동교육학을 전공하고 이화보육학교 학감 및 교수로 1918년부터 20여 년간 봉직한 밴 플리트는 한국의 전통문화와 예술에 깊은 애정과 통찰을 갖고 이화여전 학생들에게 미술사를 강의하기도 했다. 밴 플리트가 초안한 이화의 새 교표는 중앙에 숭례문이 자리 잡고, 상단에는 태극 문양, 하단에는 배꽃이 장식되었다. 이 교표는 이후 1933년에 배꽃이 외부 테두리 장식으로 변동되고, 상단에 십자가, 하단에 태극 문양이 배치된 모습으로 수정되었다가, 1939년에 이르러선 일제의 강압으로 민족 정체성이 반영된 숭례문과 태극 문양은 삭제된 채로 십자가와 배꽃 문양만이 남게 된다. 해방 이후 이화여대의 교표는 1933년의 모습을 기반으로 새롭게 복원되었다. 이렇듯 한 학교의 교표의 변천사만 보더라도 한국 근현대사의 노정이 선명하게 조망된다.

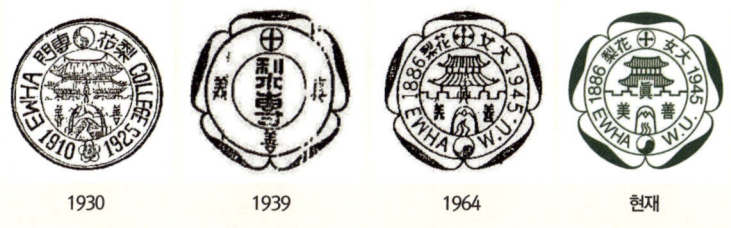

1930　　　1939　　　1964　　　현재

밴 플리트 교수가 처음 완성한 이화의 교표(1930). 이후 1939년에 숭례문과 태극 문양은 삭제되었다가, 1964년에 현재의 교표가 확정되어 오늘에 이르고 있다.

일제 말기 일제에 의해 잠시 문을 닫았던 연희전문학교도 해방 직후 연희대학으로 문을 열었을 때 새로운 학교의 교표를 방패와 십자가, 태극 문양이 조합된 모양으로 디자인했다. 1957년 세브란스의과대학과 연희대학이 오늘의 '연세대학교'로 통합되었을 때에도 초기 교표는 연희대학의 모양을 따랐다. 이는 일제강점기 내내 일제의 탄압에도 불구하고 한국학과 조선어 교육에 집중한 연희전문의 전통을 해방 이후에도 계승한다는 의지의 표현이었다. 이후 현재의 연세대 교표는 '연세'의 한글 자음 'ㅇ'과 'ㅅ'을 반영한 방패모양으로 변경되면서 태극은 교표에서 사라져 버렸다.

연희대학의 교표(1946)와 연희와 세브란스가 통합한 연세대학교(1957)의 초기 교표. 중앙의 태극 문양을 중심으로 십자가와 방패 모양이 조합되어 있다.

감리교의 남자 교육을 위해 설립된 첫 근대식 학교인 배재학당도 1935년 개교 50주년을 맞아 새 교표를 제작했다. 당시 배재고등학교는 콘크리트와 벽돌이 혼합된 2층 구조물로 학교 강당을 신축했으며, 대내외적으로 새로운 도약을 위한 모색을 시도하고 있었다. 그러한 분위기 속에서 배재학원의 재직자들은 학교의 교표를 새롭게 제정하기로 결정했던 것이다. 배재학원 홈페이지에는 1923년 임학선 선생에 의해 교표가 도안되었다고 소개하고 있는데, 배재 50주년을 맞아 아펜젤러(Henry Dodge Appenzeller)가 기고한 글(1935)에는 배재의 새로운 교표 제정의 과정과 의미에 대해 다음과 같이 설명하고 있다.

> 새 깃발이 고안되어 6월에 처음으로 휘날렸습니다. 전에 교기가 있기는 했지만 낡아 삭아져 여러 해 동안 교기가 없었습니다. 방패형의 새 도안은 한글 'ㅂ'을 바탕으로 그 한가운데 'ㅈ'을 흰 바탕에 푸른색으로 넣고, 영어 'p'에 'c'를 붙여 'cP'를 빨간색 안에 새겨, 두 개가 생명의 이원론을 상징하는 디자인으로, 50주년 기념식 하객 천여 명이 처음 그것을 보고 치하했습니다. 이 교기는 1929년 동창들의 선물입니다. (H. D. Appenzeller, "배재 개교 50주년 기념일", 『아펜젤러와 한국 제Ⅱ권』, 배재대학교, 2013, 384.)

배재학당 교표

배재대학교에서 출간한 아펜젤러 부자의 문집 『아펜젤러와 한국』의 역자인 김명환 박사는 후손인 루스 아펜젤러와의 인터뷰를 통해 배재의 새 교표에 들어간 'P'와 'c' 조합을 통한 'cP'의 이미지는 일본 정부를 속이기 위한 장치였으며, 결국 한민족의 정체성을 상징하는 태극 문양을 표현한 것이라고 증언했다고 밝히고 있다. 1931년 만주사변으로 대륙 침탈의 야욕을 드러낸 후 한국교회에 신사참배를 노골적으로 강요하기 시작한 1935년, 배재학교의 새 교표에 태극 문양이 새겨진 것은 역사의 아이러니가 아닐 수 없다. 하지만 결국 일제는 이러한 배재학교의 의도를 간파하고 태극 문양의 교표 사용을 금지했다고 한다.

구한말부터 해방 직전까지 한국 기독교의 교육 계몽 사업에 종사했던 윤치호는 1939년 일기에서 일제의 억압으로 기독교 학교들과 선교사들이 다음과 같은 어려움을 겪을 것이라고 전망했다.

> 이제는 그녀(엘리스 아펜젤러)가 사표를 내는 게 이 학교(이화여중고)를 위한 최선의 방책이 될 것이다. 다음과 같은 세 가지 이유에서 그렇다. (1)외국인들이 조선 중등 교육기관의 교장으로 일하는 걸 당국자들이 원치 않는다는 건 공공연한 비밀이다. 당국자들은 미국인들이 천황의 적자(赤子)인 조선 청년들을 탈일본화시킬까 봐 우려하고 있다. (2)학무국 당국자들이 학교에 강요하는 모든 요구 사항을 미국인 교장이 기꺼이 따른다는 건 도저히 불가능한 일이다. 그는 교단에 설 때마다 일장기에 경례해야 한다. 황국신민 서사를 제창해야 하며, 일본군의 무운장구(武運長久)를 기원하고 전몰장병의 영령에 감사 묵도(默禱)도 해야

한다. 국가를 제창해야 하고, 시도 때도 없이 신사참배를 해야 한다. 그는 이런 의식들을 치르면서 얼굴을 펼 수가 없을 것이다. 학생들은 그에게서 냉소적이거나 겁에 질린 표정을 읽을 수 있게 될 것이다. (3)경찰과 밀정들 역시 그런 낌새를 채고는 조선인 교사들을 닦달하게 될 것이다. (『윤치호 일기』, 1939년 2월 15일 수요일 중에서)

전시하 총동원 체제를 불러일으킨 일본의 제국주의 팽창 야욕은 1930년대를 거치며 더욱 광폭해졌다. 민족의 상징인 태극은 선교사들과 기독교 기관들의 제도적 보호막 아래서 은밀한 암호처럼, 혹은 숨은그림찾기 문제처럼 간신히 연명하고 있었다. 그러나 1930년대는 이제 그러한 옅은 호흡과 나지막한 희망마저도 허락하지 않는 광기의 시대가 되어 버렸다.

STORY 4

제국의 지배와
태극의 굴욕

대전역 징병환송식

잃어버린 태극, 지워버린 히노마루
황국신민의 시대, 국기게양의 비애

일장기는 그저 신호일 뿐

(일제) 당국은 조선의 국가적 상징인 태극을 반지나 부채의 문양으로 쓰는 것조차 허용하질 않는다. 조선의 관리들이나 독재자들의 쩨쩨함이 정말이지 거짓말 같기만 하다.(『윤치호 일기』, 1919년 6월 23일 월요일)

오늘은 총독부 시정(始政) 기념일[10월 1일]이다. … 조선인들이 경축일에 일장기를 달지 않은 탓에 일본인 관리들과 민간인들이 잔뜩 화가 났다. 그들은 소선인들이 일장기를 달지 않은 걸 두고 국기에 대한 모독이라고 말한다. 난 국경일에 일장기를 다는 것을 반대하지 않는다. 우리가 일본 치하에서 사는 한, 통치자들의 명령에 따라야만하기 때문이다. 더 큰 굴욕(한일강제병합 - 필자주)은 감수하면서 사소한 일에 목숨을 걸어봐야 무슨 소용이 있나.
그런가 하면 당국은 조선인들에게 일장기를 달라고 강요하지 않을 만큼 너그러워야 한다. 그들, 즉 당국자들은 조선의 국가 상징인 태극을 문양으로 사용하는 것조차 금지한다. "우리는 너희들의 국기를 싫어한다. 그러나 너희들은 우리의 국기를 사랑해야 한다." 이것이 조선에 와 있는 일본인들의 좌우명이다.
(『윤치호 일기』, 1919년 10월 1일 수요일)

예상치 못한 3·1운동의 확산과 지속은 일제 당국을 당황케 했다. 수많은 사람들이 태극기를 직접 만들어 만세시위에 참여했으며, 심지어 일장기에 태극기를 그려 넣어 재사용하는 일도 빈번했다. 이에 일제는 일반인들의 반지나 부채 따위의 생활용품에 그려지는 태극 문양까지도 규제하기에 이르렀다.

태극은 한국인의 생활 깊숙이 사용되어 온 친숙한 문양이었다. 일제는 이러한 생활용품의 태극 문양 사용조차 금지하는 만행을 저질렀다. "태극선", 19~20세기 제작 추정 [도쿄박물관 소장]

3·1운동에 대해 참여하지도 찬성하지도 않았던 당대 최고의 기독교인 엘리트 윤치호조차 그의 일기에서 일제의 이러한 과민반응이 "쩨쩨하다"며 불만을 토로했다. 하지만 비슷한 시기 윤치호는 총독부 기념일에 일장기 게양을 거부하며 -비록 소극적이라 할지라도- 저항하는 조선인들의 태도에 대해서도 한심하게 생각했다.

윤치호는 일제의 태극 문양 사용금지 조치에 대해서도, 일장기를 게양해야 하는 현실을 냉정하게 수용하지 못하는 조선인들의 저항에 대해서도 모두 불만스러워 했다. 한때 애국가를 작사해(혹은 그렇게 알려진) 뜨거운 애국심을 표현했던 윤치호는 그 특유의 현실주의적 태도와 사고로 인해 서서히 일제의 지배와 일장기 게양에 대해 타협점을 찾고 있었다. 3·1운동이 거의 마무리되었고, 대한민국 임시정부가 수립되어 체제를 갖춰 갈 무렵이었던 10월, 조선에서는 천황탄생일(천장절)에 일장기 게양에 대한 논쟁이 있었다. 이러한 시류에 대해 윤치호는 일기에 다음과 같이 적고 있다.

> 내일 일장기를 달 것이냐 하는 문제가 최근 며칠간의 가장 중요한 골칫거리였다. 내 생각은 이렇다. 우리가 민영환 씨처럼 자살을 하거나 이승만 군처럼 떠난다면, 그것은 별 문제다. 하지만 좋든 싫든 우리가 일본 법령의 보호 하에서 사는 한, 다시 말해서 좋든 싫든 생명과 재산의 안전을 위해 그 법령을 수용할 수밖에 없는 한, 그 법령이 요구하는 사항을 준수하는 것도 괜찮지 않을까? 조선인들 입장에서 일장기는 그저 일본의 법령 하에서 살고 있다는 신호일 뿐이다. 그 어떤 상황이 발생하더라도 일본 법령에 호소하지 않겠다고 작심한다면 모를까, 그런 게 아니라면 그저 신호에 불과한 일장기 게양을 거부할 필요는 없는 것 같다.
> (『윤치호 일기』, 1919년 10월 30일 목요일)

> 아침에 일장기를 내건 가정집은 거의 찾아 볼 수 없었다. 우리 동네에서 일장기를 단 집은 우리 집 뿐이었다. 경찰관들이 상점과 가정집을 돌면서 일장기를 달라고 독려하느라 동분서주했다. 예전에 프리드리히 대왕이 사람 하나를 때리며 이런 말을 했다고 한다. "날 무서워하지 마! 넌 날 좋아해야 해!"
> 조선인들의 마음속에 일본식 충성심과 신도(神道)를 심어주려는 시도야말로, 일본인들이 조선에서 행하고 있는 가장 어리석은 일 중의 하나다. 충성심과 신도는 일본의 토양에 적합한 민족성이고 종교다. 열대식물이 조선의 정원에서 자랄 수 없는 것처럼, 이 두 가지는 일본의 역사적 환경과 유리되어 존재할 수가 없다. (『윤치호 일기』, 1919년 10월 31일 금요일)

윤치호는 일장기가 단순한 '신호'에 불과하고, 일제의 법령하에 통치 당하는 현실이므로 일장기 게양에 대한 거부감, 민족적 저항은 불필요한 일이라고 합리화했다. 반면, 일장기 게양을 강요하며 천황에 대한 충성과 신앙을 주입하려는 일제의 태도에 대해서도 냉소했다. 당대 최고의 지식인의 눈에는 모든 것이 불만스럽고 모순돼 보였다. 하지만 그 자신도 결국 모순적 태도에 함몰되어 가고 있음을 스스로 인지하지 못했던 것은 아닐까.

윤치호

3·1운동을 겪은 일제는 보다 치밀하게 조선인들의 정신과 민족성을 파괴하고 작위적이라 하더라도 천황에 대한 충성과 신앙을 조선에 이식하기 위한 강고한 프로젝트를 가동하였다. 윤치호가 진단한 일제의 법령이 지배하는 현실은 외면적으로 문명국처럼 보이지만, 더욱 정교하고 노골적인

폭력과 야만이 도사리는 야누스의 얼굴이었다.

윤치호가 그의 일기에 남긴 "일장기는 그저 신호일 뿐"이라는 논리는 이후 1930년대 말 파시즘 시기 일제당국이 한국교회에 신사참배를 강요할 당시 "신사참배는 그저 국가의례일 뿐"이라는 회유논리의 숨겨진 일란성 쌍생아와 같다는 기시감이 들게 한다.

바꿀 수 없다면 지운다 - "일장기 말소사건"

손군은 우리 학교(양정고보)의 생도요, 우리도 일찍이 동경-하코네(箱根) 간 역전경주(驛前競走)의 선수여서 마라톤 경주의 고(苦)와 쾌(快)를 체득한 자요, 손군이 작년 11월 3일 동경 메이지 신궁(明治神宮) 코스에서 2시간 26분 41초로써 세계 최고 기록을 작성할 때는 '선생님 얼굴이 보이도록 자동차를 일정한 거리로 앞서 모시오'하는 요구에 '설마 선생 얼굴 보는 일이 뛰는 다리에 힘이 될까' 하면서도 이 때에 생도는 교사의 심장 속에 녹아 합일 되어 버렸다. 육향교(六鄕橋) 절반 지점에서부터 종점까지 차창에 얼굴을 제시하고 응원하는 교사의 쌍협(雙頰, 양뺨)에는 제제할 줄 모르는 열루(熱淚, 뜨거운 눈물)가 시야를 흐르게 하니 이는 사제 합일(師弟合一)의 화학적 변화에서 발생하는 눈물이었다. 그 결과가 세계 기록이었다. 이런 처지에서 베를린 전파를 잡을 때에 남다른 감격이 없지 못하다. (김교신, "손기정 군의 세계 마라톤 제패",『김교신 전집 1 : 인생론』, 부키, 2001, 36~37.)

일본의 무교회주의 기독교사상가 우치무라 간조의 제자이자 「성서조선」의 편집인으로 유명한 김교신은 양정고보의 박물학 교사로 재식하면서 당대 최고의 마라토너 손기정의 정신적 멘토로서 그의 인생에 지대한 영향을 끼쳤다. 김교신은 제자 손기정의 올림픽 금메달의 소식에 남다른 감격을 피력한다.

김교신과 양정고보 제자들

어째 손기정 군에게 우승의 영예가 돌아왔나. 식자에게는 일대 의문이다. 때에 공중에 소리가 있어 가로되 "그의 팔로 힘을 보이사 저의 심사(心思)에 교만한 자를 흩으시고 … 높은 것을 낮추시고 낮은 것을 높이시며, 강한 자를 꺾으시고 약한 자를 세우시느니라(누가 1:51-53)고. 이것이 하나님의 속성이시다. 손군의 우승은 우리에게 심술궂은 여호와 신의 현존을 설교하여 마지 않는다. (1936년 9월) (김교신, "손기정 군의 세계 마라톤 제패", 「성서조선」 1936년 9월호, 『김교신 전집 1 : 인생론』, 부키, 2001, 37~38.)

이와 같은 김교신의 감상은 1936년 일제의 신경을 더욱 날카롭게 자극하기에 충분한 것이었으리라. 김교신이 인용한 누가복음 1장 51~53절은 독일 베를린 올림픽을 통해 게르만 민족의 우수성을 세계에 선전하고자 했던 나치스에게도, 일본의 마라톤 우승에 환호했지만 실상 그 면류관의 주인공이 조선인이라는 사실에 뒷맛이 개운치 않았던 일제 당국에게도 뼈아픈 대목이 아닐 수 없었다.

1931년 만주사변을 일으킨 일제는 대륙침탈의 야욕을 노골화하며 조선에 대한 문화통치를 전시체제로 전환해 가기 시작했다. 이러한 분위기 속에서 1920년대와 달리 1930년대에 접어들면서 조선에서의 언론통제와 검열은 더욱 엄격해졌으며 일제의 황국신민화 정책과 전체주의적 통제는 강화되고 있었다. 이러한 시기 손기정과 남승룡의 베를린 올림픽 마라톤 우승과 3위 소식(1936년 8월 10일)은 일제의 체제선전을 위한 절호의 기회였다. 하지만 3·1운동 이후 문화통치기에 설립된 「동아일보」와 「조선중앙일보」는 시상대에 오른 손기정의 사진을 게재하면서 그의 가슴에 부착된 일장기를 지워 보도했다.

해방 직후 건국준비위원회 발족식에서 연설하는 여운형 선생.
여운형 선생의 뒤편에 태극기 시안이 부착되어 있고,
우측에는 건국준비위원회 깃발이 게양되어 있다.
건준위 깃발에도 태극이 그려져 있다.
(1945년 8월 16일, 종로YMCA)

"일장기 말소사건"의 첫 언론사는 여운형이 사장으로 있던 「조선중앙일보」였다. 그 당시 상황에 대해 여운형의 딸 여인구는 다음과 같이 진술했다.

> 전송해 온 손기정 선수의 입상식 사진을 쥔 아버지는 기쁨에 앞서 끓어오르는 분노를 억제하지 못하였다. "신문을 이대로 내야 하는가? 아니다." 아버지는 단호한 결심을 하고 사내 간부들을 불러 사진 동판에서 선수의 가슴에 일장기를 지워버리자고 제한했다. 그러나 모두 반대하였다. 그렇게 되면 신문이 폐간될 것은 물론 모두 감옥귀신이 될 것이다. "모든 책임은 내가 지겠으니 안심하십시오. 절망에 빠진 우리 민족에게 기개와 자긍심을 안겨줄 수 있는 절호의 기회입니다." 그리하여 8월 10일 「조선중앙일보」는 '오호, 대한의 남아여!'라는 즉흥시를 비롯해서 손기정의 특집기사로 꽉 차고 가슴에 일장기를 지워버린 선수의 사진이 크게 났다. (여인구, 『나의 아버지 여운형』, 김영사, 2001.)

「조선중앙일보」의 일장기 말소 보도는 여운형 선생과 더불어 민족의식과 독립정신이 투철한 양정고보 마라토너 출신이자 손기정의 양정고보 선배였던 유해붕 등 「조선중앙일보」 몇몇 직원들의 협력으로 이루어낸 사건이었다. 이 신문은 보도 직후 검열에 적발되지 않았고, 유해붕에게 이 사실을 전해들은 「동아일보」의 이길용이 후속으로 일장기 말소 보도를 이어갔다. 이후 「동아일보」의 말소사실이 문제시 되면서 「조선중앙일보」도 관련자들이 처벌받고 신문은 자진휴간에 들어간 뒤 끝내 폐간되었다. 「조선중

잉일보」의 사장 어운형도 기독교인이었고, 「동아일보」 일장기 말소를 주도했던 이길용 기자도 인천 영화학교와 서울의 배재학당을 졸업한 독립운동가 출신 기독교인이었다.

손기정 선수의 가슴 일장기를 말소한
「동아일보」 1936년 8월 25일자(24일 석간) 2판 지면과 해당사진

이길용 기자는 배재학당 졸업 후 일본 도시샤대학同志社大學에서 공부하던 중 귀국해 철도국에 취업하고, 3·1독립선언서와 상해임정 기밀문서 등을 철도편으로 운송하는 책임자로 활동하다 일경에 체포되어 징역 1년의 옥고를 치렀다. 출옥 후 「동아일보」 송진우 사장의 권고로 1921년에 입사한 이길용은 대전지국에서 근무하며 대전 감리교 엡윗청년회와 대전청년회의 뿌리가 되는 대전소년회를 창설하는 등 애국계몽운동을 펼쳤다. 또한

한국 최초의 체육전문기자로서 『여자정구10년사』, 『조선야구사』 등을 집필하며 한국의 주체적인 스포츠 역사를 정리했다. 그는 스포츠를 통해 식민지 조선이 여전히 건재함을 세계에 알릴 수 있다고 확신했다. 이러한 그의 결기는 1932년 8월 제10회 미국 LA올림픽 마라톤 종목에 출전한 김은배와 권태하 선수의 결승선 통과 사진에서 가슴에 부착된 일장기를 말소하면서 그 숨겨진 의기를 분출했다. 일제를 향한 그의 도전은 1936년 8월 「동아일보」 표지에도 이어져, 손기정 선수의 시상식 사진에서 일장기를 삭제하는 구체적인 행동으로 이어졌다. 「신동아」에 실린 일장기 삭제 사진도 그가 주도해 진행한 일이었다. 연일 이어진 '일장기 말소사건'으로 인해 이길용과 그의 동료들은 종로경찰서에서 극한 고문을 받은 뒤 1936년 9월 25일 강제 사직을 당했다. 이로 인해 「동아일보」는 네 번째 정간을, 「신동아」는 폐간되고 말았다. 이길용은 그 뒤에도 네 차례나 옥고를 치렀다.

이길용 기자

해방 직후 이길용은 「동아일보」에 복직했고, 조선체육회(현 대한체육회)를 재건하는 데 기여했다. 1946년에는 이승만과 김구 선생이 공동회장으로 참여한 "기미독립선언전국대회"에 실행위원으로 참여했고 이 행사의 사회자로 참여했다. 이후로 그는 『대한체육사』와 「체육연감」을 정리해 발간할 수 있는 기틀을 마련했다. 하지만 1950년 6·25전쟁 당시 납북되었다. 1991년 이길용에게는 "건국훈장애국장"이 추서되었고, 1989년부터 한국체육기자연맹에서는 그의 숭고한 정신과 삶을 기념해 "이길용 체육기자상"을 제정해 매년 시상하고 있다. 대한민국 보훈처의 〈공적개요〉를 보면 그가 일제강점기의 암울한 현실 속에서도 타협하지 않고, 민족해방의 꿈을 포기하지 않은 꿈의 청년이었음을 느낄 수 있다.

> 1919년 만철(滿鐵)경성관리국에 근무하며 철도수송업무를 맡아보는 것을 이용하여 상해임시정부에서 보내오는 반일격문(反日檄文)을 수송하며 활동하다가 피체(被逮)되어 징역 1년을 받았고, 1936년 8월 25일 베를린 올림픽에서 마라톤 우승자인 손기정의 사진을 동아일보에 게재할 때 손 선수의 사진에서 일장기를 지워버리고 보도함으로써 민족정신을 일깨운 후 일제의 강제에 의하여 동아일보사에서 해직당한 공적이 인정되므로 건국훈장 애국장에 해당되는 분으로 사료된다. (「보훈처 공훈전자사료관」 제공자료, 제6292호)

기독교인 여운형과 이길용의 용기 있는 일장기 말소 보도는 일제의 조선 언론과 민족지도자들에 대한 노골적인 탄압과 전시체제를 더욱 강화하는 계기가 되었다. 비록 신문지면을 통해서였지만, 일장기 말소라는 방식으로 일제에 담대히 저항한 두 기독교인 저널리스트의 양심과 정신은 더욱 빛나는 역사가 되어 후대에 남게 되었다. 손기정 일장기 말소사건은 "슬푸다"라는 외마디 소리만을 엽서에 적어 부쳤던 청년 마라토너 손기정의 설움에도 일말의 위로가 되었을 것이며, 일제의 강점과 통치에 울분을 토하던 조선의 민중들에게도 한줄기 희망이 되었다.

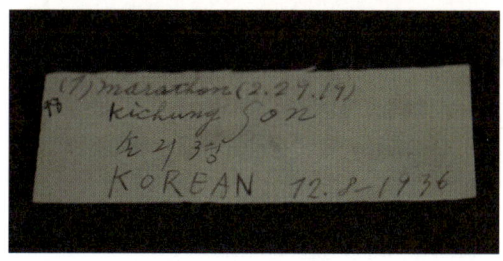

손기정 선수가 금메달 수여 직후에 친구에게 보낸 엽서와 그의 사인.
그 여백에는 "슬푸다"라는 단 세 글자만이 적혀 있었다. 손기정 선수는 비록 일본 대표선수로 출전했지만, 자신의 사인에서 일본식 이름인 'Kitei Son'이 아닌 한국 이름과 'KOREAN'이라는 민족정체성을 드러냈다. [박건호 소장]

교회 마당에 설치된 국기게양탑

1931년 만주사변을 일으키고 대륙침탈의 야욕을 노골적으로 드러내기 시작한 일제는 새로운 전시체제에 국민을 총동원하고 사상통일을 이루기 위해 각종 국가행사를 개최하며 신사참배 강요를 본격화하기 시작했다. 1932년부터 일제는 '만주사변에 대한 기원제'나 '만주사변 전몰자 위령제' 등에 기독교계 학교의 학생들을 동원하려 했지만 선교사들과 기독교인들의 저항에 부딪혔다. 결국 1935년 11월 평남도청에서 일어난 "평양기독교계 사립학교장 신사참배 거부사건"으로 인해 총독부와 도당국은 학교장 파면과 강제폐교를 불사하겠다는 경고를 하기에 이르렀다. 일제의 신사참배 및 국가의례 참가 강요의 논리는 다음과 같았다.

1. 신사참배는 종교의식이 아니라 국민의례이며, 예배행위가 아니고 조상에게 최대의 경의를 표하는 것일 뿐이다.
2. 교육의 목적은 학생들의 지적인 육성에만 있는 것이 아니라 학생들로 하여금 천황의 신민(臣民)이 되게 하는데 있다. 그러므로 교사와 학생들이 모두 함께 신사참배를 통하여 천황에 대한 경의를 표하여야 한다. 그러나 일반인들의 신사참배는 자유에 맡길 뿐이고 강제하는 것은 아니다.

(*International Review of Missions*, No. 114 (1940. 4.), 182~183.)

1937년 중일전쟁 직후 대륙침략에 자신감을 얻은 일제는 1938년 1월

29일, 개신교 대표자들을 총독부 학무국에 초청해 전시체제와 황국신민화 정책에 협조할 것을 설득했고, 같은 해 2월에 이르러 조선총독은 다음과 같은 교회에 대한 시정정책을 확립하기에 이르렀다.

1. 시국인식 철저를 위하여 기독교 교역자 좌담회를 개최하여 지도 계몽에 힘쓸 것.
2. 시국인식의 철저를 위한 지도 및 실시
   (1) 교회당에 국기게양탑을 건설할 것.
   (2) 기독교인의 국기 경례, 동방요배, 국가봉창, 황국신민서사 제창을 실시할 것.
   (3) 일반 신도의 신사참배에 바른 이해와 여행을 힘쓸 것.
   (4) 서력연호의 사용을 삼갈 것.
3. 외국인 선교사에 대해서는 이상의 것들의 실시에 관하여 자각시킬 것.
4. 찬송가, 기도문, 설교에 있어 불온 내용을 검열, 임검(臨檢) 등으로 보다 엄중히 취체(取締)할 것.
5. 당국의 지도에 따르지 않는 신자는 법적 조치를 취할 것.
6. 국체에 맞는 기독교의 신건설 운동은 이를 적극 원조할 것.

(『朝鮮總督府施政三十年史』, 조선총독부, 1940, 833.)

이러한 일제의 회유와 억압 속에 기독교조선감리회는 1936년 6월 양주삼 총리사가 총독부 초청 좌담회에 참석 후 일제의 입장을 수용했으며, 1938년 9월 "신사참배가 교리에 위반이나 구애됨이 추호도 없"다는 성명을 발표했다. 조선예수교장로회도 1938년 9월 제27회 총회에서 신사참배를 결의함으로써 한국 개신교의 대표적인 교파교회들이 일제의 전시총동원체제와 황국신민화 정책에 순응하기에 이르렀다.

제27회 조선예수교장로회 총회를 마치고 일동 평양신사참배를 실시한 장로교 대표들
(「조선일보」 1938년 9월 10일)

이러한 일제의 교회통제 정책 중에서도 신사참배 문제와 교회당 내 국기게양탑 건설 문제가 가장 격렬한 반발을 일으켰다. 다음은 1938년 5월 수원 기독교인들의 일장기게양 반대운동에 대한 보도이다.

수원서 고등계에서 목사 등 다수남녀 기독교 자를 검거취조 중이던 바 요지음 취조의 일단락을 짓고 목사 외 좌기 6명의 남녀기독교신자를 보안법 위반 등 죄명 하에 10일 경성지방 법원검사국에 송국하여 와서 방금 동법원 사상검사가 취조를 하고 있다는데 사건의 내용은 수원기독교 신자를 중심으로 신사참배와

국기게양을 반대하는 불온운동을 일으키려던 것이라 한다. ("수원서사건 기독교도 송구(送局), 인달 7명 검선으로 · 신사참배와 국기게양 반대운동으로", 「동아일보」, 1938년 5월 11일자)

위의 보도에서 알 수 있듯이 일부 목회자와 기독교인들은 일제의 교회 내 국기게양 및 신사참배 강요에 저항했다. 하지만 이러한 움직임은 소수에 불과했으며 전국 대다수 교회는 일제의 정책에 순응하며 교회 내에 국기게양탑을 설치하고 일제가 요구하는 국가행사를 적극적으로 개최했다. 당시의 언론 자료들을 조사해 보니 교회당에 국기게양탑을 설치한 지역적 사례와 그 범위는 평남, 함북, 전남, 강원, 충남, 경북 등 전국적인 규모였다. 1938년 봄, 교회당 내 국기게양대 설치와 국가의례 개최에 관련한 신문 보도들을 소개하면 다음과 같다.

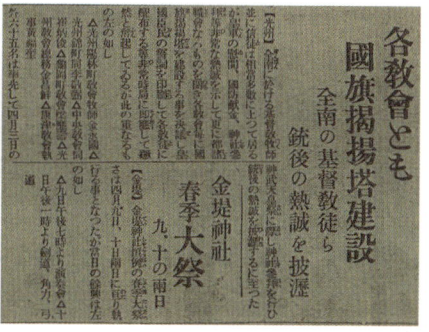

교회 내에 국기게양탑 설치와 국가의례 개최 요구에 순응한 교회들에 대한 신문 보도들

평남 용강군 해운면 용반리에 잇는 장노파 교회에서는 지난 년말에 한 수일 동안 련합사경회를 개최하엿는데 그 때에 매일 황국신민의 서사(誓詞)를 제창하야 국민의 관념을 강조하엿다. 이것은 종내의 경향으로 보면 일대 원향(願向)으로서 당국에서도 감격하고 잇다.

함북 경성군(鏡城郡) 하의 긔독교도는 일전의 교도의 시국좌담회를 열고 다음과 가튼 사항을 협의하엿다. ① 매월 6일의 애국일 기타 축제일에는 신사에 참배할 것. ② 예배일 기타 교회에 집회한 때에는 황거(皇居)를 요배할 것. ③ 각 교회 내에 국긔게양탑을 건설할 것. ④ 축제일에는 반드시 각 집에 국긔를 게양 할 것 등을 협의하고 곳 이것의 설시에 착수하야 교도의 시국인식을 운동에 적극적으로 활동하게 되엇다 한다. ("천도교와 기독교도 등 애국행사적극참가 : 각 교회당에 국기게양탑 건설코 황국신민의 서사제송"「매일신보」, 1938년 1월 18일)

전남에 있어서의 기독교 목사를 위시하여 신도들 상당 다수에게서 높아지고 있는 황군의 위문, 국방헌금, 신사참배 등 상당한 열성을 보이고, 심지어는 도제직회(都諸職會) 같은 것을 열어, 각 교회 매일 국기게양탑을 건설하는 것을 결의하고, 황국신민의 서사를 인쇄하여 각 교도에게 배포하는 등, 비상시국에 즉응하여 교연(皦然)하게 분기하고 있음은 왼쪽의 이러한 겹치는 이름들로 확인된다. 광주 양림정 교회 목사 김영국, 광주 금정(錦町) 동 이경필(李敬弼), 중앙교회 동 최병준, 가메오카정(龜岡町) 교회 양응수, 광주교회 총무 김창선, 강진교회 집사 황복규 외 65명은 솔선하여 4월 2일의 진무덴노 마츠리(神武天皇祭, 신무천황제) 때에 신사참배를 행하여, 총후의 열성을 피력하기에 이르렀다. ("각 교회도 국기게양탑 건설, 전남의 기독교들, 총후의 집성을 피력",「부산일보」, 1938년 4월 7일)

춘천「그리스토」교회에서는 지난 1일 교회 정문에 국기게양탑을 건설하야「그리스트」신자도 훌륭한 황국신민인 것을 자랑하엿는데 압흐로는 집회가 잇는 때마다 벽두에 먼저 황국신민의 서사를 제창하기로 결정하엿다. ("춘천기독교회 시도 국기게양 신사참배 : 그외에 진흥보국을 결의", 「매일신보」, 1938년 4월 16일)

보은 야소교회에서도 황국신민으로서 그 의무를 철저히 하기 위하야 동 야소교 구내에다가 국기게양대를 설치하는 동시에 지난 17일에는 야소교인 50여명이 당일 오후 1시에 보은신명신사를 참배하얏다 한다. ("보은 야소교회서도 교도가 신사참배 : 구내에는 국기게양대", 「매일신보」, 1938년 4월 19일)

비상시국에 잇서서의 총후국민의 인식강조에 박차를 가하고 일층 일본정신과 내선일체의 인식강조를 위하야 청진부내의 중앙(中央), 서부(西部), 동부(東部), 신암동성결(新岩洞聖潔), 제칠일안식(第七日安息)의 각 교회에서는 국기게양탑에 집회하야 일반신자의게 국가관렴의 보급을 위해 당국과 일체 협동하리라 한다. ("청진 각 교회에서 국기게양탑 설치", 「매일신보」, 1938년 5월 10일)

충남 부여군내에 산재하여 잇는 예수교회 각 단체 34개소의 교역자 전부가 부여경찰서연무장에 집합하야 교역자시국좌담회(教役者時局座談會)를 개최하고 현하 중대시국에 당면한 이즈음 기독교 교역자로서 마땅히 가진 태도와 새로운 인식을 현저히 하고저 흉금을 펴노코 잇엇는데 그중에 제일 중대문제는 국체명징(國體明徵)에 관하야 금후로는 ①각 신도들도 각기 교회예배순서에 국가합창, 신민서사를 반드시 너흘것과 ②각 교회마다 국기게양대를 설치하고 동방요배를 할 것과 ③축제일에는 반드시 신사참배를 실행할 것을 결의하엿다는데 지난 4월 26일의 국민정신 총동원주간을 게기로 하야 각 교회는 전부 국기게양대를 설치하고 국기를 게양하엿으며 예배시 마다는 국가합창 한 후 신민서사를 암송하엿다는데 국체명징의 인식이 각 신도들에까지 철저하게 되엇으므로 현하 국민정신의 총동원에 제하야 만흔 성과를 거두게 되엇다 한다. ("부여기독교회에서 국기게양대 설치", 「동아일보」, 1938년 5월 8일)

신사참배 문제로 당국에서 수차 종용하여온 결과 시국이 점차 중대하 함에 감(感)하여 선산군(山郡 - 현재의 구미시, 필자주) 내의 각 야소교에서는 종래 고집하여 오든 신자불참배는 포기하고 모든 국가행사에 참가하여 황국신민으로서의 총후국민의 의무를 다하고저 지난 천장절에도 일제히 봉축식을 거행하고 아침마다 각 교회에서 시국인식에 대한 기도를 하고 경축일에는 일장기를 놉히 걸고 시국 재인식에 철저를 강화하고 잇든바, 지난 번 선산야소교회에서는 동교회 시국인식에 대한 강화(講話)를 소목사(蘇牧師)가 장시간에 긍하여 설화한 바 일반 부녀신도들은 솔선하야 각각 푼푼이 거출하여 제1선에서 활동하는 황군을 위하야 국방비로 금 3원3전을 소관 경찰서에 의뢰하엿다 한다. ("신사참배와 국기게양 : 선산교회서도 실시"「매일신보」, 1938년 5월 17일)

「동아일보」, 「매일신보」, 「부산일보」 등 여러 언론매체를 통해 1938년 4월부터 5월에 걸쳐 집중적으로 전국 교회의 국기게양탑 설치와 황국신민서사 제창, 국가제창, 동방요배, 신사참배의 실시에 대한 소식을 대대적으로 보도한 것은 그 당시 2월 총독부의 교회에 대한 시정정책이 발표된 직후의 일이라 주목된다. 「매일신보」 평남 용강군 장로교 연합사경회의 황국신민서사 제창의 소식을 알리는 보도에서는 그 말미에 "이것은 종래의 경향으로 보면 일대 원향(願向)으로서 당국에서도 감격"하고 있다고 말하며, 같은 신문 선산교회 관련 보도의 서두에서는 "신사참배 문제로 당국에서 수차 종용하여온 결과 시국이 점차 중대화 함에 감(感)하여 선산군 내 각 야소교에서는 종래 고집하여 오던 신자불참배는 포기하고"라는 대목에서 이 시기가 한국교회의 훼절과 굴종의 실질적인 전환점이 되고 있음을 명징하게 보여준다.

이러한 기사들처럼 일제의 황국신민화 정책이 고조된 1930년대 말에 이르러 교회는 예배당에 일장기를 게양하고 교회 내에서 천황에 대한 충성맹세와 국가의례를 노골적으로 실시하게 된다. 이러한 일장기와 신사에 대한 숭배와 선양사업은 한국 기독교가 그동안 지켜온 "신앙의 정통성"과 "민족 정체성" 양 축을 일거에 무너뜨리는 유례가 없는 타협과 굴종이었다. 결국 1938년의 치욕적 역사를 통해 소위 '민족교회'로서의 역사적 명맥은 소수의 저항자들을 통해 계승 유지될 수밖에 없다.

예배당 입구에 일장기가 새겨진 '종교보국'과 '황도선양'이라는
팻말을 부착한 경남 합천의 한 농촌교회 모습(1938년 이후)

그들은 왜 히노마루 부채를 헌납했나
저항과 훼절, 일상과 권력의 함수관계

"신사참배는 더욱 기회를 볼 필요가 있으나"

4. 기독교도의 동정.
1. 기독교의 시국인식
(1) 평남노회의 동정 평안남도 소재 평양·평서 양 노회는 12월 7일부터 평양부에 있어서 동계 연합사경회를 개최하였는데, 위 양노회 간부는 신사참배 문제 이래 각종 국가적 행사에 교리위반을 방패로 당국의 방침에 결항(決抗)하고 있는 바 … 소관 평양서에 있어서 사전책임자에게 엄중 경고 … 노회 자체의 존립에 미칠 영향을 가늠하기가 어렵지(난계[難計]) 않으므로, 점차 자중하여 시국에 순응하여 숭미(崇米)사상을 배제해야 하니, 동교(仝敎) 혁신을 말하는 데 이른 결과, 혁신 의식이 점차 교내에 미만(彌漫, 넘쳐 흐름)하여 사경회 회장에 있어서 민족파의 급선봉인 목사 주기철도 드디어 대세에 순응하여 13일 제 7일에 참가자 2천 명에 대하여 극히 시국을 인식한 인사를 한 뒤에 출정군인가족(出征軍人家族) 위문금의 헌납을 제안했으니 즉좌(卽座, 그 자리)에서 56엔 50전의 거금이 모였다. ("치안상황: 기독교도의 동정』 제44보~47보, 『국내 항일운동자료: 경성지방법원 검사국문서』, 1938년 1월 14일)

1937년 12월 7일, 평양과 평서 양 노회가 공동주최한 동계연합사경회가 평양에서 개최되었다. 당시 서북지역 장로교회들은 "신사참배 문제와 각종 국가의례에 대해 교리위반을 명분삼아 저항"했다. 하지만 일제당국의 엄중한 경고로 "노회 자체의 존립"에 위협을 느낀 장로교 지도부는 "점차 순응"하였고, 마침내 12월 13일 2,000명의 사경회 참가자 앞에서 장로교 지도부의 전향적 태도는 미묘하게 드러나기 시작했다.

"치안상황 : 기독교의 동정", 「경성지방법원 검사국문서」, (1938년 1월 14일)
이 보고서에서는 주기철 목사를 비롯한 평양지역 장로교 지도자들의
전향적 태도에 대한 보고가 비교적 상세히 적혀있다. 이 당시 지도부는 신사참배 문제는
좀 더 시간을 두고 논의하기로 하되 국기계양과 동방요배는
교회 차원에서 수용하기로 한 것으로 보인다.

당시 평양연합사경회에서의 비상한 기류변화를 감지하고 보고한 문서 "치안상황 : 기독교도의 동정"(경성지방법원 검사국문서, 1938년 1월 14

일)에서는 "사경회 회상에 있어서 민족파의 급선봉인 주(기철)목사(당시 부노회장 - 필자 주)"가 "극히 시국을 인식한 인사"와 "(중일전쟁) 출정군인가족을 위한 위문금 헌납 제안"을 했다는 대목이 눈에 띈다.

평양에서는 1935년 일제가 평남도지사 야스다케安武直夫를 중심으로 신사참배와 국가의례를 기독교 학교와 교회에 강요하기 시작해 1938년에 이르러 그 강압적 핍박이 최고조에 달하고 있었다. 이러한 일제의 강압 속에서 "교리상 이유로" 신사참배를 비롯한 각종 국가의례를 반대해 오던 장로교의 보수적인 지도자들이 일제 당국으로선 눈엣가시 같았을 것이다. 결국 1937년 7월부터 발발한 중일전쟁과 이어지는 승전보, 일제의 더욱 강고해진 탄압과 강요 앞에서 완강하던 교회 지도자들도 "일제에 순응하는 것은 시대의 대세요, 불가피한 선택"이라는 체념과 한계에 봉착했다.

주기철 목사. (좌) 평서, 평양 양노회 연합사경회 광경. (우) (1932년, 평양 숭실학교 강당)

이날 평양, 평서 양 노회의 지도자들은 연합사경회 기간 동안에 일종의 타협안을 궁리한 것으로 보인다. 그리고 마침내 사경회를 개최한 지 7일째 되는 13일, 2,000명의 신자들 앞에서 다음과 같은 입장을 천명했다.

> 주 목사의 전향한 행위(転向振)에 일반 회중도 다대한 감동을 받은 바와 같이 간부 등은 "신사참배는 더욱 기회를 볼 필요가 있으나, 당장은 국기게양 및 동방요배는 장래 이것을 실행해야 함"이라고 의견에 일치하여 일반에게 주지(周知)시켜야 함을 가지고, 동정시찰 중. ("치안상황 : 기독교도의 동정" 제44보-47보, 『국내 항일운동자료 : 경성지방법원 검사국문서』, 1938년 1월 14일)

정리하면, "교리상 신사참배를 시행하는 것은 곤란하나 일제가 요구하는 국기게양과 동방요배는 앞으로 실행해야 한다."라는 내용이다. 이 장면은 이후 네 차례의 구속과 탄압 속에서도 신사참배를 거부한 주기철 목사의 저항 동기가 순수한 종교적·교리적 논리에 입각한 것이었다는 점을 분명하게 보여준다. 주기철을 비롯한 당대 대부분의 기독교 지도자들에게 교회 내 일장기 게양과 동방요배, 황국신민서사 제창은 기독교의 정체성을 훼손하지 않는 선에 타협한 정치적 산물이었다. 이렇게 1937년 12월 평양연합사경회에서는 신사참배에 대한 일말의 갈등 가능성만을 여지로 남기고, 전국의 모든 교회가 일제의 황민화 정책에 빠르게 순응해가는 전환점이 되었다. 그리고 1938년 2월 평북노회의 신사참배 결의를 시작으로, 조선예수교장로회 제27회 총회(1938년 9월 10일)에서는 신사참배를 공식적으로 결의했다. 당시 홍택기 총회장은 다음과 같은 성명을 발표했다.

> 아등(我等)은 신사(神社)는 종교(宗敎)가 아니오, 기독교의 교리에 위반하지 않는 본의(本意)를 이해하고 신사참배가 애국적 국가의식임을 자각(自覺)하며 이에 신사참배를 솔선(率先) 수행하고 급히 국민정신총동원(國民精神總動員)에 참가하여 비상시국하(非常時局下)에서 총후(銃後) 황국신민(皇國臣民)으로서 적성(赤誠)을 다하기로 기(期)함. 소화 13년(1938년) 9월 10일 조선예수교장로회 총회장 홍택기. (제27회 조선예수교장로회 총회 성명서 중에서)

이러한 장로교 총회의 대응에 반발한 평양신학교는 가을학기 개교를 무기한 연기, 휴교했고, 소위 "(후)평양신학교"가 총독부의 인가를 받아 1940년 4월 11일 개교(교장 채필근 목사)했다. 이때부터 평양신학교에서도 각 절기마다 신사참배와 동방요배를 실시했으며, 교내 강당에는 일장기를 게양했다.

후평양신학교 제1회 졸업식[1941년 3월 12일]. 강당의 중앙 전면에는 일장기가 크게 계양되어 있다.
1930년대 말 김화감리교회의 내부 모습. 한국문화에 대한 애정이 남달랐던 피도수 선교사는 예배당을
한국식으로 아름답게 조성했지만, 그 중앙 상단에는 일장기가 계양되었다

히노미루 부채 헌납 운동

파시즘 시기 일제는 한국교회의 어용화 및 일본기독교 체제로의 편입을 적극적으로 획책했다. 그리하여 1938년 5월 8일 경성 부민관에서 '조선기독교연합회'를 창설하여 이를 '친일어용단체'로 활용하고자 했다. 이 단체는 조선 내 일본인교회 지도자들이 중심이 되어 "이 시국을 극복하자면 내선內鮮교회가 일치단결해야 한다"는 명분 아래 조직되었다. "본회는 기독교의 단결을 도모하고 상호협조하여 기독교 전도의 효과를 올려, 성실한 황국신민으로서 보국함을 목적으로 한다"(「靑年」, 1938년 7월호, 18~19.)라는 조항을 포함한 11개조로 된 간단한 회칙을 통과시켰다. 이때 위원장은 일본교회의 니와 세이지로丹羽淸次郎, 부위원장에 아키츠키 이타루秋月致, 정춘수 등이 당선되었다. 그 결과 한국교회는 법적으로 일본기독교단 산하에 예속되었다. 이 시기부터 일제는 한국교회 전체를 대상으로 신사참배를 대대적으로 강요하기 시작했으며, 1940년에는 '창씨개명령'을 내려 민족말살과 황국신민화 정책을 노골화하기 시작했다.

1941년 태평양전쟁 발발 이후 일제는 '내선일체'의 미명하에 한국인 청년과 학생들을 대상으로 징병제를 실시했다. 이에 경성의 각 교파 기독교회들은 1942년 5월 11일 서울 승동교회에서 1,000여명의 신자들을 동원한 가운데, "징병제감사기독교신도대회"를 개최했다. 이날 감리교의 정춘수, 박연서, 장로교의 전필순, 김영주 목사 등은 "진충보국盡忠報國의 결의를 보이고, 동시에 전 조선 7백만 청년에게 용진분기勇進奮起할 것"을 외쳤다.(「기독교신문」의 1942년 5월 13일자) 그들은 이 행사장에서 다음과 같은 낯 뜨거운 성명을 낭독하고 천황의 장수를 기원하며 '성수만세'聖壽萬世를 봉창했다.

1942년 대전역, 전선으로 출병하는 조선의 청년들을 배웅하는 이 땅의 가련한 어머니들. 그들이 손에 들고 흔든 일장기와 "덴노 반자이!"는 누구를 위한 것이었을까?

병합이후 이날이 빨리 오기를 얼마나 앙망(仰望)하고 있었던가. 30여 년간 조선 시정중(施政中) 최대의 획기적 업적이고, 특히 남(南) 총독(미나미 지로 총독 – 필자 주)의 내선일체(內鮮一體)의 이념에 현실적인 요소를 넣은 것이어서 실로 찬송할 말이 없다. 지금이야말로 황국신민(皇國臣民)이 되는 대도(大道)가 열린 것이다. 소집을 받을 청년 제군! 제군은 폐하의 방패가 되려는 어신임(御新任)을 얻은 것이다. 이 감격에 울지 않을 수 있을까.
또 일장기에 환송을 받는 세계에 관절(冠絶)한 황군용사를 내 아들, 내 손자 내 동생을 갖는 아버지도 조부도, 형도, 누나도 울어라. 울 수 있는데 까지 울어라. 울음이 그치거든 여하(如何)히 하여 이 감격에 답할까를 종용히 생각하라. 기실(其實) 아등(我等)은 아직도 황국신민으로서의 자격에 부족한 바가 있는 것이다. 폐하의 적자(赤子)라고 말하여 부끄러운 바이다. 그럼에도 불구하고 우리 반도

태평양 전쟁 시기에 제작된
히노마루부채 (앞면, 뒷면)

국방부인회(1932~1942)에서 제작해
전장에 헌납한 부채로 '국방 부인의 노래'와
'총후의 꽃' 노래 가사가 실려서 전장으로 떠나는
아들과 남편을 위해 노래했다.
[홍이표 소장]

> 동포에 이 영광을 사(賜)하옵신 광대무변(廣大無邊)의 어인자(御仁慈)에 봉대(奉對)하여 감사(感謝)의 적성(赤誠)을 봉(捧)하게 됨에 응소(應召)되는 자는 물론 노약남녀(老若男女)는 함께 감분흥기(感奮興起)하지 않아서는 안된다.
> … 취중(就中) 아등(我等) 기독교도는 율선(率先) 몸으로써 이것의 지도(指導)에 당할 정신대(挺身隊)가 되기를 전 동포에 호소하고 또한 서약하는 바이다.
> ("징병제감사기독교신도대회 : 성명서", 「기독교신문」, 1942년 5월 13일)

한국교회의 훼절한 지도자들은 전투기와 기관총 대금을 헌납하고 교회 종鐘과 대문을 떼다 바쳤으며, 많은 청년에게 전장에 자원 입대하라 종용하고 강권했다. 그리고 전장으로 떠나는 장병들에게 일장기를 들어 환송했다. 특히 눈에 띄는 전쟁 부역 활동으로는 동남아시아와 태평양 등지에서 전쟁을 치르는 군인들을 위한 "히노마루 부채 헌납운동"에 동참한 것이다. 이는 전선에서 무더위에 고통 받는 장병들에게 천황에 대한 충성과 애국심 고취를 위해 일장기가 그려진 "히노마루부채"를 다량 제작해 보내는 사업이었다. 한국교회 지도자들도 이러한 일제의 전시 총동원 체제에 동원되거나 적극 동참했다. 1942년 이래 한국교회의 히노마루(일장기)부채 헌납운동에 관한 보도는 적잖이 확인된다. 그중에서 눈에 띄는 기사 몇 개를 소개하면 다음과 같다.

> 원산 기독교연합회 주최로 지난 7월 8일 밤에 중앙교회당에서 지나사변 급 대조봉대 기념예배회를 열고, 부위원장 권의봉(權義奉) 목사 사회하에 국민의례로 시작하여 '성서적으로 본 금차 전쟁'이란 제로 위원장 김상권(金尙權) 목사의 시국 설교가 있었고, 히노마루((日ノ丸)부채 헌금을 한후 폐회하고, 다시 간담회로 옮기어 재미있는 이야기가 있었다 한다. ("원산기련 주최 사변기념예배", 「기독교신문」, 1942년 7월 2일)

> 빗나는 대전과를 거두어 싸우고 잇는 남방의 제일선용사에게 종후의 서늘한 바람을 보내자고 본사에서 제창한 히노마루 부채헌납운동은 사회 각 방면에 큰 반향을 이르켜 연일 적성의 헌납부대가 쇄도하고 잇는 중인데 24일에는 부내 종로 2정목 91번지 조선기독교서회 양원주삼(梁原柱三, 양주삼)씨가 본사를 방문하고 부채 1천본의 대금으로 280원을 기탁하엿다. ("적성의 히노마루 부채 일

천본을 헌납 : 조선기독교서회의 적성(赤誠),「매일신보」, 1942년 4월 28일

남방의 고열 속에서 충용무비(忠勇無比)한 활약을 하고잇는 육해군장병에게 총후국민의 적은 뜻이라도 표하겟다는 본사주최의 히노마루 부채헌납운동의 소문을 들은 의산노회 교직자 혁신회(革新會)에서는 신의주와 의주군 일대에 잇는 각종의 예수교회 단체에 헌납하기를 제의하야 크다란 감격밑에 각 교회 신도들은 1만본을 자신헌납하엿다. 20일 오후 1시 동혁신회장 야마모토(山本得義)씨는 본보 평북지사를 방문하고 1만본 대금 2,800원을 내여 노흐며 겸손한 태도로 다음과 가치 말한다.

귀사에서 히노마루 부채를 헌납한다는 사고를 보고 의산노회 교직자 혁신회에서는 전교도의 헌납을 꾀하엿습니다. 세간에서는 기독교도들은 찬송가나 부르고 기도나 하는 줄로만 알지만 우리들은 신앙보국(信仰報國)이라는 큰 깃발 밑에서 국책에 순응하려합니다. 귀사의 이 헌납운동은 실로 더운지대에 출정한 육해군 장병에게 적지안은 도움이 될 것을 알고저 그나마 1만본을 헌납한것입니다. 이 헌납하는 부채에는 나라에 충성을 다하는 붉은신앙이 잇는 것을 특별히 알아주시기를 바랍니다. ("적성의 히노마루 선자(扇子) 신의주서 만본 헌납 : 야소교도들 애국의 열정",「매일신보」, 1942년 5월 22일)

「기독교신문」 1942년 6월 3일자 기사 "감리교단 충청구역 연회개요"를 보면 여자 사업의 중요사업으로 "일장기부채日ノ丸扇子(히노마루센수) 백본헌납百本獻納"이라는 보고가 확인된다. 이처럼 히노마루부채의 헌납운동은 서울의 대표적인 기독교 기관인 기독교서회를 비롯해 지방의 교회와 여성들에게까지도 요구한 전시총동원 체제 막장 드라마의 한 장면이었다.

1937년부터 1945년까지의 시기는 한국교회사의 굴욕과 암흑의 시대였고, 이 시기 한국의 기독교인들 안에서는 훼절과 순교가 교차했다. 히노마루가 새겨진 부채를 들고 전시 체제 총동원령의 열기에 땀을 식혔을 그 시대의 부채질 소리는 아직도 청산되지 않은 역사의 답답한 현실을 살아가는 우리에게 후텁지근하게 들려오는 듯하다.

일상생활 깊숙이 침투한 일장기

> 사람은 자신이 살아가는 시대의 산물로, 정치·경제·사회·문화의 수혜자이자 생산자이다. 그래서 결혼하고 출산하고 가정을 이루는 것은 시대와 지역에 따라 그 모습을 달리하게 된다. 사람들은 그 시대의 다양한 조건들의 영향을 받으면서 독특하고도 다양한 문화와 관습을 만들어 왔다. 그런 점에서 문화라는 것도 순수하게 문화적인 것은 없고 다분히 정치적이라고 할 수 있다. (박건호, 『컬렉터, 역사를 수집하다 : 평범한 물건에 담긴 한국근현대사』, 휴머니스트, 2020, 236.)

역사학자 박건호는 그의 저작 『컬렉터, 역사를 수집하다』를 통해 민중의 삶의 체취가 깃든 일상의 흔적들을 통해 대중적이고, 미시적인 역사서술의 새로운 가능성을 보여주었다. 그는 12장 "결혼과 출산, 그리고 국가주의"에서 해방 이후 태극기를 게양한 결혼식 문화를 통해 국가주의가 당대 민초들의 삶과 일상에 미친 강한 영향력을 소개하고 있다.

1950년대 태극기가 게양된 결혼식 사진. [박건호 소장]
북한과의 체제경쟁의 과정 속에서 이승만 정부는 한국인의 일상생활에서
국가주의적 상징들을 적극적으로 활용했다.

이런 결혼식 문화의 배경에는 일제강점기 말 군국주의의 영향이 있는 듯하다. 이제껏 내가 수집한 일제말기의 결혼기념사진 대부분은 결혼식장에 일장기가 걸려있다. 일제강점기에 한국인들은 대부분 결혼식장에서 혼례를 치르는 '신식 결혼식'을 하지 않고 예전처럼 신부집에서 혼례를 치렀다. 그런데 특이한 것은 결혼식장에서 '신식'으로 예식을 치르고 남긴 결혼기념사진들, 그 중 특히 일제 강점기 말의 사진에는 어김없이 일장기가 등장한다. 욱일기는 물론이고 일본의 동맹국이던 독일의 나치 깃발이 걸려 있는 경우도 있다. 일제강점기 황국신민화 교육의 일환으로 궁성요배(동방요배), 황국신민의 서사, 암송 강요와 함께 히노마루(일장기)에 대한 배례가 강요되었는데, 그 영향으로 결혼식장에도 일장기가 걸렸을 것이다. 이런 일제강점기 결혼식장의 일장기가 해방 이후 자연스럽게 태극기로 바뀐 것이 아니었을까? (박건호, 『컬렉터, 역사를 수집하다 : 평범한 물건에 담긴 한국근현대사』, 휴머니스트, 2020, 245~247.)

박건호는 "해방 이후 북한체제와 대결해야 하는 이승만 정부가 국민 결속을 강화하는 차원에서 태극기의 상징성을 더욱 강조"했으며, "1950년대 한국인들이 해방을 기쁨을 일상생활에서 표현하는 차원에서 결혼식장 태극기 게양을 실천한 것이기도 하지만, 그 속에 담겨 있는 국가주의와 전체주의는 완전히 벗어던지지 못했던 것"이라고 진단했다.

이처럼 한 시대를 풍미한 지배이데올로기는 그 힘이 세다. 일제 파시즘의 전시체제는 해방 이후 수립된 새로운 대한민국 정부의 위정자들에게도 매력적인 지배논리로 일정부분 수용되고 동원되었다. 아울러 한국전쟁이라는 극심한 동족상잔의 비극을 겪은 이후로는 실제적으로 상존하는 주적을 앞에 두고 더욱더 강고한 국가주의를 주입해야 했을 것이다.

파시즘 시기 일제의 지배논리는 "식민지민의 일상생활 깊숙이 침투한 제국"이었다. 아동들은 '초등학교'에서부터 '황국의 신민'으로서 충성을 맹세하는 서사를 암송해야 했으며, 모든 젊은이는 국가의 미래세대를 생산하기 위한 사명감에 불타며 혼례를 치러야 했다. 결혼식장에 일장기가 게양된 것은 이러한 파시즘 지배이데올로기의 상징적인 한 풍경이었다. 그리고 신식 결혼식장으로 가장 선호한 장소인 교회 예배당은 이러한 풍경이 자연스럽게 연출되는 공간이 되었다. 이러한 교회 내의 일장기(혹은 욱일기) 게양의 풍경은 비단 결혼식에만 국한된 것은 아니었다. 은퇴목회자의 기념식이나 유치원 졸업식 등 교회에서 이루어질 수 있는 대부분의 행사에 자연스럽게 뿌리내렸다. 그렇게 파시즘 시기 한국교회는 국가권력에 철저히 순응함으로써 얻을 수 있는 일상의 안락과 일말의 권력을 향유하며 도적같이 찾아올 해방의 카이로스를 향해 서서히 달음박질하고 있었다.

1 일제말기 일장기와 욱일기를 게양한 결혼식 풍경 [박건호 소장]
2 대전감리교회 인동예배당에서의 결혼식 풍경.
  중앙에는 일장기가, 오른쪽 벽면에는 황국신민서사가 부착되어 있다. [1940년대 초, 김영순 장로 제공]
3 만국기가 게양된 1940년대 교회 결혼식 풍경.
  만국기 중에는 나치기와 욱일기, 일장기 등이 포함되어 있다. [한국기독교역사박물관 소장]
4 1940년대 욱일기와 일장기가 포함된 만국기를 게양한 삼척읍교회 결혼식 풍경
5 함경남도 단천읍교회 보구유치원 졸업식 풍경(1934년)
6 함중노회 강두송 목사 성역 30주년 기념식(1942년)
  예배당 전면 상단에 욱일기와 일장기를 포함한 만국기가 게양되어 있다.

그들만의 제국과 혼종 DNA
십자가와 태극기의 혼합적 변형과 일탈

이순화가 뿌린 혼종 DNA

천부교 박태선, 통일교 문선명, 영생교 조희성, JMS 정명석, 신천지 이만희…. 현대 한국교회와 사회에 끊임없는 논란과 물의를 일으켰거나 일으키고 있는 기독교계 신흥종교들의 면면은 이제 일반 대중에게도 낯설지 않은 이름이 되었다. 해방공간과 한국전쟁의 과도기를 거치며 확산된 수많은 신흥종교의 역사적 뿌리를 추적하면 그 정점에는 정도교의 창시자 이순화라는 인물이 있다.

경북 거창 출신의 이순화(1870~1936)는 평범한 농민의 딸로 성장해 남편 진경성과 함께 1911년 서간도로 이주했다. 그가 38세 때에 다섯 살 아들이 병에 들자 물감장수의 부인으로부터 전도를 받아 예수를 믿고 아들의 병이 낫는 체험을 하게 된다. 이후 기도 생활에 전념한 이순화는 그의 나이 48세 되던 1917년 3월에 계시를 받았다. 그 내용을 요약하면 다음과 같다.

> 너는 이제부터 이 두 가지 기(旗)를 가지고 일을 하여 천하 만민에게 신시대 천국 건설 운동과 진리 방법을 가르쳐서 나의 뜻을 이루고 너희 세계 인류가 천국

복락을 누리도록 하여라. …

품질 좋은 단군 자손들아! 성신으로 교통시켜 줄 것이니 시급히 **독립운동을** 일으켜 자주독립국가를 건설하여라. 그리하여 내가 너희 나라에 거하여 심판 권세 가지고 인간들의 모든 죄악을 심판 후에 천하만국을 통일하여 일체로 화평케 다스려 천국 복락을 줄 것이고 만일 너희 나라가 독립 국가가 되지 못하면, 내가 너희 나라에서 거할 수 없고, 세상은 불원간 망할 것이니라. …

각국 각처에 살고 있는 조선 민족은 태극기를 만들어 조선으로 돌려 보내주어라. 이같이 하라고 하는 뜻은 내가 이 천지 구만년 천국 시대에는 조선에 거하여 각국 대표자들을 없애버리고 통일 천하에 한 법으로 다스려 일체로 천국 복락을 누리기 위함이니 … (탁명환, 『한국의 신흥종교 : 기독교편 3권(개정판)』, 1992, 311.)

기도 중에 세계통일평화 지상천국을 의미하는 녹십자기綠十字旗, 세계정돈평화시대를 의미하는 태극팔괘기太極八卦旗는 정도교 창교주 이순화 신앙운동의 가장 핵심적인 상징이었다. 이순화와 그의 추종자들은 1919년 3·1운동 당시 서울 4대문에 녹십자기와 태극 팔괘기를 달고 예수교 찬미가와 독립만세를 부르다 일경에 체포되어 옥고를 치렀다. 당시 일제는 예심종결 결정서에서 다음과 같이 이순화와 그의 추종자가 시위 도중 배포한 불온문서의 내용을 소개하고 있다.

기미년 6월 26일 천명(天命)을 받아서 천하 만민에게 고한다. 나는 천(天), 인(人), 만물을 만들어 나라마다 그 대표자를 정해두었는데, 각 대표자들은 사욕(私慾)으로 분쟁을 일으켜 만국을 부패시킨 것이다. 나는 일찍이 조선나라에 만국독립기인 (태극)팔괘기와 십자기를 부여했는데도 너희들은 그것을 잘 수호하지 못하고 소멸하고 말았다. … 선천(先天)시대에 사용하던 기는 전부 파기하고 내가 주는 팔괘기와 십자기를 게양하면 만국만민이 구제될 것이다. 나는 천사에게 명하여 만국대표기를 경성 동서남북 사대문에 세움으로써 6월 29일을 기해 어떤 사람이라도 이 기를 수호하면 복을 받을 것이다. 또 일본 민족과 조선 민족은 서로 융화하여 부패시키고 망치는 일을 중지하면 마른 나무에 꽃이 피는 것과 같은 시대가 올 것이다. (「경성지방법원 예심종결 결정서」 [1920년 4월 20일] 중에서, 탁명환, 『한국의 신흥종교 : 기독교편 3권(개정판)』, 1992, 313.)

서대문형무소에서 3년 6개월의 징역을 마치고 1923년 출옥한 이순화는 1924년 3월 초 400여 명의 신자들을 이끌고 충남 계룡산 신도안으로 들어갔다. 그는 이곳에서 '정도교'라는 이름으로 포교 활동을 하다 1936년 1월 26일 67세의 일기로 병사했다. 이순화의 별세 후 정도교의 2대 교주는 그의 아들 진영수가 맡게 되었고, 이후에도 조선독립과 태평양전쟁에서의 일제패망, 천황제에 대한 비판 등으로 일제의 검속과 탄압을 겪었다.

정도교 2대 교주 진영수와 함께 한 故 탁명환 소장.
정도교 교당의 전면에는 녹십자기와 팔괘태극기가 게양되어 있다. 故 탁명환 소장.

정도교는 체계적인 교리와 예전 시스템을 구축하는 과정에서 하나님이 "천국 건설의 중심지로 한국을 예정"해 놓았다는 점을 강조하며, "만국에서 국어, 국문, 국기를 다 일체로 없애버리고, 한국어와 국문, 한국기(태극기) 그리고 녹십자기를 세계만방에서 다 같이 사용하도록 할 것"이라는 민족주의적 성격을 교리에 표방했다. 이러한 내용들은 이순화가 받은 계시를 경전으로 정리한 『정도교 법문』에서도 구체적으로 드러나며 『정도교 성가』의 다양한 곡들에서도 태극기와 십자기의 상징성과 중요성에 대한 언급이 다수 확인된다.

1. 펄럭이는 녹십자기 계룡주산 형제봉 밑
   지상천국 기호므로 우리 함께 모셔오세
2. 녹십자 팔괘기는 신시대의 표준기호
   만민들의 생문방길 구원기호 분명하다.
3. 성스럽고 거룩하신 성부뜻을 깨달아서
   썩은 세상 바로 잡아 빛 세계를 맞이하세
4. 천하만민 형제들아 일심통일 단결로써
   십자기 뜻 깨달아서 영생길로 걸어가세
5. 신시대의 녹십자기 반공중에 높이 솟아
   날으는것 바라볼 때 기쁘고도 즐겁도다

(『정도교 성가』 제59장 "성부 뜻을 깨달아서 십자 팔괘 높이들고 천국 건설" 중에서)

징도교의 정기예배는 매월 음력 9일, 19일, 29일 총 3회를 시행했으며, 태극팔괘기와 녹십자기가 장식된 천단天壇에서 녹십기가 그려진 신도복을 입고, 머리에는 백색포를 둘렀다.

계룡산에 있었던 정도교 본부와 그 신자들. 유니폼에는 녹십자가 그려져 있고, 양쪽에 녹십자기와 팔괘태극기를 들고 있다. 제단도 녹십자기와 태극기로 장식되어 있다. [故 탁명환 소장]

탁지일 교수(부산장신대)는 「현대종교」(2020년 3월)에 기고한 "정도교와 이순화"라는 글에서 정도교가 처음에는 "기독교계 신흥종교운동으로 시작되었지만, 1924년 계룡산 신도안에 정착한 이후로는 정감록과 도참사상이 혼합된 '신흥종교'로 변형"되었으며, 또 일제강점기라는 비정상적인 역사적 상황에서 "항일운동을 과감하게 실천"했다는 점에 주목했다.

이순화의 정도교가 한국 기독교계 신흥종교의 발흥과 확산에 지대하고 절대적인 영향을 미친 지점은 이러한 굴절된 민족주의적 혼합종교의 효시를 이루었다는 측면이다. 새로운 천국의 도래와 정도령 혹은 메시아의 출현을 예고한 이순화의 논리는 이후 한국 기독교계 신흥종교 세력에 파급되었다.

새주파의 김성도와 그 후예들

이순화와 더불어 서북지역에서 발흥한 새주파(성주교) 김성도는 이순화가 보여준 민족주의적 특성을 답습하면서도 현대 기독교계 신흥종교의 윤리적 일탈에 명분을 제공하는 교리의 해석과 변형을 모색했다.

1923년 음력 4월 2일에 김성도는 입신하여 천군천사들을 만났고 영계에 들어갈 때에 사탄의 방해를 받았으나 이기고 들어가서 예수를 만나 대화를 나누었다고 한다. 그때 예수와 나눈 대화 속에는 죄의 뿌리가 음란이라는 이야기가 있

있고, 그 열흘 뒤인 음력 4월 12일에는 예수와의 두 번째 면담이 있게 되었는데, 이때 예수로부터 '재림 주님이 육신을 쓴 인간으로 한반도에 온다.'는 말을 들었다고 한다. (최중현, 『한국 메시아운동사 연구』, 생각하는백성, 1999, 24.)

'새주파'라는 이름은 "새 주님이 나타났으니 회개하라"는 메시지에서 유래한 것이었고, 이순화의 한반도 메시아 도래설 외에도 죄의 근원이 '음란'이라는 논리를 구축한다. 이는 아마도 세 번째 결혼한 남편과의 결혼 생활, 아들의 죽음과 상실, 시집 가족들의 기독교 신앙에 대한 박해 등의 경험으로 가부장적 권위주의와 남성 중심적 폭력성에 대한 거부감과 혐오가 작용한 성서해석의 새로운 시도였다고 볼 수 있다. 이러한 논리는 이후 새주파에 합류한 예수교회의 창립 주역 백남주 목사와 그의 제자 김백문이 체계적으로 계승해 나간다. 김성도의 신비체험과 성적 타락설, 한반도 재림주 도래설 등의 주장을 문제시한 당시 한국장로교회는 1925년 소속교회로부터 출교 처분을 내렸다.

새주파 교주 김성도(좌)와 그의 사상을 체계화한 백남주(중앙)와 김백문(우)

백남주는 신비주의자 스웨덴보르의 사상에 영향을 받아 저술한 『새 생명의 길』(1933)에서 "구약, 신약, 새 생명의 시대"라는 "삼시대론"을 펴면서, 이 시대에 새로운 구원자가 도래할 것이라는 신흥종교 이론을 개진했다. 또 그의 수제자 김백문은 1937년 새주파의 성주교 창립 예배 당시 사회를 볼 정도로 백남주와 김성도의 메시지에 깊은 영향을 받았다. 해방 이후 경기도 파주에 '예수교 이스라엘수도원'을 시작한 김백문이 저술한 『성신신학』((1954)과 『기독교 근본원리』(1958)는 인간의 타락을 성적 타락에서 출발한다고 보고, "구약, 신약, 성약시대"의 삼시대론을 계승하며 이후 문선명의 『원리해설』(1957)과 통일교(1954)의 발흥에 깊은 영향을 미쳤다.

이러한 이순화와 김성도라는 신비적 계시 신앙의 역사적 노정에서 배태된 한국 기독교계의 신흥종교들은 "구약과 신약 시대 이후의 새 메시아의 시대"를 천명하며, "그러한 역사가 성취될 땅은 한반도가 될 것"이라는 새로운 세계인식을 공유한다. 이는 기독교 신앙이 굴절된 민족주의와 동양 종교적 요소들이 혼합되어 근대화와 식민지, 전쟁이라는 혼란기의 역사적 콘텍스트 하에서 공포와 불안에 시달리던 민중의 영혼 속으로 빠르게 파급되어 갔다.

이순화의 정도교나 김성도의 성주교는 해방 이전까지도 항일적인 면모를 보이며 나름 민족주의적인 가치와 기독교 신앙을 조합하고자 모색했다. 하지만 그 후예들이라 일컬어지는 여러 상이한 신흥종교 분파들은 영적 투쟁의 대상이 상실된 해방정국과 분단 체제하에서 그 민족적 정체성은 교리적 사원에서의 선언으로만 전락한 채 동일교의 문선명, 천부교의 박태선, 동방교의 노광공, 세계일가공회의 양도천, 새마을전도회(천국복음전도회)의 구인회, 대한기독교천도관의 천옥찬, 만교통화교(에덴문화연구원)의 김민석, 영생교의 조희성, JMS의 정명석, 신천지의 이만희로 이어지는 변이와 진화 과정 속에서 정치적 편향성과 내적 교조화에 함몰되어 갔다. 이들의 공통점은 대개 교주가 한반도에 도래한 새로운 메시아이며, 민족적 가치와 태극의 이미지를 적극 활용했다는 점이다. 특히 문선명, 양도천, 구인회, 천옥찬, 김민석 등은 태극 문양을 종교적 행위와 상징, 교리 등에 적극 활용해 포교했다.

최근 태극기 집회에 참여한 통일교도들.

1975년 통일교에서 개최한 구국세계대회(서울 여의도). 이 대회에서 100만 인파가 운집해 당시 국내 최대 규모의 행사였다. 행사장 좌우에는 욱일기와 유사한 형태의 통일교 상징이, 중앙에는 만국기와 태극기가 게양되어 있다.

이순화 이후 한반도 메시아 도래의 계시와 백남주, 김백문으로 이어지는
'3시대론'은 이후 한국 기독교계 신흥 메시아종교들을 양산했다.

세계일가공회 교주 양도천의 모습(좌)과 세계일가공회의 심벌(우)
중앙에 태극 문양과 십자가가 겹쳐 있다.

천국복음전도회 교주 구인회의 묘(좌)
구인회 전도집회 포스터(우)

교주 구인회는 박정희 정권에 대한 적극적 지지를 표명했음에도
1975년 사이비종교 일제단속 과정에서 구금되어 옥사했다.
그의 묘에는 태극 문양과 함께 '재림예수님의 묘'라는 비명이 적혀있다.

스스로 민석대왕 심판주로 칭한
만교통화교의 김민석.

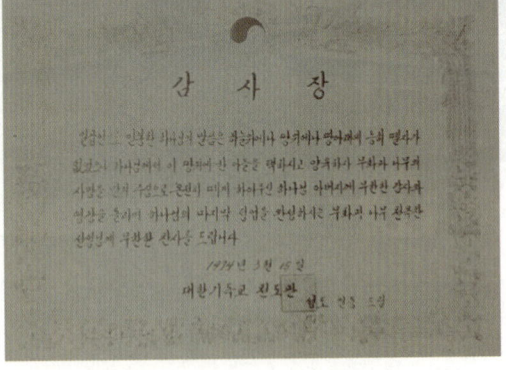

전도관 출신의 천옥찬은 박태선의 감람나무 사명은 끝났고
자신의 무화과 나무 사명이 시작되었다고 주장하며
대한기독교천도관을 창설했다. 천도관 강단에 게시된
교인들이 교주에게 헌사한 감사장의 중앙 상단에는
태극 문양이 그려져 있다.

이상 [故 탁명환 소장]

최근 사회적 물의를 일으키고 있는 신천지도
'태극기'를 포교에 적극 활용하고 있다.
태극기를 든 신천지 교주 이만희.

시온산 제국이 세운 망각지대

이순화에서 신천지로 이어지는 한국 기독교계 신흥종교의 흐름과는 별개로 경북지역 장로교를 기반으로 일제에 저항하며 독자적인 신앙 운동을 전개했던 박동기(1907~1991)의 시온산제국도 주목하지 않을 수 없다. "일본의 제국주의와 싸우라"는 하나님의 계시와 명령을 받들어 1944년 독자적인 항일적 국가체제와 600여 명의 정부 관리를 조직하고, 국기國旗까지 제작해 공포한 일명 '시온산제국'(시온산성일제국[시온山聖逸帝國])은 1945년 5월 경북 경찰부에 발각돼 지도부 33명이 체포된 사건으로 널리 알려져 있다.

시온산제국기. 시온산 제국 국기는 중앙의 정사각형(4방을 상징) 안에 녹색 원이 그려져 있고, 그 중앙에 적색 십자가와 광채가 형상화되어 있으며, 십자가를 무궁화 꽃이 하단부를 둘러싸고 있다. 중앙 정사각형 미지 외곽에는 흰색, 녹색, 적색의 가로줄이 반복되어 일곱 번(흰색은 여덟 번) 겹쳐진 배경을 이루고 있다. 시온산제국기의 도안은 철저히 요한계시록을 중심으로 한 성경에 기반해 있으며, 유일하게 무궁화 꽃은 성경과 관련 없는 민족적 상징으로 삽입되었다. "무궁화의 가장 큰 특징은 초여름부터 늦가을까지 계속 꽃이 피는 것인데 그래서 무궁화이다. 이것은 적그리스도 나라 군국주의 일본제국의 국화인 벚꽃이 며칠 안에 일제히 피고 지는 것과는 대조적이다. 요한계시록 4장 8절에서 하나님은 전에도 계셨고 이제도 계시고 장차 오실 이로 말함은 영원무궁하신 이라는 뜻이다. 그러므로 무궁화는 하나님의 영원무궁하심을 상징하였다." 정운훈, 『시온산 예수교 장로교회사』, 시온산예수교장로회 선교부, (1997)

박동기는 포항교회 전도사 시절, 일제의 신사참배 강요에 대한 비판 설교를 하다 경북 청송으로 피신해 기도하는 중 1940년 11월 29일 영적 체험을 한 뒤 조선의 독립과 지상천국 건설을 위해 기성교회를 이탈한 신자들과 함께 독자 교단을 설립했다. 그는 자신의 교회만이 진정한 교회이며, 이 믿음으로만 구원에 이를 수 있다는 주장으로 1944년 7월 7일을 예수 재림의 날로 정하고 신자들을 규합했는데, 이러한 시한부 종말론은 많은 신자에게 실망을 끼치고 무위로 끝난 바 있다. 교주의 성경에 대한 주관적, 독선적인 해석과 예언이 번번이 그 오류가 드러나게 되자 결국 신자들의 반발과 한계에 봉착한 그는 마침내 개인적 문제까지도 성경을 적용해 내부적인 반발과 논란으로 분열되었다. 하지만 박동기는 보수적인 신앙과 성경에 근거한 말세 신앙으로, 일제를 "음녀의 나라", "사탄 용의 나라"라고 규정하며 신사참배와 일장기 배례 등을 거부하는 항일운동으로 독립운동사의 한 페이지에 기록되고 있다.

박동기 전도사 [故 탁명환 소장]

박동기의 시온산제국이 이순화의 정도교와 차별되는 점은 해방 이후 대한민국 정부 수립의 과정에서 요구된 의부교육과 국가의례에 대해서도 매우 적극적으로 반발했다는 점이다. 해방 후 '시온산예수교장로교회'로 이름을 고쳐 재건한 시온산교회는 대한민국 정부 수립 당시 국가 상징으로 채택된 태극기를 '태극점복기'라고 폄하하며, '점복기 개정운동'을 펼쳐나갔다. 이는 '시온산제국'이라는 독자적이고 실제적인 기독교 국가 수립을 모색했던 종교집단으로서 해방 이후 대한민국 정부의 수립은 일정 부분 수용하기 어려운 상황이었던 것으로 짐작된다.

1949년 11월, 경북 의성에 공비들이 출몰해 민가를 습격한 사건이 발생했는데, 당시 경찰은 시온파 신자들을 소집해 지서로 연행했다. 당시 이들이 연행된 죄목은 태극기에 배례를 하지 않고 자녀들을 학교에 보내지 않는다는 것이었다. 탁명환은 당시 검찰의 심문내용을 다음과 같이 정리해 소개한다.

시온산교회의 간부들 [故 탁명환 소장]

[문] 태극기를 왜 반대하는가?

[답] 태극기를 반대하는 것이 아니라 창세기 1장 1절 창조론에 비추어 태극(太極)의 시조 '태호복희'(太昊伏羲)도 한낱 피조물임에도 불구하고 태극이 조판(造版)이라 하니, 첫째 성경 창조교리에 배치되고, 둘째 성경은 하나님을 시조로 하고 역경(易經)은 태호복희로 하니 피차간 시조가 다르다.

[문] 기독교도로서 경배는 못할지언정 경례와 목례를 행함은 어떠한가?

[답] 태극기뿐만 아니라 성경이나 십자가기라고 할지라도 숭배의 대상으로 예배의식에 적용하는 것이 불가한 것은 그 자체를 우상화하기 때문이다.

[문] 신도중에 병역의무에 대하여 말하기를 '태극기를 폐지하고 십자가기를 세운다면 총검을 메고 백두산봉까지 솔선 돌진한다'고 했다는데 그 이유는?

[답] 그것은 그 신도가 우리 교리에 정통하지 못한데서 한 말인데 만약 경배의 대상물로 삼을 때는 태극기나 십자가인 경우에나 동일하다. 그 이유는 그것들이 인격적 존재가 아니기 때문에 그 자체를 자작신(自作神)으로 신격화, 우상화하기 때문이다.

[문] 의무교육에 대해서는 어떻게 생각하는가?

[답] 어느 교육기관에서든지 우상숭배의 행사가 있어서는 안 될 줄 생각한다.

("대구지방검찰청 의성지청 심문조서", 1949년 11월 14일. ; 탁명환, 『한국의 신흥종교 : 기독교편 3권(개정판)』, 1992, 183~184쪽에서 재인용.)

시온산교회는 태극 사상을 성경의 창조론에 위배되는 것으로 보았으며, "주역과 태극 원리가 성경에 배치됨을 말씀으로 증거"하기 위해 태극기를 거부한다고 밝힌다. 이는 '태극' 문양 자체의 사상적, 신학적 이질성 혹은 비기독교적 성격을 이유로 태극기 자체를 거부한 현상으로 그동안 '국기배례'라는 행위 자체에 거부감을 드러내며 저항해 온 일반적인 보수 기독교의 주장과는 매우 차별화된 양상이었다. 그러나 이들의 이러한 주장은 분단과 좌우분열, 반공 이데올로기에 의해 용공으로 치부되었다.

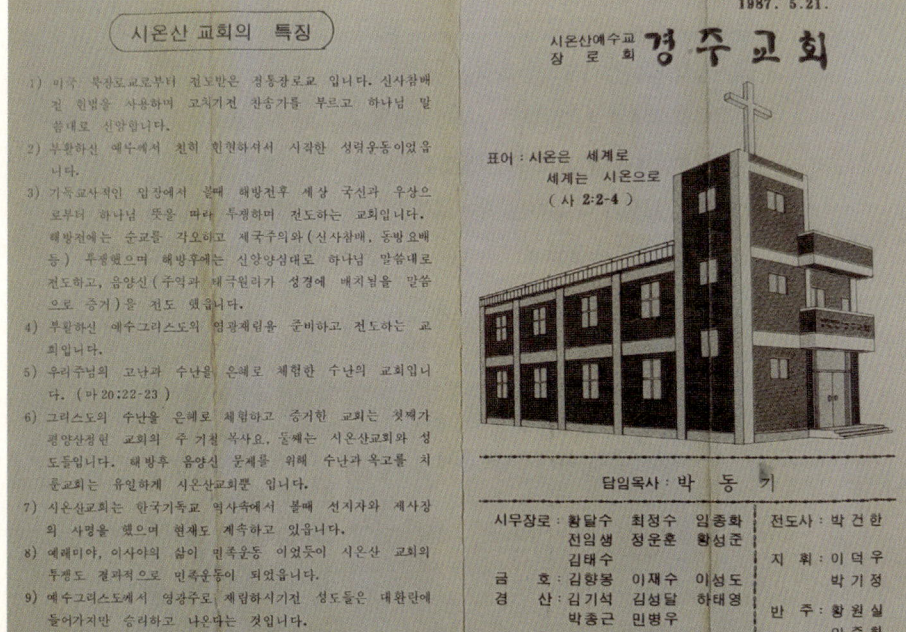

경북 경주시 황성동에 건축된 시온산예수교장로회 경주교회의 주보(1987년 5월 21일)
주보의 한 면에는 시온산교회의 특징을 상세히 적어 놓았는데, 장로교회의 정통성을 계승함과
아울러, 일본 제국주의에 저항하고, 해방 후에는 하나님의 말씀대로 전도하며 음양신[태극]
문제를 지적하며 수난과 옥고를 치른 유일한 교회라고 밝히고 있다. [故 탁명환 소장]

시온산제국의 교주 박동기는 1950년 1월 5일 내무대신 정운권, 농무대신 정운훈과 함께 남대구서에 연행되어 전기고문과 가혹한 심문을 10일 동안 받아야 했다. 그리고 박동기는 사찰계원들의 회유에 타협하여 「대구일보」 등 신문지상에 다음과 같은 성명을 발표했다.

〈성명서〉
1. 우리 대한민국 국민으로써 태극기를 지지하고 대한민국 시책에 순응할 것.
2. 에스겔서, 다니엘서에 대한 과격한 해석을 중지할 것.
3. 정감록과 주역을 성경에 대조해 해석하지 말 것.
4. 국기개정운동을 합법적으로 전개할 것.
5. 세상만국 교회가 다 어린양 예수 그리스도의 몸된 신부인즉 박동기 1인만 신부라고 호칭하지 말 것. (탁명환, 『한국의 신흥종교 : 기독교편 3권(개정판)』, 1992, 185쪽에서 재인용.)

이 성명은 그동안 강경하던 시온산제국 지도부의 항복선언으로 읽혔다. 그 후로 시온산제국은 고故 탁명환 소장의 일성처럼 "교회사 속의 망각지대"로 침잠해 갔다. 하지만 한국 기독교계 신흥종교의 흐름과 이순화를 정점으로 한 종교혼합적 신흥종교의 확산세 속에서, 대조되는 규범적이고 폐쇄적인 신앙 논리로 태극기의 국기 채택 자체를 문제 제기하며 해방 이후 국가와 갈등을 빚은 기독교계 신흥종교라는 점에서 그들의 차별성이 주목된다. 이러한 시온산제국의 정체성과 신학적 논리구조는 같은 시기 전개되는 한국 기성 개신교회의 국기배례(경례) 거부 운동과 그 신학적 궤를 같이한 것이라고 볼 수 있다.

이렇게 해방과 분단이라는 격변 속에서 기독교계 신흥종교는 태극기를 둘러싼 양분된 논리에 천착해 갔으며, 그 결과 혼종적 신흥종교의 실제적 득세가 현실화되었다. 이는 신비체험과 성경에 입각한 배타성의 논리에 충실한 교주(시온산제국 박동기)보다는 민족적 정서에 타협하고 분단과 전쟁의 비극 속에서 생존과 번영을 약속하는 매혹적인 메시아(통일교 문선명, 천부교 박태선 등)를 민중이 더 갈구하고 욕망했던 까닭은 아니었을까. 그렇게 태극기는 해방과 분단, 전쟁이라는 예상치 못한 역사적 노정 속에서 대중의 욕망을 투영하는 폿대가 되어가고 있었다.

STORY 5

태극의 길, '그리스도인'과 '책임 있는 시민'의 조화

1987년 6·10 항쟁 당시 부산에 휘날린 태극기

국기 배례와 주목례 사이에서
해방 직후 '교회와 국가'의 갈등과 뒤바뀐 '보수'의 자리

일장기에서 태극기로

해방이 되었다. 그동안 옥죄던 일제의 회유와 압박에서 잠시 자유를 찾는 듯했다. 그러나 한국교회는 이내 해방 이전 훼절과 부역의 유무·정도를 놓고 정죄와 논쟁에 몰두하며 분열을 향해 가고 있었다. 그리고 일장기가 게양되었던 교회와 학교의 자리에는 '정부'와 '민족'이라는 새로운 억압 기제가 대치代置하고 있었다.

한반도는 분단되었고, 남한 지역은 미군정이 시작되었다. 약 3년간 지속된 미군정기 동안 한국 사회는 남북으로, 좌우로 분단되고 분열되었고, 교회도 이 모든 갈등으로부터 자유로울 수 없었다. 특히 일장기를 게양하던 교회에 태극기가 게양되자 적지 않은 기독교인들은 당황했다. 조국의 자주독립을 염원하며 교회 지하에서 태극기를 제작하고 만세 운동을 주도했던 기억은 아련한 무의식으로 침잠한 것일까. 해방 직후 일부의 기독교인들에게 태극기는 국가의례라는 미명 하에 강요된 신사참배와 일장기 배례를 연상케 하는 트라우마의 매개로 전락해 있었다. 아직 가시화되지 않은 독립 국가 건설의 구호와 청사진은 이미 익숙한 파시즘기 일본제국의 퍼

포먼스와 구호를 답습하며 신자들의 일상에 침투하였다.

점령 직후 신속한 치안 유시와 정국안정을 모색한 미군정에 의해 재발탁된 친일부역 인사들(식민지 엘리트들)은 빠르게 정부 요직과 경찰, 군사, 교육, 문화, 종교계에서 헤게모니를 장악했고, 이전에 누리던 특혜와 기득권을 유지, 확대해 나갈 수 있었다.

"애국심은 악당들의 최후의 피난처가 될 수 있다" – 사무엘 존슨

그렇다. 해방공간, 친일부역 세력은 '애국'이라는 이름 뒤에 숨었다. 예상치 못한 분단체제는 '반공이 곧 애국'이라는 도식을 정당화해 주었으며, 반공 노선을 선명하게 견지한 미군정기 친일부역 세력은 태극기를 마치 수개월 전 일장기를 다루던 그 눈빛과 애정으로 신성하게 여기는 데 주저하지 않았다. 오히려 이러한 기괴한 풍경을 목도하며 당시의 양심 있는 시민과 기독교인들은 아연실색하지 않을 수 없었을 것이다.

해방 직후 이제부터라도 순전한 신앙을 지켜나가자 다짐한 해방공간의 원칙적 신앙인들은 국가國家도 국기國旗도 언제든 우상으로 변질될 수 있다는 기억과 경계를 자연스럽게 담지했다. 그리고 여전히 일제강점기와 동일하게 "국기에 대한 배례"(허리를 90도 굽혀 절을 하는 의례 형식)를 실시하고 있는 학교 교육에 심각한 문제의식을 느끼기 시작했다.

당시 부산 금성중학교에 재학 중이던 손양원 목사와 손명복 목사 자녀들은 학교의 조례 시간에 국기배례를 실시하자 이를 거부했다. 안동의 이원영 목사도 국민학교에서 국기배례를 강요하자 자녀들을 학교에 보내지 않았다. 특히 이원영 목사 딸 이정순은 국기배례에 참여하지 않기 위해 안동여중에서 대구 신명학교로 전학하기까지 했다.

퇴계 이황의 14대 손인 봉경 이원영 목사.
그는 해방 직후 국기배례에 거부한 딸을
대구로 전학시키기도 했다.

1946년 9월 고려신학교가 부산 좌천동의 일신여학교 2층을 빌려 개교할 당시 여학교 학생들이 국기배례를 하는 모습을 본 신학생들이 항의한 사례도 있으며, 1947년 경기도 파주 봉일천국민학교에서는 죽원리교회를 다니는 남준효 학생이 처음으로 혼자 국기배례를 거부하는 사건이 발생하기도 했다.

이러한 미군정기 학교 교육 현장에서의 국기배례를 둘러싼 갈등이 처음으로 지역사회에 불의를 일으킨 시점은 1947년 3월 즈음이었다. 이때 안동농림중학교(현 한국생명과학고등학교)에서 국기배례를 거부한 학생 5명이 정학 처분을 당했던 것이다.

안동농림중학교 전경

(안동 19일발 UP조선) 지난 7일 안동농림중학교에서는 벌써부터 전(前)교장과 열여덟 직원 사이에서 알력이 있었다는데 교유전근(敎諭轉勤, 교사 인사이동 –필자 주)이 발단 되어 직원의 교장 배척(排斥)으로 총사직(總辭職)을 감행하였다. 교장은 휴교를 선언하였으나 그 후 쌍방 교섭은 결렬되어 11일 직원 측은 1. 전 직원을 복직시킬 것, 2. 금후 직원의 전근 및(及) 재직을 보장할 것, 3. 교장의 독재배척 등의 7조항을 요구하고, 이어서 학생(생도) 측에서도 역시(亦是) 1. 교장의 독재배척, 2. 교장의 교유(교사)에 대한 성의부족 등을 항의하였다. 그 후 생도 측에서는 급속복교를 탄원한 바 있었는데, 일방(한편), 학부형회장이 21일

도(道) 학무과에 가는 등, 당지에서는 학원의 불상사가 처음인 만큼 일반의 물의가 자자하다. ("민의 무시한 교장: 안동농림교 불상사 발생", 「서울석간」, 1947년 3월 20일)

1947년 3월 안동농림중학교에서 발생한 사건은 당시 교장의 독재적 행태와 이로 인한 교사들과의 갈등, 학생에 대한 과도한 징계 등이 사유가 된 것으로 보인다. 물론 그 징계에는 국기배례를 거부한 5명의 학생에 대한 퇴학 조치도 포함되어 있을 것이다. 사건 발생 한 달 반 쯤 후의 기사에서는 다음과 같은 의미심장한 지적이 발견된다.

[경북안동지국발] 안동농림중학교에서는 지난 1일 불순분자 그리고 교내질서 교란자라는 다수의 학생을 퇴학 처분하였다 한다. 그런데 동교 교장 전영한 씨는 일제시대의 도회의원(道會議員), 해방 후에는 독촉회장(獨促會長, 독립촉성중앙협의회 – 필자 주)이라하며, 이번의 다수 학생 퇴학처분에 대하야 비난이 크다. ("안동농림중학서도 다수 학생을 퇴학", 「독립신보」, 1947년 5월 9일)

학생들을 '불순분자', '교내질서 교란자'로 몰아 퇴학 처분한 교장 전영한 씨는 불과 수년 전 일제강점기에는 일제 당국에 협력하는 도회의원道會議員이었지만, 아이러니하게도 현재는 독립촉성협의회 회장을 지내면서 지역사회의 지도층, 교육자로서 대규모의 학생들을 퇴학 처분한 것에 대해 지역사회에 충격과 비난이 크다는 점을 들어 우회적으로 비판하고 있다.

처음 5명의 퇴학 처분으로 발발한 사태는 이후 직원들의 반발과 총 사직, 이후 7월 말 재학생들의 시험거부로 이어졌으며, 학교장은 시험거부에 동참한 143명의 학생들을 추가로 퇴학 처분하는 것으로 응수했다. 그 사태의 전개 과정이 몇몇 언론에 보도되었으며, 그 대강의 흐름은 신문지상의 기사 제목만으로도 파악이 가능하다.

보도일자	신문명	제 목
1947. 3. 2	서울석간	민의 무시한 교장 – 안동농림교 불상사 발생
1947. 3.20	부녀일보	안동농림교 소동 – 교장 배척코 교유 총사직
1947. 3.21	부녀일보	안동농림학교 소동해결?
1947. 5. 9	독립신보	안동농림중학서도 다수 학생을 퇴학
1947. 9.13	영남일보	150명 퇴학 처분 – 학무국서 진상조사 착수
1947. 9.19	영남일보	안동농림생 퇴학처분 – 경과 진상을 발표
1947. 10. 2	영남일보	안동농림교사건 복교편입?
1947. 10. 4	부녀일보	민주학원 건설 위하야 전제적 교장 파면하라 – 안동농교 퇴학처분 거부투위 성명
1947. 10.14	부녀일보	150명 퇴학 처분한 안동농교 사건 미해결
1947. 10.14	영남일보	안동 농림교 사건 – 해결은 생도 측 자숙에서

1947년 안동농림중학교 사태가 지역사회에 걷잡을 수 없이 확산되자 도지사와 학무국 장학사들이 조사를 실시했다. 그 과정을 통해 밝혀진 재학생들의 7월 시험거부 사유는 "전에 퇴학당한 5명의 동료를 복교시켜 달라는 요청에 대한 학교의 불응"("안동농림생 퇴학처분 - 경과 진상을 발표", 「영남일보」 1947년 9월 19일)이었다. 이러한 투쟁 과정을 보도한 「부녀일보」 10월 14일자 기사 "민주학원 건설 위하야 전제적 교장 파면하라 : 안동농교 퇴학처분 거부투위 성명"에서는 "날조죄목"으로 5명이 퇴학당했다고 말한다. "친일이력이 있는 학교장의 일방적인 국기배례 강요", "이에 신앙양심상 거부한 일부 학생에 대한 중징계", "교직원과 전교생의 반발과 학사의 파행" 등이 이 사건의 본질에 가까운 설명이 아닐까. 결국 안동농림중학교의 "국기배례 거부사건"은 안동농림중학교 전교생 중 150여 명이 퇴학당하며 학교와 투쟁하는 전대미문의 사건으로 비화하는 촉발점이 되었다.

당시 학교 당국의 국기배례 강요정책에 강한 불만과 경계를 보였던 원로 이원영 목사는 안동농림고교 이홍원 교장을 찾아가 다음과 같이 항의했다.

> 국기에 경배하는 일이 신앙인으로서는 우상에게 절하는 것과 동일하므로 하나님께 범죄하는 것이다. 처벌당한 학생은 어떤 처벌이라도 각오하고 신앙양심에 따라 국기경배를 거부한 것이다. 그 용기와 신념이야말로 국가가 위기에 처하게 되면 참 애국자가 되는 것이다. 또한 양심에 어긋난 것을 '아니오'라고 거절하는 정신을 길러주는 것이 참 교육이 아니겠으며, 다른 민족이 우리 민족을 유린

할 때 용감히 항거할 줄 아는 인물을 길러내는 것이 학교교육이 맡은 중요한 일이 아니겠느냐 ("김세진의 증언", 임희국, 『선비 목회자 봉경 이원영 연구』, 기독교문사, 2001. 220.)

그리고 이러한 안동에서의 큰 소란은 국기배례가 가져올 혼란에 대한 전국적인 사회와 교계의 우려를 고조시킨 것으로 보인다. 같은 해 11월 16일 주일 설교에서 손양원 목사는 "국기 경배에 대하여"라는 제목의 설교(행 14:8-14 ; 마 24:24)를 했다. 그 내용의 전문은 다음과 같다.

국기를 보고 경배하는 것은 망국지본(亡國之本, 나라를 망하게 하는 근본)입니다. 국기 경배하는 나라는 다 망합니다. 조선교회 지도자들이여, 너희는 진정한 선지자의 책임을 다하십시오. 조선의 운명은 조선교회에 있습니다. 하나님의 선지자는 하나님의 묵시를 받아 나라의 흥망성쇠를 말하였습니다. 하나님께서는 선지자에게 다 보여주십니다. 오늘 교회 지도자의 책임은 중합니다.
듣고도 보고도 알고도 말하지 않는 지도자여, 너희 죄는 더욱 중합니다. 나라를 사랑합니까? 국가의 흥망성쇠는 종교에 달려 있습니다. 종교가인 정치지도자들이여, 종교로써 국가를 지배하십시오. 국기 경배는 우상입니다. 예수의 사진에도 경배하지 않습니다.
우상인 줄 알고 섬기는 자가 있고 우상인 줄 모르고 우상을 만드는 자가 있습니다. 성경에서는 사람을 보고도 절을 못하게 합니다. 조선의 삼강오륜(三綱五倫) 중에 절(節) 세 가지가 있습니다. 즉 "여자가 남편에게, 아들이 부모에게, 백성은 임금에게"입니다. 그 외에는 없습니다. 답례할 줄 아는 자에게 합니다. 국기 경배는 우상입니다. 임금의 얼굴을 본 후에야 절해야 합니다.
불신자에게 국기는 기(旗) 행렬 할 때, 만세 부를 때, 나라 경절(慶節) 때 집집에 달아 주는 것입니다. 이것이 국기 자체입니다. 국기는 경배히기 위하여 만든 것이 아닙니다. 국기에 대한 의무는 이 세 가지입니다. 국기의 원리가 지나치면 나라가 망합니다. 조선의 태극기에는 태음(太陰), 즉 우주가 들어있습니다. 우주의 주인이 누구입니까? 주인은 경배하지 않고 주인이 만든 물건에게 경배하니 죄입니다. 나도 태극기를 사랑합니다. 그러나 절은 아니합니다. (손양원, "국기 경배에 대하여", 1947년 11월 16일, 주일설교, 『한국 기독교 지도자 강단설교 : 손양원』, 홍성사, 2009, 55~56.)

손양원 목사는 곧 도래할 대한민국 신생 정부의 미숙하고 어설픈 국가주의의 전횡과 강요가 눈에 선연히 그려졌던 것인지도 모르겠다. 그가 준엄하게 경고하는 태극기에 대한 우상화의 우려는 이내 현실이 되었다. 그 자신도 한국인이기에 태극기에 대한 애정을 부인하지 않으나 절하는 행위에는 결코 타협할 수 없었다. 이렇게 손양원 목사의 경고와 함께 1948년 대한민국 정부 수립의 때는 가까워 오고 있었다.

손양원 목사

태극기, 우상인가 상징인가

1948년 대한민국 정부가 수립되었고, 헌법에는 종교의 자유가 보장되었다. 하지만 정부가 진행하는 국가의례는 일제 말기 파시즘의 악습을 그대로 답습하고 있었다. 김양선 목사는 그의 저서 『한국 기독교 해방 10년사』(1956)에서 "1949년 봄부터 일부의 국가지상주의자들에 의해 태극기에 대한 경례가 강요되기 시작"했다고 지적했다.

해방 직후 남산에 태극기를 게양하는 모습 (1945년)
대한민국 정부수립경축식에서 게양된 태극기 (1948년 8월 15일)

그리고 마침내, 전국 사회와 교회를 뒤흔든 한 사건이 일어났다. 1949년 4월 28일 경기도 파주에서 조리면 죽원리교회(현 대원교회)의 주일학교를 출석하는 초등학생 수십 명이 국기배례國旗拜禮를 거부한다는 이유로 이 학교 교장이 이들 기독교인 학생 42명을 퇴학 처분하는 사건이 일어났다. 다음은 「동아일보」에 소개된 이 사건에 대한 기사인데, 아마도 정부당국의 입장을 소개한 지면으로 보인다.

> 일부 종교인이 국기배례는 우상숭배라고 이를 거부하고 있으나 이는 절대로 우상숭배가 아니오 우리 국기는 우리 국가의 상징이기 때문에 경의를 표하는 것이다. 국가 밑에서 종교를 발전시키는 것이 옳을 것이다. 그리고 국기배례를 거부하여 퇴학 된 학생에 대해서는 만약 국기배례를 승인하면 복교시키겠다. ("談官長安 – 국기배례는 당연", 「동아일보」, 1949년 5월 13일)

1954년 건축 직후의 죽원리교회(현 대원교회)와 죽원리교회 주일학교 교사와 학생들
(1948년 12월 26일) [대원장로교회 소장]

이러한 정부 당국의 논리는 마치 일제 파시즘기 "신사참배는 우상숭배가 아닌, 단순한 국가의례"라고 회유하며 기독교 시도자들을 설득하던 일제 당국의 논리와 매우 흡사하다. 당시 안호상 문교부장관(대종교 핵심인물)은 "극소수의 종교인이 우상숭배라고 해서 국기배례를 반대하고 있는 듯하나 이는 그릇된 해석이며 이는 우상숭배가 아니라 국가의 상징인 국기에 경의를 표하는 것이다. 종교신앙은 자유거니와 국가를 떠난 종교는 있을 수 없을 것이다."(『연합신문』, 1949년 5월 13일)라고 주장했다.

이에 대하여 한국교계에서 일련의 반응이 나타났다. 제35회 장로교 총회(1949년 4월 19~23일)에서는 경남노회와 군산노회의 국기경례 방식 변경에 대한 헌의가 제출되었고, 죽원리교회 최중해 목사는 봉일천국민학교 국기배례 거부사건에 대한 보고를 했으며, 총회는 "국기에 대한 주목례 변경문제"를 손양원 목사에게 맡겨 정부 당국에 교섭하는 것으로 결의했다.

한국기독교연합회(NCCK)는 5월 11일에 이승만 대통령에게 국기배례를 주목례로 하자는 진정서를 제출하여 찬성의 회신을 받았다고 전한다. 그리고 17일 한국기독교연합회 실행위원회 주최로 각 교파 대표 연석회의를 실시해 현 사태에 대한 한국교회의 입장을 다음과 같이 정리해 공표했다.

> 한국기독교연합회 실행위원회에서 17일 기독교 각파 대표와의 연석회의를 열고 국기배례가 우상숭배냐 아니냐를 의제로 격론을 전개한 끝에 국기는 우상이 아니나 현재의 배례방법은 일제 잔재적인 형식이라는데 대체의 의견일치를

보았다고 한다. 피주군 봉일전국민학교의 교인가정 아동의 42명이 국기배례를 거부하여 퇴학처분을 받은 것을 계기로 기독교 각 파에서는 국기배례가 우상숭배가 아니라고 일대파문을 일으켜 그 귀추는 한 개의 사회문제로 주목되었던 것이다. 17일의 연석회에서도 각파간의 의견이 구구하여 좀처럼 통일적인 결론은 얻기 곤란하였다고 하는데 대체 이번의 결론으로 기독교인들의 국기 내지(及) 이의 배례에 관한 태도는 결정된 것으로 동회의(同會議)의 대체결의 내용은 다음과 같다.

一. 국기는 우상이 아니다.
一. 현재의 국기배례방법은 일제잔재적인 형식이다. 따라서 그 결과는 우상숭배라 할 염려가 있다.
一. 국기를 우상화하던 일본과 나치 독일은 패망하였다.
一. 기독교는 애국적인 양심에서 국기의 우상화를 방지하려는 것이다.

("국기배례문제에 기독교 각파 의견일치", 「동아일보」, 1949년 5월 23일)

파주 대원교회에 세워진 100주년 기념 십계명 신앙비.
이 비석에는 "그들은 대원교회 주일학교 학생들이었습니다. 이것 때문에 퇴학당하고 집에서 쫓겨도 나고 이 소식을 들은 전국교회는 기도했고, 대통령에게 진정서가 전달되고, 국무회의를 소집한 대통령은 행사시 '국기에 대한 경례' 대신 '국기에 대하여 주목'(오른 손을 왼쪽 가슴에)으로 결정했고, 학생들은 복교가 되었습니다."라고 적혀 있으며, 뒷면에는 국기배례 거부에
참여한 이들(교장과 부장, 반사, 학생들)의 명단이 새겨져 있다.

죽원리교회 주일학교 교장이었고, 봉일천 국기배례 거부사건으로 구속되었던 최중해 목사.
(1949년 3월) [대원장로교회 소장]

이 기사에서 알 수 있듯이 한국기독교연합회는 국기가 우상이 아닌 것은 인정하지만, 우상화할 우려가 있음을 강하게 피력했다. 한국기독교연합회는 〈국기배례 문제에 대하야 그리스도교의 입장을 천명함〉이라는 8페이지 분량의 소책자를 간행해 적극적인 입장을 펼쳤으며, 1949년 10월 20일에는 안호상 문교부장관의 반反기독교적 문교정책을 조사하는 특별대책위원회를 조직하는 등의 국기 우상화 반대운동을 전개했다. 그리고 대한예수교장로회는 1950년 3월 국기배례를 주목례로 전환하는 것을 요구하는 공개청원서("경애하옵는 이 대통령 각하")를 이승만 대통령에게 제출했다.

결국 이 사건으로 인해 일제의 '일장기 배례'와 유사한 형태의 '태극기 배례' 의식은 기독교적 규범과 신앙 양심으로서 수용하기 어려운 우상숭배로 인식되어 당시 친기독교적 성격을 지녔던 이승만 정부로부터 '배례'拜禮를 '주목례'注目禮로 전환하는 역사적 변화를 이끌었다.

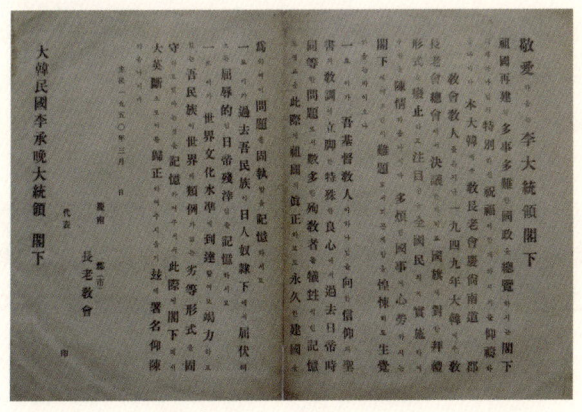

대한예수교장로회에서 국기배례를 주목례로 전환할 것을 요구한 공개청원서 "경애하옵는 이대통령 각하" (1950년 3월) [한국기독교역사박물관 소장]

지난 25일 개회한 국무회의에서는 종전에 실시하고 있던 국기에 대한 예식을 변경하기로 결정하였다. 즉 우리가 국기에 대하여 존경하며 애국심을 가지는 것은 국기가 민족을 대표하는 상징인 까닭에 종래 우리가 허리를 꾸부리고 배례하는 것은 일제식이고 우상숭배의 형식에 가까우므로 금번에 이를 변경하여 다만 국기에 대하여 주목하면서 부동자세로 '차렷' 한 후에 오른편 손을 왼편 가슴 심장 위에 대기로 하였다. 그런데 군인 및 경찰관만은 종전예식대로 실시하게 되었다한다. 또한 각종 의식 때에 묵도는 일체 폐지하기로 되었다 한다. (이상 동아일보 제847호에 기록된 대로 옮겨 적음) ("국기에 대한 예식을 변경 : 오른편 손을 왼편 가슴에", 「조선감리회보」, 1950년 4·5월호, 15.)

'배례'에서 '주목례'로 바뀌었지만

1949년 국기 배례 제도가 주목례로 변경되었지만, 봉일천국민학교 국기배례 거부사건 이후로도 함평국교와 안동 남후국교, 1950년대에 들어서도 횡성 공근국교와 거창 위천국교, 울산 방어진초급중학교 등에서 다양한 유형의 국기배례 거부와 탄압사건이 발생했다. 관련 기사들을 정리해 보면 다음과 같다.

지난번 국기배례거부 문제로 파주군 봉일천과 고양 지도국민학교 아동 수십 명이 퇴학처분을 당하였다 함은 기보한 바이어니와 함평국민학교 교사 임영권(가명, 20)은 기독교 신자로서 요즈음 일부에서 국기우상론(國旗偶像論)이 대두하자 국기배례는 일제잔재 행위이니 주목은 하나 배례는 할 수 없다 하여 학교 당국의 누차에 긍한 주의에도 불응하고 최후에는 사표까지 제출하였는데 학교 당국의 사표수리는 지난번 문교부 방침의 견지로 보나 학원 내에서의 개인자유 행동을 용납할 수 없는 행동이므로 책임자로서 부득이한 일이라고 보고 있다는데, 이 문제는 교육상 견지로나 정치적 관점으로 보아 중대한 문제인 만큼 경시할 수 없을 것이라 하며 전기(前記) 임(교사)는 동교의 모범교원이었던 만큼 동(임) 교사의 사표 제출에는 일반이 애석히 여기고 있다고 한다. ("[각지소식] 국민학교 교사가 국기배례거부 : 주목은 하나 배례는 일제잔재 해위라고"「호남신문」, 1949년 6월 15일)

기독 신자의 국기배례폐지에 대한 진정문제 - 그것은 부산에 국한된 문제가 아니고 전국적인 문제인 만큼 나로서는 가부(可否)에 대하야 말할 수 없는 일이다. 이 사건처리는 물론 중앙당국에서 할 것임으로 경찰로서는 동태를 조사하여 보고할 따름이나 기독신자의 진정은 실로 유감으로 생각한다. ("최경찰국장, 기자회견담, 양산폭도침입은 보복수단, 이재민들은 응급구호, 기독교인의 국기배례폐지 설동태를 조사",「自由民報」, 1950년 2월 25일)

[방어진] 한동안 진○ 모 중학교 생도가 국기배례를 거부하여 세간의 물의를 일으키고 있○ 기억도 사라지지 아니한 이때 방어진초급중학교 생도 5명이 ○○히 성명(姓名)을 비(祕)합○이 아침 조례시에 국기배례를 거부한 불순생도가 있어 학교당국으로부터 이들 생도에 대하여 단호 퇴학처분을 하였다는데 ○제 그 진상을 탐문컨대 이들 생도는 모두가 기독교 신자로써 우상을 숭배치 아니한다는 그릇된 기독교신조에 서○ 나온 것이라 한다. ("국기배례 거부학생 퇴학처분",「자유민보」, 1950년 4월 23일)

다음 표는 해방 이후 한국전쟁 직전까지 전개된 국기배례를 둘러싼 교회와 국가 간 갈등 상황에 대한 내용이다.

사건시기	내용	결과
1947.	파주 죽원리교회 주일학교 학생 남준효, 국기배례 거부	
1947. 3.	안동농림고교 국기배례 거부사건	거부 학생들 퇴학
1947.	월남 재건교회 무인가 초등학교 운영	박형채 교장, 국가교육 거부
1948. 6.	고양 지도(능곡)국민학교 학생 수십 명 국기배례 거부	몽둥이로 구타 당함. 모두 퇴학처분 후 30여명은 학교에 사과 후 복교조치. 나머지 12명은 서울 모학교로 원거리 통학
1949. 5.	파주 봉일천국민학교 국기배례 거부	42명 퇴학
1949. 6.	함평국민학교 교사 임영권(가명, 20) 국기배례 거부	학교당국의 주의를 받던 중 사직
1949. 8.	안동 남후국민학교 국기배례 거부	50여명 퇴학(김수만 장로 자녀 포함)
1950. 1.	안중섭 전도사의 수난. 공근국민학교 학생들의 국기배례 거부로 전도사가 연행됨	안 전도사는 공산주의자로 몰려 춘천형무소에 수감, 검찰 10년 구형, 수감 80일만에서 주목례 정책으로 변경되어 무죄 석방
1950. 3.	거창 위천교회 주일학교 교사와 학생들의 수난. 3·1절 행상에서 위천국교 학생 54명 국기배례 거부	교사와 학생들 군인에게 구타 당해 피범벅이 되고 아수라장. 교사 2명과 53명 학생은 경찰 이감.
1950. 4.	(울산)방어진초급중학교 학생 5명이 아침 조례 국기배례 거부	이로 인해 이들 모두 퇴학처분 당함

해방 직후 국기배례 거부사건 개요(1947~1950)

이후 주목례로 바뀐 상황에서도 1972년 유신체제부터는 다시 국가주의가 강화되면서 유사한 사건들이 재발하였다. (이하 「한겨레21」, 2006년 1월 10일자, 3월 28일자 참조)

1972년 광양 진원중앙국민학교에서 학생 50여 명이 국기경례를 거부하여 경찰들이 10대 학생들을 심문, 체벌, 추궁했으며, 주일학교 교사 양영례 씨는 국기, 국장을 비방한 혐의로 구속되어 징역 8개월에 집행유예 1년 6개월을 선고받았다. 양 씨는 1개월여를 순천교도소에 복역하다 보석으로 풀려났다.

같은 해 제천 동명국민학교 학생들이 국기경례를 거부하는 사건이 발생하자, 경찰은 남천교회 백영침 목사와 주일학교 강태호 교사를 국기 경례 거부를 선동했다는 혐의로 구속했다. 백 목사와 강씨는 자신들의 애국심을 강조하며 종교적 차원에서 우상숭배를 금하는 십계명에 충실하였을 뿐이라는 점을 변증했다. 이들이 2개월 정도 구치소에 있는 동안 험한 조사 과정으로 인해 온몸은 피멍으로 얼룩졌다. 하지만 백 목사는 '애국심' 입증에 주력하여 마침내 두 사람은 무죄를 선고받을 수 있었다.

1973년 9월에는 김해여고에서 국기경례를 거부한 기독교인 학생 6명이 제적을 당했다. 교련검열대회 준비 과정에서 35명의 국기경례 거부자가 적발되자 추후 서약서에 연명하지 않는 6명을 교장 직권으로 제적한 것이다. 이에 학생들은 헌법이 보장한 양심과 종교의 자유를 침해당했다면서 제적처분취소 소송을 냈지만 3년여의 재판 끝에 대법원은 학교의 손을 들어주었다.

이상의 사건들을 살펴보면 1970년대의 사법부는 국가주의와 종교적 양심의 자유 사이에서 일관성 없는 엇갈린 판결을 내림으로써 신앙 양심을 지키려 했던 신앙인들을 '반국가, 사상범'으로 낙인찍는 결과를 낳았다. 더욱이 이들의 행동에 대하여 주변 기독교인들도 그들의 행동을 극단적이라고 평가하며 냉소했다. 1972년 유신체제의 출범으로 더욱 강화된 국가주의와 독재체제에 순응적인 당시 대다수 한국교회의 정체성과 분위기를 엿볼 수 있는 대목이다. 강요된 충성과 국가의 성역화는 마치 1930년대 말 일장기 배례와 동방요배, 황국신민서사 제창을 강요하던 일제 당국과 이에 순응한 한국교회의 모습과 극명하게 오버랩된다.

반면 일제강점기, 불굴의 신앙 의지와 저항정신을 계승하여 독재정권의 국가주의와 국기 숭배의 구습에 저항했던 소수의 보수적 신앙인들은 해방 이후 전혀 예상치도 못한 용공분자, 공산주의자, 반국가사범으로 규정되었다. 분단과 한국전쟁, 좌우분열과 이념대립은 기독교 신앙의 순수성 또한 굴절시키고 왜곡하는 역사의 일그러진 프리즘이 되고 말았다. 분단과 냉전체제는 한국 기독교에서 '보수'의 자리를 바꿔치기 했다. 그 자리에는 일제 말기 교회 지도자들의 권력과 안위를 보장받으며 거래했던 '욕망'이라는 물신, 우상숭배가 슬며시 똬리를 틀고 앉았다.

"국기배례 거부 학생 퇴학 처분" 「자유민보」 (1950년 4월 23일)

"국민학교 교사가 국기배례 거부"
「호남신문」 (1949년 6월 15일)

"국기배례 문제에 기독교 각교파 의견일치"
「동아일보」 (1949년 5월 23일)

교차 게양된 성조기와 태극기
한국교회의 성조기 게양의 노정과 친미주의의 뿌리(1)

지난 토요일과 같이 좋은 날씨는, 7월 4일 미국인들의 축제를 위해 마련된 드문 날씨이다. 맑은 하늘, 산들바람과 향기로운 공기는 이날을 완벽한 휴일로 만들어 주었다. 국방부에서 친절하게 빌려 준 천막이 햇빛을 가려 주었고, 많은 경찰들은 이전에 이런 모임을 본 적이 없는 한국 군중이 밀려오는 것을 제재하고 있었다.

피아노 전주로 기념식이 시작되었고, 이어서 기도를 드리고, 의장 H. G. 아펜젤러가 몇 마디 말을 했다. 애국심을 부르는 몇몇 합창에 이어서 독립선언문 낭독이 있었고, 이어서 연설이 시작되었다.

'동방에 온 앵글로색슨 선교사들'이라는 연설이 있었는데, 정열적인 연설로, 앵글로색슨의 열정과 헌신이 동방 국민들에게 진리를 전하는 과정을 설명하였다. 즉 선교사들이 설교만 하러 여기 온 것이 아니고, 그들 앞에서 모범적 삶을 보여주려고 온 점을 강조하였고, 이렇게 유익한 선교활동의 범위는 인류가 필요로 하는 모든 분야에까지 미쳐야 한다고 했다. 선교사의 봉사 형태는 다양하지만 모든 봉사 속에는 앵글로색슨 문명이 기반이며, 방파제인 그리스도의 복음이 있다고 하였다.

다음으로 우리 목사님의 연설문을 들었는데, 진정한 애국심이란 협소하고 자기중심적인 감정이 아니라 자신의 잘못을 인정하면서 남의 장점을 수용하는 넓고도 관대한 감화력이지 부풀리거나 허세를 부리거나 이상하게 행동하는 것이 아니라고 조목조목 이론을 전개하는 내용이었다. 이 연설은 특히 서울과 같은 국제적인 도시에 사는 모든 미국인들에게 유익한 충고로 들렸다.

(H. G. Appenzeller, "7월 4일 축제"(1896년), 『아펜젤러와 한국』, 배재대학교, 2012, 53~54.)

이 글은 1896년 서울에서 개최한 미국 독립기념식 축제 행사를 참가한 「독립신문」의 서재필이 영문으로 전체적인 내용을 정리한 기사의 일부이다. 초기 내한선교사의 다수가 미국인이었다는 점에서 한국교회는 미국교회의 종교적, 정치적, 문화적 영향을 크게 받을 수밖에 없었다. 그리고 100년 남짓한 신생 독립국이었던 미국 특유의 애국주의는 개화의 기치를 내걸고 사대를 넘어 독립의 길을 모색하던 한국의 당대 개화파 기독교인들에게는 너무도 매력적이고 당연한 태도로 인식되었을 것이다.

1861년 간행된 〈컬럼비아 만세(Hail Columbia)〉의 악보 표지.
이 곡은 1931년 〈성조기(The Star-Spangled Banner)〉가 국가로 제정되기 전까지
비공식적인 미합중국의 국가로 불렸다

이날 행사에서 서재필은 회중을 대표해 〈미국 독립선언문〉(1776)을 낭독했다. 이 행사에서 제창된 주요 노래들을 순서대로 열거하면 〈아메리카〉, 〈공화국전투찬가(Battle Hymn of the Republic)〉, 〈양키 두들(Yankee Doodle, 미국에서 애국심을 표현하며 즐겨 불린 노래이며, 독립전쟁 당시 군가로 쓰였다. 코네티컷주의 주가이기도 하다.)〉, 〈성조기(The Star-Spangled Banner, 1931년 이후 현재까지 미국의 국가)〉, 〈컬럼비아 만세(Hail Columbia, 1931년까지 비공식적으로 사용된 미국의 국가)〉등이었다. 행사에서 불린 모든 노래가 찬송가가 아닌 애국심을 고취하는 군가나 애국가였음은 매우 주목할 만하다. 언더우드 선교사의 "동방에 온 앵글로색슨 선교사들"이라는 연설은 19세기 말 미국인 내한 선교사들의 세계인식과 선교관을 잘 보여준다. 그들은 자신들의 활동을 단순히 복음의 전파라는 종교적 역할의 수행에만 국한하지 않고 "앵글로색슨"의 민족적, 국가적 모델을 선교 현장에 이식하는 것, 즉 미국식 문명과 문화, 정치와 경제 등 "인류가 필요로 하는 모든 분야"의 선교적 확대를 넓은 의미의 '선교'라고 인식한 것이다. 그들이 보여준 애국심과 애국적 태도 또한 그들이 한반도에서 자주독립국가를 모색하는 기독교인들에게 전달하고자 한 선교의 일부였음을 언더우드의 연설을 통해 확인할 수 있다. 이 행사의 마지막 순서는 "국가를 위한 기도"였다.

초기 내한 선교사들은 미국독립기념일 외에도 미국 초대대통령인 "조지 워싱턴 탄생일"에도 축일로 기념해 즐겼다. 사진은 1900년 미국 공사관 내 알렌의 공관에서 벽 전면에 성조기를 게양하고 가든파티를 즐긴 선교사들의 모습이다. 참석자들은 워싱턴 시대의 의상을 입고 미국 건국 초기의 역사를 연극으로 시연했다. 사진 맨 왼쪽부터 궁내부 고문관 샌즈, 전기회사 기술자 모리스, 선교사 노블부인, 존스 부인, 정신여학교 교사 웜볼드, 아펜젤러, 벙커 선교사 순이다. 이처럼 초기 내한 선교사들은 선교 현장에서 성조기의 게양과 게시를 통해 강렬한 애국심을 표현했다.

초기 한국교회의 성조기와 태극기 게양 : 우호와 동경의 표현

선교 초기부터 미국인 선교사들이 적극적으로 보여준 애국적인 국가의 례와 의식, 퍼포먼스와 기념물 제작 등의 행태는 한국인들에게 깊은 인상을 남겼을 것이다. 대한제국의 수립 이후 독립문의 건립, 태극기의 공포와 보급, 한국인들의 민족공동체, 국가의 시민이라는 정체성의 발견 등은 이러한 선교적 특징과 성격에 연동되었던 현상이었다. 당시 독립협회를 주도했던 이완용도 독립문 정초식에서 다음과 같은 친미적 연설을 통해 미국을 하나의 근대 독립국가의 모델로 상정했다.

> 그 후 외부대신 이완용 씨가 연설하되 조선 전정(前程)이 어떠할까 한 문제를 가지고 연설을 하는데, 의논이 모두 적당하고 이치가 있더라. 독립을 하면 나라가 미국과 같이 세계에 부강한 나라가 될 터이요, 만일 조선 인민이 합심을 못하여 서로 싸우고 서로 해하려고 할 지경이면 구라파에 있는 펄낸(폴란드)이란 나라 모양으로 모두 찢겨 남의 종이 될 터이라. 세계 사기(역사)에 두 본보기가 있으니 조선 사람은 둘 중에 하나를 뽑아 미국 같이 독립이 되야 세계에 제일 부강한 나라가 되든지 펄낸 같이 망하든지 좌우간에 사람 하기에 있는지라. **조선 사람들은 미국 같이 되기를 바라노라** 하더라. ("독립관 연회", 「독립신문」, 1896년 11월 24일)

한국의 기독교인들은 이러한 근대 시민국가의 모델로서의 미국에 대한 동경과 우호의 감정을 교회와 사회 속에서 적극적으로 드러내는 데 주저하지 않았다. 그 결과 초기 한국교회의 각종 행사에서 태극기뿐만 아니라 성조기도 함께 게양한 사례가 다수 확인된다.

조이스 감독의 방한을 맞아
태극기와 성조기를 게양했던 돈의문.

이번 감독이 나오신 후 5월 9일 예배를 처음 드릴 것인데 배재학당은 좁아서 능히 여러분이 움직일 수도 없는시라 성농 새 회낭이 아직 환성은 되지 못하였으나 대강 수리는 하였으니 거기서 주일 예배를 드렸는데 여러 도시 각처의 교중 형제자매들이 다 모였는데 남녀노소 합하여 천여 명이었다. 서대문 위에 대조선 국기와 대미국 국기를 보기 좋게 높이 달고 전도소 앞에는 각색 화초로 아름답게 단장하고 마루 한 가운데는 흰색 포장을 길게 치고 남녀 교우가 좌우로 장소를 나누어 앉았다. 그 후에 감독께서 전도하시고 시크란돈(스크랜턴) 목사가 우리말로 번역하여 들려주는데 누가복음 5장 1절부터 4절까지 보신 후에 깊은 뜻과 참 이치를 절절히 해석하며 글자마다 형용하여 한 시간 동안 강론하시니 듣는 자 뉘 아니 감복 하였겠는가? 후에 조원시(존스) 목사가 또 연속하여 논설하니 그 넓은 곳에 빈틈없이 앉은 사람들이 모두 흐트러짐이 없고 조금도 떠들지 않고 다 재미있게 들으며 기쁜 마음으로 일제히 찬미하는 소리에 북악산이 진동하는 듯하였다. ("회중신문", 「죠선크리스도인회보」, 1897년 5월 12일)

1897년 제12회 미감리회 한국선교회 연회에 참석차 중국에 주재하던 조이스 감독(Bishop I. W. Joyce)이 서울을 방문했다. 당시 정동제일교회 벧엘예배당은 준공되지 못해 대강 자리를 마련해 주일예배를 드렸는데 1,000여 명이 운집했다고 한다. 당시 조이스 감독이 주재한 연회에서는 감리회의 청년선교단체인 엡윗청년회를 정식으로 조직했다. 당시는 독립문의 건립(1897년 11월 20일 준공)과 시기가 겹쳐 새로운 사회건설에 대한 기대와 희망이 한껏 부풀었을 때였다. 사람들은 돈의문(서대문)에 태극기와 성조기를 "보기 좋게 높이" 달았다. 이러한 현상은 19세기 말 한국 사회가 동경하고 모델로 삼았던 우호적 국가가 미국이었음을 상징적으로 보여

준다.

기독교인들은 성탄절에 황제의 나이 수만큼의 태극등을 게양한 것과 더불어 교회당에 태극기와 성조기를 교차해 설치하기도 했다. 1900년의 인천 내리교회 성탄절의 풍경이다.

> 이번 구세주의 탄일을 당하여 본 교회에서 기쁜 마음으로 경축할새 회당 안에는 구세주 강생 여섯자를 크게 써서 달고 홍십자기를 한문으로 "금일대벽성위이생구주" 열자를 금자로 새겨 전도소에 달고 좌우에는 태극기와 미국기를 달았으며 그 앞에는 등 열 다섯 개에 국문으로 "오늘 대벽성에 우리 위해 구주 나셨네" 열 다섯자를 써서 높이 달고 가운데에는 그리스도 탄일 나무를 성양 물종으로 단장하여 세웠으며, 밖에 대문 앞에는 청송으로 취병을 틀어 세우고 그 밑에는 큰 등으로 금자로 "구주탄일경축" 일곱자를 한문으로 크게서 써서 달고 그 앞에는 십자기와 태극기를 엇메어 끼었으며 각색 등 수백여개를 상하로 달았습니다.
> ("엡웟청년회: 제물포교회", 「대한크리스도인회보」, 1900년 1월 10일)

성탄절 교회 대문 앞에 십자기와 태극기를 교차 게양하는 것과 더불어 교회 내부 좌우에 태극기와 성조기가 교차 게양된 풍경은 오늘의 교회에서는 가히 상상이 되지 않는 풍경이지만, 당시로선 기독교 복음의 메신저이자, 한국이 추종해야 할 모델국으로서 미국을 상정하고 있었다는 점을 분명히 알 수 있다.

이러한 미국을 향한 한국교회의 우호적 표현은 평양에서 사역하다 본국으로 귀국하게 된 마펫 선교사의 송별행사에서도 두드러지게 나타난다. 다음은 길선주 목사가 「그리스도신문」에 기고한 평양소식의 일부이다.

평양 장대현교회에서 열린 숭실학교 졸업식(1907년) 행사장에 수많은 인파와 함께 태극기와 성조기가 게양되어 있다.

평양 장대현교회 초기 당회원들, 중앙에 길선주 목사, 왼쪽이 마펫[마포삼열], 오른쪽이 그레이엄 리[이길함] 선교사이다.

일제강점기에 촬영된 대동강과 모란봉, 평양성 북성의 문루들. 마펫 선교사의 송별회(1905년) 당시 이곳에서 배 열 척을 띄우고 각 배에 성조기와 태극기를 게양한 후 전별회를 성대히 거행했다. [미디어한국학 제공]

양 6월 1일에 마목사께서 이 곳에서 떠나 본국으로 들어가는데 몇날 전에 이 곳 형제 수삼백명이 한 전별회를 열고 대동강에 수상선 10척을 준비하야 모든 풍류와 각색 음식을 갖춘 후에 모든 뱃머리 마다 태극기를 높이 달고 각 목사 탄 배에는 미국기호(성조기)와 태극기를 쌍으로 단 후에 강파에 떠서 재미있는 풍류를 치며 좋은 노래를 하며 기쁜 찬미로 즐거이 놀고 헤어진 후에 그 떠나기 전날에 또 각 목사와 각 부인들이 일본 부리사와 그 다른 일본 사람과 이 곳 장로 두 사람이 일제히 회집하야 전별회를 열고 리길함 목사가 회장이 되어 영어로 전별하는 연설을 하는데 목사 2-3인이 연설한 후에 마목사께서 연설할 때에 모든 목사와 부인들이 이별을 슬퍼하여 눈물을 흘리더라. …
그 이튿날 신학도 오십명이 서로 사랑하는 정을 기념하고자 각각 열심히 돈을 모아 은으로 기념장 두 개를 만들어 한 개는 목사께 드리고 한 개는 부인께 드렸는데, 그 기념장 만든 법식은 가운데에는 태극기호를 파란으로 놓고 가장자리에는 국문으로 "대한국 신학부 학도등 사랑표"라 하고 뒷 면에는 "마목사 각하"라 하고 자위 옆에 "성신보호"라 새겼고 부인께 드리는 기념장도 이와 같이 새기고 마부인 각하라 하였으며 그 기념장을 드릴 때에 신학도들이 일제히 모여 학도 중 두 사람이 총대로 한 학도는 마목사께 기념장을 드리고 한 학도는 부인께 기념장을 드린 후 학도 중 한 사람이 하나님께 기도하고 떠날 때에 네 곳 소학당 학도들 수삼백명이 태극기를 받고 일제히 모이고 세 곳 여소학당 학도들 수백 명이 일제히 모여 각 목사와 각 부인들과 남녀교우 천 여명이 일제히 모여 외성 정거장으로 가서 모든 학도들이 삽보를 벗어 두르며 남녀교우들은 수건을 둘러 전별할 때에 마목사와 그 부인과 여러 형제자매들이 다 눈물을 흘리며 그 사랑하는 정이 밀밀하여 이별을 슬퍼하니 장하도다. 하나님을 찬송하리로다.
(길장로, "평양래신", 「그리스도신문」, 제10권 제26호, 1906년 6월 28일)

마펫은 이날 전별회의 감동에 대해 "저는 겨우 16년 만에 평양시에 그토록 뚜렷한 변화가 왔다는 것을 깨닫기가 힘들었습니다. 16년 전 이달 그곳에 처음 들어갔을 때 그 도시에는 한 명의 기독교인도 없었습니다. … 남성, 여성, 남학생, 여학생이 모두 줄지어 서서 송별 찬송가를 부르는 것을 볼 때 우리의 가슴은 벅찼습니다. … 우리는 주님께서 한국에서 섬기는 특권을 우리에게 주신 데 대해 진심으로 감사했습니다."(마포삼열, 옥성득 편역, 『마포삼열 자료집 제4권, [1904~1906]』, Holy wave plus, 2017, 537.)라고 기록했다. 마펫 선교사의 평양에서의 16년 사역 동안 서북지역에 나타난 새로운 변화에 평양의 시민들과 선교사 스스로도 크게 고무된 흔적이 역력하다. 아울러 미국과 한국의 우호로 하나님의 섭리 속에 커다란 성취를 만들어 가고 있다는 확신에 차 있는 듯 보인다. 그런 의미에서 선교 초기 한국 기독교 내부에 태극기와 성조기가 더불어 게양되는 풍경은 기독교신앙이 새로운 국가공동체와 시대를 열어가는 이데올로기로서 양국 간에 적극 수용되고 있다는 인상을 강하게 남긴다.

서울 거리에 나부낀 성조기 : 망국의 지푸라기

모건 미 장관은 예상되는 손님들의 환영 계획에 있어서 서울의 자원을 고갈시켰다. 한국군과 일본군, 황실악대, 루스벨트 여사의 황실용 가마를 비롯한 궁궐의 여행용 의자 등이 연회를 기다렸고, 길가에 서서 몇 시간 동안이나 기다렸던 한국인들의 긴 행렬이 연회 장소로 향했다. **한국의 관료들은 또한 가능한 한 모든**

가게와 집 앞에 성조기와 태극기를 게양함으로써 이날을 기리려고 했다. 각각의 경우에 미국 국기는 "가정에서 만든" 것이었다. ("Happenings of the Month : The Bible Conference", *The Korea Methodist*, Vol.1, No.11. September 10, 1905.)

1905년 9월 간행된 미감리회 선교잡지 *The Korea Methodist*의 기사다. 미국 시어도어 루즈벨트 대통령의 딸 앨리스가 50여 명의 제국순방단을 조직해 한·중·일을 순방하는 과정에서 중국에 이어 9월 19일 한국을 방문했을 당시의 모습을 묘사한 것이다. 고종황제는 일제의 국권침탈 야욕에 맞서 고군분투 중이었기에 미국 대통령 딸의 방한 소식에 마지막 지푸라기라도 잡는 심정으로 앨리스 루즈벨트를 국빈급으로 환대했다. 황실에서는 앨리스를 위해 황실용 전용기차와 가마를 비롯한 최대한의 인원과 자원을 제공했다. 심지어 앨리스의 방문을 환영하기 위해 순방단 일행이 지나가는 동선마다 환영인파를 동원했으며, 거리의 모든 집과 상점마다 태극기와 성조기를 게양하게 했다.

이러한 정부당국의 과도하다 싶은 조치를 지켜본 당시 「대한매일신보」의 논설위원은 성조기와 태극기의 거리게양에 대해 다음과 같은 비판적인 입장을 게재했다.

원래 한국은 가까운 나라(隣邦) 일본(日本)과 같지 않아(不同) 겉으로만 좋게 보이려하는 것은 오히려 의미 없는 일(不爲外飾)로 보거늘 이제 일으니는(乃丁此日) 도성 내 모든 집집마다(滿城家戶) 한미국기를 교차해 높이 달아놓아(交叉高掛) 경의를 표하니(以表敬意) 놀랍고 괴이한 일이라고 할만(可謂驚怪之事) 하다.
("논설 : 令娘嘉賓",「대한매일신보」, 1905년 9월 22일.)

1905년 미국 대통령의 딸 방한에 대한 한국 사회의 호들갑에 대해「대한매일신보」는 "놀랍고 괴이한 일"이라고 일갈했다. 소위 일본인의 속성이라 불리는 "혼네와 다테마에"本音と建前를 한국이 답습하는 것과 같은 불편함과 모욕감을 느꼈던 것으로 보인다.

앨리스 루즈벨트가 대구를 방문했을 당시 태극기와 성조기가 계양된 경상북도관찰부 정문앞 풍경이다. 문루에는 '영남포정사(嶺南布政司)'라는 편액이 붙어 있고 아래에는 성조기와 태극기가 교차 계양되어 있다. [코넬대 도서관 소장, 윌러드 스트레이트 촬영]

311

앨리스 루즈벨트 순방단이 대구를 방문했을 당시 태극기와 성조기가 게양된 거리 가옥의 모습. 모든 깃발이 가내수공으로 제작된 것이기에 성조기의 가로 줄이 세로로 잘못 제작되어 있다.

대구 시내 아동들도 환영행사에 동원되어 태극기와 성조기를 들고 도열했다. 성조기의 제작 수준이 매우 조악하다. [코넬대 도서관 소장, 윌러드 스트레이트 촬영]

이처럼 1905년은 망국의 기운이 어둡게 드리운 시절이었고, 고종은 한미수호통상조약(1882)을 통해 맺어진 한미 간의 우호와 상호 보호의 약속을 미국이 이행해 주기를 간절히 기대했다. 그러나 이미 국제정세가 일본에 기운 시점에서 미 대통령의 딸에게 최후의 읍소를 하는 대한제국의 황제 모습은 망국을 향해 치닫는 초라한 초상이었다. 그녀는 고종의 모습에 대해 그리고 한국 방문의 소감에 대해 다음과 같이 말했다.

> 우리는 고종과 함께 식사를 하러 갔다. 전반적으로 다소 연민을 자아내는 분위기였다. 그는 여러 벌의 아름답고 하늘하늘한 의복을 입었고 슬퍼 보였다. 전혀 호화롭지 않았다. 식사를 하러 들어갈 때 그는 다정하게 내 팔을 붙잡았다. 나는 그의 팔을 잡지 않았다.
>
> 환송 회견장에서 황제와 황세자는 각각 사진을 나에게 주었다. 그들은 황제다운 존재감은 거의 없었고 애처로운 모습이었다. (제임스 브래들리,『임페리얼 크루즈』, 프리뷰, 2010. 305~315.)

앨리스는 방한 기간 내내 오만하고 무례하며 방종하기까지 했다. 그녀는 고종을 만나는 시간, 말 위에서 승마복과 장화를 신고 시가를 피우며 나타났다. 대한제국의 황실 격식과 의전에도 장난스럽게 대응했다. 마침내 명성황후가 모셔진 홍릉을 방문했을 때에도 도착 후 정중히 예를 갖추기보다는 능 앞에 설치된 석상에 올라타 기념 촬영하기에 급급했다. 이러한 앨리스의 행태는 대한제국 관료들과 수행원들을 경악케 했다. 이러한 행적은 이후로도 미국과 서구 언론에서 큰 논쟁과 논란을 야기했다. 그는 대한제국 정부와의 어떠한 외교적 대화에도 진지하게 임하지 않았으며 수행원들과 파티와 유람만 즐기고 일본으로 떠났다.

앨리스의 이러한 행동은 어떠한 이유로도 정당화 될 수 없지만, 한편으로 그녀의 행동은 대한제국의 운명을 너무도 잘 알고 있었기에 가능했다고 볼 수 있다. 앨리스 일행이 방한하기 두 달 전인 1905년 7월 29일 미국과 일본이 상호 간에 필리핀과 한국에 대한 지배권을 승인한 "가츠라-테프트 밀약"이 체결되었으며, 2주 전인 9월 5일엔 포츠머스 조약을 통해 미국, 영국, 러시아가 일본의 한반도 지배권을 승인한 사실 모두를 이미 인지하고 있었다. 그녀는 다음과 같이 회고했다.

여하튼 좀 슬프고 애처로웠다. … 나라가 일본의 손에 넘어가기 시작했고, 내가 본 일본군 장교들은 대단히 민첩하고 유능해 보였다. [앨리스 루즈벨트]

이 사람들은 지푸라기라도 잡으려 하고 있었고 그들은 앨리스 루즈벨트 일행을 마치 생명줄이나 되는 것처럼 붙잡고 매달렸다. - 미국 부영사 스트레이트가 친구 파머에게 보낸 편지, 1905년 10월 3일. (제임스 브래들리, 『임페리얼 크루즈』, 프리뷰, 2010. 305~315.)

앨리스 루즈벨트가 홍릉에서 보인 무례. [1905, 코넬대 도서관 소장]

이러한 황실과 순방단의 모든 웃지 못할 만남과 현실을 목도하던 헐버트 선교사는 앨리스의 방한 일정을 정리하며 다음과 같이 평가했다.

> 19일 도착, 20일 황제 알현 및 연회, 21일 궁중 연회 및 공사관 연회, 22일 창덕궁 파티 및 미국 선교사 접견, 23일 전차 시승, 25일 승마 여행, 27일 전차 탑승해 왕비 민씨 왕릉 구경, 28일 환송 만찬, 30일 부산행 출발. 축제와 만찬과 야외 파티와 여행이 전부였다. 한국인들은 이번 방문이 정치적으로 무슨 뜻이 있어서 미국 정부가 한국을 도와 위태로운 상황에서 꺼내 주리라고 생각한다. 하지만 그런 바람은 사실과 거리가 아주 멀었다. (Homer B. Hulbert, *The Korea Review* vol.5(1905), 경인문화사, 1984, 332.)

1882년 이래 "동경과 우호"의 깃발을 교차해 게양했던 한국과 미국의 외교적 관계는 냉혹한 국제관계와 약육강식의 야만적 제국주의 논리 속에서 한국만의 일방적 짝사랑으로 결론나고 말았다. 미국은 야멸차게 한국을 배신했지만, 그럼에도 여전히 한국은 미국을 바라보고 있었다.

1907년 미국에서 귀국한 도산 안창호는 망국의 암운에 풀이 죽어 있을 서울의 청년 학생들을 향해 미국을 본받아 국기에 절하고 애국가를 부르는 "국기예배" 실시를 제안했다. 미국에서와 같은 애국주의적 국가의례를 한국에서도 시행함으로써 꺼져가는 국운을 어떻게든 되살려 보려는 안간힘이었다.

시시(西置) 만리현 의무균명학교(義務均明學校)에서 지난해(去年) 귀국하였던 미국 유학생 안창호 씨가 생도에게 내하여 편면한 내개(內開, 봉투에 넣어 붕이 여진 편지 내용)에 '미국 각종 학교에서는 애국 사상으로 매일 수업(上學) 전에 국기(國旗)에 예배(禮拜)하고 애국가를 부르는 것(唱함)을 보았은(見한)즉, 그 개명(開明) 모범(模範)은 사람으로 하여금(今人) 감격(感昂)케 한다. 그러므로(然則) 우리나라(凡吾) 학교들도 이제부터 시행하자(從今施行)' 함으로 그 학교(該校)에서 지난 달(去月) 일주일(曜日)로 위시(爲始)하여 배기창가례(拜旗唱歌例)를 행한다더라." ("국기 예배",「대한매일신보」, 1907년 3월 20일)

생존과 상생, 욕망과 숭배의 패러독스
한국교회의 성조기 게양의 노정과 친미주의의 뿌리 (2)

한인 디아스포라 공동체의 태극·성조기
: 생존과 상생을 위한 표지

'디아스포라(Diaspora)'는 "씨앗이 뿌려진다"라는 뜻이다. "흩어짐", "흩어져 사는 자", "흩어진 곳" 등으로 이해할 수 있다. 신약성서 야고보서 1장 1절과 베드로전서 1장 1절에서 각지에 "흩어진 자들(Diaspora)"에게 서신을 보낸다는 언급이 나온다. 대개 이스라엘 밖으로 흩어져 이방 세계에 정착해 사는 유대인들을 일컫는 말이었다. 근대 이전에는 종교적인 의미로의 귀속의식을 공유하는 집단으로서의 의미가 강했지만, 근대 이후부터는 "같은 혈통, 같은 소속에 기반을 둔 특정 인종(ethnic) 집단이 자의적이든 타의적이든 기존에 살던 땅을 떠나 다른 지역으로 이주하는 현상"을 의미하게 되었다.

한국의 근현대사에서 최초의 해외 이주는 1860년대를 전후로 압록강과 두만강 너머의 서북간도를 비롯한 남북 만주와 연해주였다. 우리나라와 인접한 지역이 아닌 해외로의 농업이민이 정부의 승인하에 본격적으로 시작된 것은 1902년부터 1907년 사이에 진행된 하와이와 멕시코 농업이민이었다. 이들의 이민은 최초의 공식적 이민으로서 그 역사적 의미가 있다.

이들 이민자 중에서는 순수한 농민들 외에도 도시 노동자, 구 한국 군대의 군인, 정치적 망명객과 유학을 염두에 둔 학생들도 포함되어 있었다. 망국의 전환기에 해외에서 새로운 민족운동과 독립운동을 모색했던 이들도 해외 이주민의 행렬에 포함되어 있었다. 이러한 농업이민, 망명이민, 유학이민은 하와이 이민의 시기와 겹쳐져 중국과 러시아로의 활발한 이민행렬에서도 유사하게 나타났다.

1910년 한일강제병합 이후 3·1운동이 일어나는 1919년 사이의 기간 동안 한반도 내에서는 태극기가 제작되거나 게양되는 것은 일제에 의해 철저히 금지되었다. 태극기는 1910년 이후 해외 이주민의 삶의 자리에서 오히려 적극적으로 보급되고 널리 게양되었다. 특히 이주 당시 대한제국의 국민 자격으로 미주지역에 정착한 한국인들은 새로운 삶의 터전에서 미처 적응하기도 전에 "국가를 상실한 디아스포라"의 처지에 놓이게 되었다. 초기 해외 이주 한인들은 이주지역의 주민으로서의 정체성과 한국인이라는 민족적 정체성 사이에서 그 어디에도 소속되지 못하는 중간자적 존재로서 큰 혼란을 겪었다. 이러한 콘텍스트(context)는 그들에게 더욱 강한 공동체성에 대한 애착과 지향을 갖게 하였고, 이를 시각적으로 강화해 주는 매개물로 태극기는 자연스럽게 해외 한인의 의식과 생활 속에 더욱 깊숙이 파고들었다. 특별히 초기 미주 이민 사회에서의 태극기 게양은 다인종, 다문화사회인 미국에서 다른 인종과 한국인을 구분해 주는 표지였으며, 나라 잃은 민족공동체지만 미국 사회 내에서의 실재하

1905년 윤치호 외부협판이 하와이 한인감리교회를 방문했을 당시의 모습.
윤치호와 하와이 교민들 위로 태극기가 게양된 모습이 확인된다. [크리스천 헤럴드 제공]

고종황제 탄신 기념식을 마친 직후의 하와인 한인들.
태극기를 게양하며 민족공동체의 동질성을 표현했다. [1907년, 로베르타 장 제공]

하와이 초기 이민자들이 새 이민선을 맞이하며 부두에서 환영하는 모습. (좌)
여성과 아동들이 태극기와 성조기를 흔들고 있다. [1904, 이덕희 소장]
대한부인구제회의 황마리아. (우)

대한인국민회 하와이 총회 창립위원들 (1909)

대한인국민회 하와이 회원들 (1909)

대한인국민회 하와이 총회 (1915)

1909년 이후 대한인국민회 하와이 총회에서는 자연스럽게 성조기와 태극기가 교차 게양되었다. 하와이 한인기독교인들은 삼일절 기념행사시에 성조기와 태극기를 함께 게양했다.

하와이 한인기독교회 교인들의 삼일절 기념 야외예배 [1936, 이덕희 소장]

는 민족 집단으로서의 존재감을 드러냄과 동시에 한인들을 결속하는 상징물이 될 수 있었다.

　미주지역 한인사회에서 두드러진 하나의 현상은 태극기와 성조기를 함께 게양하는 것이었다. 태극기와 성조기가 함께 게양된 가장 오래된 장면으로 1904년 하와이에 먼저 도착한 초기 이민자들이 새 이민선이 들어왔을 때 부두에 나가 환영하는 모습의 사진이 크게 주목된다. 이 사진에서는 당시 주간에 남성들은 노동현장에 투입된 터라 대부분이 여성과 아동으로만 환영단이 구성된 점이 눈에 띈다. 당시 마중을 나간 여성들은 태극기와 성조기를 함께 들고 이민단을 맞았다. 1909년 대한인국민회大韓人國民會 하와이 지방총회 당시의 기념사진들에도 국민회 간부들의 배후에 대형 태극기와 성조기가 교차 게양되어 있으며, 대한인부인구제회의 엠블럼과 하와이 한인기독교회의 3·1절 기념 야외예배의 사진에서도 태극기와 성조기가 교차 게양된 모습들이 확인된다.

　미주지역 한인들은 국권이 피탈된 1910년 이후 매년 8월 29일에 국치기념일 행사를 개최했다. 국치기념일國恥記念日 행사 순서에는 항상 식장 전면에 게양된 태극기를 내렸다가 다시 올리는 "국기부활예식"(『신한민보』 1917년 8월 30일)이 거행되었다. 이 예식의 직전에는 〈국치기념가〉를 불렀으며, "국기가 주벽에 걸리면 국기의 게양이 마치 광복을 이룬 것처럼 참석한 사람들이 모두 함께 만세를 불렀다"고 한다. 이러한 국치기념일 행사는 1919년 3·1운동 이후부터는 3·1절 기념행사로 그 명칭과 형식이 바뀌었다. 3·1절 기념행사는 이전의 국치기념일 행사보다는 훨씬 더 가볍고 활기찬 분위기에서 진행되었으며, 1931년 대한인국민회 LA 지방회 주최로 열린 3·1절 12주년 기념식에서는 200여 명의 학생이 애국가를 부르고, 기도와 축사, 국기게양식 등을 거쳐 〈국기가〉國旗歌를 제창했다(「신한민보」, 1931년 3월 12일). 이러한 미주지역 한인사회의 초기 국치기념일의 "국기부활예식"은 기독교의 부활 신앙이 민족사적 치욕과 고난의 극복을 위한 유효한 상징적 레토릭으로 활용되고 있다는 점에서 주목된다. 이는 일제강점기에 접어들며 미주지역 한인사회에서 기독교 신앙과 민족의식을 결합한 역사 인식을 자연스럽게 조화시킨 사례라고 볼 수 있겠다.

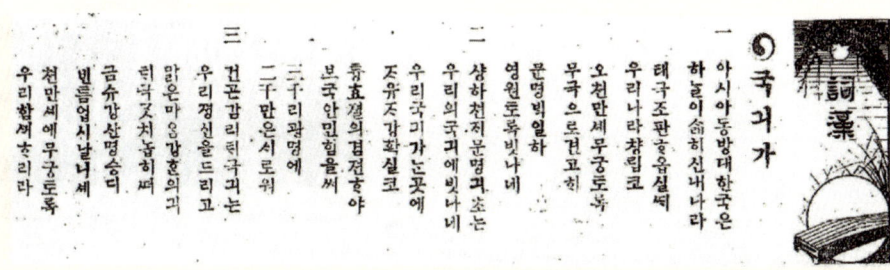

"국기가", 「신한민보」(1914년 6월 18일)

"국치기념가", 「신한민보」(1915년 9월 30일)

1 3·1절 1주년기념식을 마치고 (미 중부 캘리포니아 다뉴바한인장로교회, 1920)
2 다뉴바한인장로교회의 3·1절 1주년 기념예배 당시의 예배당 내부 모습 (1920)
3 도산 안창호 추도식 (LA대한인국민회, 1938) [크리스천헤럴드제공]
4 중부 캘리포니아 리들리한인장로교회 헌당식 겸 3·1절 기념식을 마치고 (1939)
   1919년 설립된 남감리교회로 시작한 이 교회는 1936년 기독교조선감리회가 신사참배 실시를 결정하자
   이에 반발해 장로교로 교파를 변경하였다. [1921, 차만재 소장]

1919년 3·1운동 이후 미주대륙의 한인교회에서 거행된 3·1절 기념행사에서도 대부분의 사진 사료에서 태극기와 성조기를 함께 게양하고 있다는 사실도 눈에 띈다. 미주지역 한인교회의 이러한 태극기와 성조기 교차 게양의 문화는 한인 이민자들의 미국 내 생존을 위한 자연스러운 선택이자 결과였다. 미주지역의 한인들은 내부적으로 한국인이라는 정체성을 확인하고 결속을 다지기 위해 태극기를 내걸었지만, 실제로 거주하는 삶의 터전인 미국이라는 국가에 대한 소속감과 애국심을 동시에 표현해야 하는 현실적인 필요로 인해 두 국기를 동시에 게양하는 방식을 선택한 것이다. 다시 말해 민족 정체성과 국가 정체성이 분리되고 한편으론 교차하는 현실 속에서 태극기와 성조기 교차 게양의 방식을 선택할 수밖에 없었다.

캘리포니아 주 다뉴바와 리들리 지역 한인들의 한미수교 40주년 기념 퍼레이드(1922년 5월)의 사진을 보면 "Americo-Korean"이라는 플래카드를 게시하고, 전통 한복과 양복을 입은 두 명의 한인을 선두에 세워 한국과 미국의 양 정체성을 공유하는 이민 공동체의 성격을 적극적으로 표현한다. 아울러 기념 퍼레이드 차량의 사방으로 태극기와 성조기를 장식해 두 국가와 민족의 정체성이 미주지역에서 공존하는 것에 대한 긍정적 이미지를 적극적으로 표현하고 있다. 이러한 태극기와 성조기 교차 게양의 한인 퍼레이드의 사례는 다양하게 확인된다. 이처럼 미국 사회에 대한 한인들의 적극적 소속감의 표현과 우호적 관계 형성을 위한 노력은 미국 정부로부터도 인정을 받아 한인 이민 사회를 대표하는 "대한인국민회"가 하나의 자치정부적 성격으로 미국 정부로부터 인정을 받아 망국의 국민인 미주지역 한인들의 자치권과 위상을 보장받을 수 있게 되었다.

제1차 세계대전 종전 기념 행사 (1921년 11월 11일)

한·미 수교 40주년 기념 축하 퍼레이드 (1922년 5월, 다뉴바)

샌프란시스코 퍼레이드 [1942 정한경 소장]

태평양전쟁기에 샌프란시스코에서 개최된 전 미국인 퍼레이드. 한인들의 퍼레이드 카에는 성조기와 태극기가 함께 게양되어 있고, "한국의 승리는 민주주의의 승리입니다.(Victory for Korea Victory for Democracy.)"라는 구호가 적혀 있다. 이는 한국이 미국이 추구하는 가치를 지지하고 함께 간다는 정치적 의사표시이기도 했다.

이러한 미주 한인사회에서의 태극기와 성조기 교차 계양의 문화는 1941년 태평양전쟁이 발발하면서 단순한 우호와 공존의 차원을 넘어선 한인의 생존과 결부된 상징으로 심화되었다. 미국과 일본이 전쟁을 치르며 상호 간에 적국敵國이 되자 미주지역 일본인들의 신변은 매우 불안정한 상황에 놓였다. 아울러 1910년 일제강점 이후에 미국으로 이민 온 한국인들은 일본인 여권을 소지했기에 전시상황 속에서 일본인으로 오해받아 정치적, 외교적 불이익을 받을 수도 있는 상황이 전개되었다. 이에 대한인국민회는 태극기와 성조기가 교차 계양된 모양의 배지에 일련번호를 부여하여 한인들에게 패용佩用하게 하였으며, 이 배지는 일인과 한인을 구분시키는 일종의 신분증 역할을 하였다. 이러한 역사적 경험은 미주 한인들에게 태극기와 성조기를 통한 신변의 안전과 민족적, 국가적 충성도를 강화하는 상징물로 그 위상과 무게가 신장되어 갔다.

대한인국민회에서 한인들의 신변보호를 위해 제작한 태극기와 성조기 배지([1941)와
미국에서 발행된 한국독립기원 피침국(被侵國) 태극기 우표[1943-44년 발행, 한국이민사박물관 소장]
미주한인이민100주년기념우표 [2003, 우정사업본부 제공]

한국근대미술 사학자인 목수현은 20세기 초부터 시작된 미주지역 한인 디아스포라의 현실에서 태극기와 성조기가 교차 게양된 역사적 흐름과 현상에 대해 다음과 같이 평가했다.

> 본국을 떠나 흩어져 사는 존재인 디아스포라, 그리고 그 본국이 현실적으로 지켜주지 못하는 존재인 미주 한인들에게 태극기라는 상징은 현실적인 국가로서의 의미를 지닐 수는 없었지만, 오히려 그렇기 때문에 더 집착하게 되는 표상이 아니었을까? 그러나 그 표상은 그 자체로서 힘을 지니는 것이 아니라 실제로 거주하는 곳의 국기가 받쳐 줌으로서만 힘을 지닐 수 있었다. 나란히 게양된 태극기와 성조기는 그 두 나라 사이에 불안하게 유동하고 있던 그들 삶의 존재 양태이기도 했다. (목수현, 「디아스포라의 정체성과 태극기」, 「사회와 역사」, No.86, 2010, 72.)

해방과 전쟁, '친미주의'의 내재화 : 욕망과 숭배의 심벌

1945년 9월 9일 일요일 서울의 거리는 가장 엄숙한 빛 속에 잠겨 있었다. 높고 푸르게 개인 첫 가을 하늘에 찬란한 아침 해가 오르자 명치정(明治町, 현재의 명동. 필자-주)교회당에 평화의 종소리는 은은하게 들려 왔다. 푸른 가로수 사이로 태극기가 휘날리고 성조기, 유니온재크 또는 소비에트연방 국기, 중화민국 국기 등 4국 국기가 나란히 세워 있었다. … 한편 거리에는 점점 사람의 홍수가 범람하기 시작하였다. 각 단체에서는 혹은 행렬을 지어 나오기도 하고 혹은 트럭과 자동차를 장식하여 깃발을 휘날리며 나오기도 하였다. 도처에 군악대가 웅장한 행진곡을 울리고 지나갔다. 벌써 어느 가게에서도 기를 만들어 팔기에 성황을 이루기도 하였다. 거리에 진주군이나 미국의 통신기자들이 지날 때 마다 군중의 박수와 환호성이 끊일 새 없이 맑은 하늘로 퍼져나갔다. 그러나 거리는 정연한 질서아래 움직이었다. ("하지중장 휘하의 진주군(進駐軍)이 인천으로부터 입경(入京)"「매일신보」1945년 9월 9일)

해방이 도적같이 찾아 왔다. 1945년 9월 8일 하지 장군이 이끄는 미군이 인천에 상륙하자 거리에는 태극기와 연합국 깃발들이 휘날렸고, 10월 20일 구 조선총독부(중앙청) 앞에서는 연합군환영 시민대회가 개최되었다. 하지만 연합군 깃발들 사이에서 위태롭게 그 위치를 점하고 있는 태극기는 오히려 포위된 듯 그 운신이 협소해 보이기까지 했다. 사람들은 누가 우리 편인지 더 강한 나라인지 분별하기에 혼란스러웠고, 얼마 전까지도 대동아공영의 기치 아래 목숨을 걸고 싸우겠다 맹세했던 서양국들 특히 미국 군대와의 낯선 조우와 동거에 당황해하기도 했다.

종교사회학자 강인철은 "해방 당시 반일 성향이 강했던 일부 한국인들은 일본의 적국이었던 미국을 '해방자'로 환영한 반면, 갑자기 미군정 치하에 놓인 대다수 한국인들에게 미국은 여전히 '멀리 떨어진 강대국'일 뿐이었으며 미군은 '점령자'에 불과"했다고 분석했다. 반면 일제의 "반미적 옥시덴탈리즘"에 철저히 경도되어 있던 식민지 엘리트 세력(친일파 다수)들에게 "친미"는 하나의 거부할 수 없는 "생존의 길"이 되었다. 이들은 미군정에 협조해야하는 새로운 현실에 순응하면서도 거북함과 불안의 감정이 뒤섞인 채

1 "핫지 중장 휘하 미군, 8일 오후 인천상륙", 「매일신보」, (1945년 9월 8일)
2 동대문에서 거행된 연합군 환영대회. 보이스카웃의 환영 현수막에는 성조기와 태극기가 게양되어 있다.
  (1945년 9월 9일)
3 서울에 입경하는 미군들을 향해 성조기와 태극기를 들고 환영하는 시민들
4 성조기를 들고 환영퍼레이드를 실시하는 서울의 부녀자들 (1945년 9월 9일)

언제 불어 닥칠지 모를 친일파 청산에 대한 공포에 사로잡혀 있었다. 그들은 시와시의 시스들 수 없는 힘에 압도되어 형식적으로는 "친미적 오리엔탈리즘"의 어색한 협력자로 해방공간을 맞이하고 있었다. 낯선 진주군인 미군 앞에서 한국인들의 친미적 행보는 한편으로는 과도해 보이기까지 했다. 1946년 미국의 국경일인 독립기념일을 맞이한 한국 사회의 풍경이다.

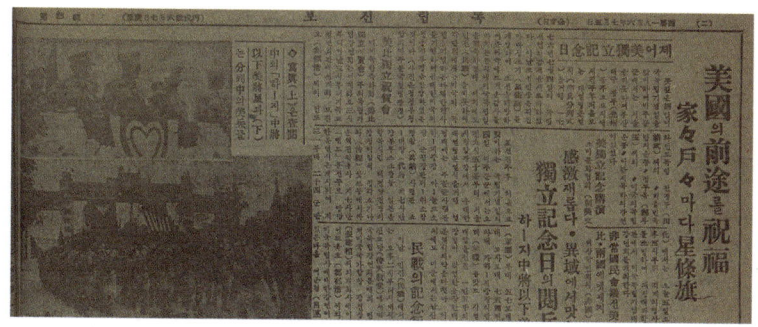

"미국의 전도를 축복 : 가가호호마다 성조기", 「독립신보」, (1946년 7월 5일)

뜻깊은 4일 미국독립기념일을 맞이하여 미 주둔군에서는 서울을 비롯하여 부산, 대구 광주등 주요도시에서 진주 후 처음 보는 대열병분열식을 거행 1776년 7월 4일의 독립선언의 감격을 새로이 하였다. 이날 조선민중은 각 집마다 성조기를 게양하여 조선을 해방하여준 미국에 뜨거운 감사를 바치는 동시에 미국독립일을 경축하였다. 이외에도 민전을 비롯하여 각 단체에서는 미국의 독립을 기념하는 다채한 행사를 거행하여 위대한 미국의 영웅적 투쟁을 찬양하였든 것이다. ("미국의 전도를 축복 : 가가호호마다 성조기", 「독립신보」, 1946년 7월 5일)

해방 직후 첫 미국독립기념일을 맞은 한국 거리는 가가호호 성조기를 게양한 낯선 풍경이었다. 이는 새로운 힘의 세력인 미군정에 최선을 다해 우호적 시그널을 보냄으로써 생존과 안위를 모색한 식민지 엘리트들의 자구책이었다.

이러한 식민지 엘리트들의 낯 뜨거운 친미적 행보 이면에 가려진 불안과 불편함을 일거에 해소시켜 준 전환적 사건이 있었다. 바로 1947년 남조선과도입법의회에서 제정한 '부일협력자·민족반역자·전범·간상배에 관한 특별법률조례'에 대해 미군정 장관이 거부권을 행사해 무효화한 것이다. 미군정 당국의 친일파에 대한 관용적, 포용적 태도와 정책을 눈으로 확인한 식민지 엘리트들은 그동안 외형적으로만 견지해 오던 친미적 태도를 '친미주의(pro-Americanism)'라는 이데올로기로 적극 내면화하기에 이르렀다. 식민지 엘리트 친일부역자들은 미국이 지닌 힘과 관용의 그림자에 숨어 자신들의 흑역사를 은폐하고, 미국이 수호하는 가치들(반공, 민주주의, 자본주의)을 함께 옹호하며 일제강점기 동안 누려온 기득권을 유지하며 새로운 미래를 열어가고자 했다. 해방 이후 한국종교 내의 강고한 지배 이데올로기 중 하나로 자리매김하게 된 새로운 형태의 '친미주의'는 바로 이 시점부터 파종되고 발아하기 시작했다.

강인철은 현대 대한민국 시민종교의 5대 신념체계를 "민족주의", "반공주의", "발전주의", "민주주의", "친미주의"로 꼽았다. 민족주의는 "해방 직후 의심과 이론의 여지없이 즉각 수용"된 가치이며, 반공주의는 "미군정 치하에서 식민지 엘리트(친일파)들이 격렬한 과거청산의 운동으로부터 자신과 가족, 생명과 재산을 보존하기 위한 생존수단"이었으며, 발전주의는 "식민지 시기를 거치며 키워지고 응축된 근대화에 대한 열망의 결과"였다. 또 민주주의는 "주권재민, 삼권분립, 대의제, 평등, 자유, 인권 등의 가치를 표방하며 반공주의의 중요한 명분과 필수요소로 그 우월성을 재강조하기 위해 적극 수용"되었다. 한국의 현대 시민종교 특히 기독교 내에서 바로 이러한 민족, 반공, 발전, 민주주의의 가치는 최근에 이르는 현대사 속에서 항구적 지배 신념체계로 작동해 왔다.

강인철은 민족, 반공, 발전, 민주주의라는 네 가지 신념체계 외에 '친미'라는 특정 국가에 대한 외적 태도가 이데올로기적 독자성과 내면화를 형성하게 된 과정과 매커니즘에도 깊은 관심을 보인다.

친미주의는 간혹 그자체로 표현되는 경우도 있지만, 끊임없이 발전주의, 반공주의, 민주주의 담론과 융합되는 경향을 보였다. 친미주의 자체가 독립적인 시민종교 교리로 정립되기보다는 반공주의, 발전주의, 민주주의의 효과가 함께 어우러져 결과적으로 '친미적인' 사회분위기가 조성되는 경우가 많았다. 미국에 대한 직접적인 찬양이나 숭배보다는, 반공 자유진영의 지도국가, 민주주의의 모범국가, 세계에서 가장 풍요롭고 잘사는 나라 등의 상징과 이미지를 통해 간접적으로 친미적 효과가 발휘된다는 점에서 친미주의는 '숨은 혹은 은폐된 지배이념'이기도 했다. (강인철, 『경합하는 시민종교들 : 대한민국의 종교학』, 지의회랑, 2019, 64.)

강인철은 이러한 "친미주의의 다면성과 비가시성이 한국인들의 민족주의적 자부심과 자존심에 상처를 내지 않으면서도 친미주의가 시민종교 신념체계 내에 순조롭게 스며들 수 있었던 신비스런 비결"이었다고 진단했다. 아울러 미국은 "반공주의, 발전주의, 민주주의 교리를 통해 끊임없이 자신을 현현"함으로써 일본제국을 대체해 민족 근대화와 민주주의의 숙원을 성취해줄 모델 국가로서 새로운 선망의 대상으로 부상할 수 있었다.

이러한 식민지 엘리트들의 '친미주의'로의 전환은 1948년 남한에 이승만을 중심으로 한 친미적 단독정부가 수립된 이후 더욱 노골화 되었다. 아울러 1949년 6월, 주한미군의 철수는 남한 정부의 불안감을 더욱 가중하며 미국에 대한 의존적 태도를 심화해 갔다. 1949년 여름, 미해병 친선함대가 부산에 입항할 당시 환영 포스터에 성조기 이미지의 오류가 발생했는데, 이에 대한 비판 보도는 당시 한국 사회의 미국에 대한 태도를 여실히 보여준다.

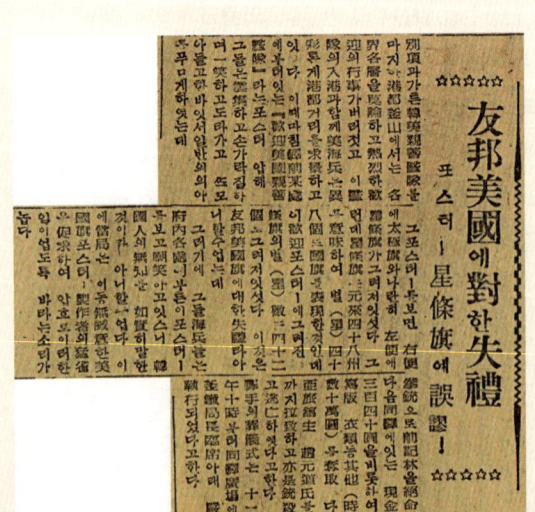

"우방 미국에 대한 실례 : 포스터 성조기에 오류"
「민주중보」, (1949년 7월 13일)

한미친선함대를 맞이하여 항도 부산에서는 각계각층을 막론하고 열렬한 환영의 행사가 벌어졌고 이 함대의 입항과 함께 미해병은 이채롭게 하는 기괴를 구성하고 있었다. 이 때마침 역전 보저에 붙어 있는 〈환영미국친선함대〉라는 포스터 앞에 그들은 운집하고 손가락질 하며 일소(一笑)하고 돌아가고 또 모여들고 한 바 있어 일반의 의아를 품게 하였는데 그 포스터를 보면 우편에 태극기와 나란히 좌편에 성조기가 그려져 있었다. 그런데 성조기는 원래 48주를 의미하여 별(星) 48개로 국기를 표현한 것인데 이 환영 포스터에 그려진 성조기의 별 수는 42개로 그려져 있었다. 이것은 우방 미국기에 대한 실례라 아니할 수 없는데, 그러기에 그들 해병들은 부내 각처에 붙은 이 포스터를 보고 조소하고 있으니 한국인의 무지를 여실히 말한 것이라 아니할 수 없다. 이에 당국은 이와 같은 무성의한 미국기 포스터 제작자의 맹성(猛省)을 촉구하여 앞으로 이러한 일이 없도록 바라는 소리가 높다. ("우방 미국에 대한 실례 : 포스터 성조기에 오류",「민주중보」, 1949년 7월 13일)

신생 대한민국 정부의 미국에 대한 절대적 의존성은 해방공간에 발생한 국내 미국인들의 사망 사건에 대한 대응에서도 비상한 풍경으로 나타났다. 언론인 오소백이 "암살의 해"라고 표현한 1949년에는 김구 선생의 서거 외에도 당시 연희대학 영문과 교수였던 언더우드 부인이 자택에서 제자들에게 저격당하는 사건(3월 17일) 발생하여 한국 사회에 큰 충격을 주었다. 아직까지도 사건의 구체적 진상이 명확히 밝혀지지 않아 논란의 여지가 있는 언더우드(원한경) 부인의 죽음은 국내에서 발생한 한국인의 미국인을 향한 첫 살해 사건으로 당시 친미적 신생 정부의 수립 직후 빚어진 예기치 않은 참극이었다. 동시에 한국의 근대화와 기독교 선교에 헌신한 내힌 선교사 언더우드 부인에 대한 제자들의 폭거였기에 당시 남한 사회가 받은 충격은 매우 컸다고 볼 수 있다.(홍이표, "언더우드 부인 저격사건의 진상과 의미", 「한국 기독교와 역사」, 2011. 참조) 언더우드 부인의 장례식(3월 22일)을 직접 목격한 배민수 목사는 "그녀(원한경 부인)를 아는 모든 한국인, 기독교인들, 수천 명의 사람들이 거리에 나와 눈물을 흘렸다. 교통과 통신은 장례식으로 차단이 되었고, 많은 이들이 곳곳에서 울음을 터뜨리는 모습이 마치 국장을 치르는 듯했다"라고 자서전에서 밝히고 있다. 당시 이승만 대통령을 비롯한 대한민국 초대 정부도 언더우드 부인의 장례식 외에 헐버트(1949. 8.)와 앨리스 아펜젤러(1950. 2.) 등 개신교 선교사들의 죽음과 장례식에 남다른 관심을 보이고 정부 차원에서 적극 대응했다.

언더우드 부인이 제자들에게 저격당한 연희동 사택에서 운구하는 모습과 영결식 관련 기사.
"애끓는 각계조사: 고 원한경 부인 장의 엄수. 「동아일보」, (1949년 3월 23일)

과정에서 우리는 다시금 태극기와 성조기의 조우를 목격하게 된다. 한국 삽리께의 초대 내한선교사 중 한 명이며, 대표적인 친한파 선교사로서 한국 근대교육과 문화 창달에 기여하고 고종의 밀사 자격으로 헤이그에 파견되어 독립운동에도 참여했던 헐버트 선교사는 86세의 노구를 이끌고 1949년 7월 29일 40년 만에 귀환하였다. 그러나 7월 29일 인천항에 도착한 직후 오랜 여행의 피로로 인해 헐버트 박사는 서울 도착 즉시 청량리 위생병원에 입원하고, 8월 5일 많은 이들의 안타까움 속에 결국 임종을 맞았다. 헐버트 박사의 영결식은 외국인 최초의 사회장으로 8월 11일 오후 태평로 부민관에서 이승만 대통령을 비롯한 삼부 요인, 사회 각계 인사들의 참여 속에 엄숙히 치러졌다.

미군의 한반도 철수. 미군기지 내 성조기와 태극기의 하강식을 거행하는 모습.
[1949년 6월, LIFE지]

당시 부민관 내부의 영결식장에도 전면에 대형 태극기와 성조기가 함께 게양되었으며, 외부에도 헐버트 박사의 초상화 좌우로 대형 태극기와 성조기가 게시되었다. 이는 헐버트의 장례식이 단순히 한국의 근대화와 독립을 위해 헌신한 한 개인 선교사를 추모하는 차원을 넘어선 한미 간의 군사·외교적 관계 전환을 모색하고자 한 정치적 성격도 있었던 것으로 보인다. 1949년 6월 30일 이후 미군은 한반도에서 500명 규모의 군사고문단(KMAG)만을 잔류시킨 채 거의 대부분의 장비와 병력을 철수한 상황이었다. 이승만은 미군 철수가 시작되자 1949년 1월부터 38선을 냉전의 전초로서 부각시키고자 시도했다. 이곳에서는 미군 철수 이후 1년 여의 짧은 시기에 400~500여 회의 충돌로 양측에 각각 1,000명 이상의 사상자가 발생하는 상황이 전개되었다. 이러한 이유로 한국전쟁사 전문가 브루스 커밍스(Bruce Cumings)도 그의 저서 『한국전쟁의 기원(*The Origins of the Korean War*)』에서 "1949년부터 사실상 한국전쟁이 이미 시작되고 있었다"고 말하기도 했다. 당시 38선에서 충돌이 가장 격화되었던 시기는 7~8월이었으며, 10월 북한의 공세로 다시 격화된 전투는 11월까지 지속되었다. 당시 이승만 정권은 제주 4·3과 여순사건 등으로 한 차례 위기를 맞았고, 1948년 12월 유엔 총회에서 대한민국 정부의 합법성을 인정받자 이에 다시 자신감을 얻은 이승만 대통령은 실지회복론失地回復論을 내세우며 1949년 초부터 38선 대북 공세를 통해 긴장을 더욱 고조시켰다. 한국사학자 정병준은 당시 이승만 정권의 정치적 입장에 대해 다음과 같이 분석했다.

북진, 북벌, 실지회복론의 기대와 목적을 과장하여 미국의 더 많은 경제·군사 원조를 얻어냄과 동시에 국내를 단속하려는 노회한 이승만의 '책략'이자 '허풍전략(bluffing strategy)'이었다. (정병준, 『한국전쟁 : 38선 충돌과 전쟁의 형성』, 돌베개, 2006, 276~277.)

헐버트의 영결식은 이렇게 38선에 실제적인 전투가 빈번히 발생하며 남북관계가 극도로 불안정한 상황에서 성대히 거행되었다. 이렇게 이승만 정권은 한 편에서는 남북 간의 긴장을 고조시키면서 헐버트 박사의 영결식을 통해 한미 관계를 더욱 공고히 하고 미국을 향한 구애와 원조의 시그널을 적극적으로 표현한 것이다. 영결식이 끝난 후 거리에서는 100대가 넘는 자동차와 1만 명이 넘는 청년들이 영구차의 뒤를 따라갔다. 대한민국 정부는 이듬해인 1950년 3월 1일 헐버트 박사에게 건국공로훈장 태극장을 추서했다.

헐버트 사후 1년도 되지 않아 한반도는 동족상잔의 비극 6·25 전쟁을 맞게 되고, 한반도는 3년 간의 참혹한 전쟁의 광기에 철저히 파괴되었다. 이 전쟁은 일제 말기 "반미적 옥시덴탈리즘"의 세례를 받았던 식민지 엘리트에게는 "친미주의"를 더욱 교조화, 체계화하는 계기를 마련해 주었으며, 미국에 대한 긍정적, 선망적 인식이 보편적이지 않았던 식민지 대중의 기억에 미군이 보여준 영웅적 승리와 구원의 전공들 앞에서 의심과 경계가 아닌 숭배와 맹신의 확고한 믿음을 뿌리내리게 하였다. 전쟁의 공포와

1 1942년 미국 워싱턴에서 열린 제2차 한인자유대회에서 참석한 이승만과 헐버트 박사.
그들의 배후에 태극기가 게양된 것이 보인다. 헐버트 박사는 이 자리에서 한국의 독립을 호소하는 연설을 했다.
2 1949년 7월 29일 인천 제물포항에 도착한 헐버트 박사.
3 "삼천만의 애끓는 통곡 : 어제 헐벝 박사 영결식", 「동아일보」, (1949년 8월 12일)
4 부민관 앞에 설치된 헐버트 박사의 영정과 좌우에 게시된 성조기와 태극기.

트라우마는, 성조기는 태극기와 함께 생명과 안전을 보존해 주는 희망의 상징이라는 인식을 한국의 다수 민중에게 각인시켰다. 한편 선생을 통해 체득한 "반공"과 "자유대한"이라는 구호를 철저한 이념으로 내면화해 나갔다. 전쟁이라는 비극은 그렇게 한 국가에 대한 선망과 동경을 하나의 이데올로기로서 채택하고 고착하는 데 결정적인 계기를 제공했다. 다음은 1951년 3·15 서울 재탈환 당시의 언론 보도이다.

우리는 선진(先陣)의 영광을 입고 일발의 교전도 없이 다시금 정든 수도의 땅(서울)을 디디게 되었다. 보병척후대 지휘관은 중위 존 하우젠이다. 가로(街路)라는 가로는 황량의 극에 달하였으며 하우젠 중위의 분대는 조심성 있게 교외로부터 들어가고 있었다. 그러나 이 입성의 소식은 어느 틈에 거리에 퍼졌다. 시민들은 처처에 떼를 지어 어디다 감추어 두었었는지 태극기와 성조기를 흔들며 울음 섞인 목소리로 만세를 외치고 있었다(이것은 승리를 의미하는 한국말이다). 아이들은 문짝을 박차고 마치 줄달음치듯이 이 골목에서 뛰어나와 고함을 지르면서 우리의 손에 매달리고자 서로 다투었다. 노인들과 등에다 어린아이를 업은 여인까지도 거리로 몰려나왔다. 우리들의 앞길에 몸을 던지고 땅을 치며 흐느껴 우는 여인도 있었다. 이네들의 남루한 의복은 그동안(其間)의 고생을 여실히 말하고 있었다. … 백아(白亞)의 중앙청, 춘색(春色)이 충만한 창공에는 태극기가 마치 태양처럼 휘날리고 있다. 이 태극기를 올린 것은 14일 밤 7시 15분 한국 국군 척후대이다. (서울에서 15일발 AP 특파원 짐 베커, "서울 재탈환 풍경" 「대구매일」, 1951년 3월 17일)

한국전쟁을 겪으며 사람들은 양손에 태극기와 성조기를 함께 흔들며 만

1 연합군과 국군의 서울수복 이후 그동안 인민군 점령지에 나부끼던 인공기는 삽시간에 태극기와 성조기, 또는 유엔기로 바뀌었다. 그와 함께 세상 인심도 돌변했다. 경인가도에 태극기를 흔들며 유엔군의 서울수복을 환영하는 주민들 [1950년 9월 27일. NARA 제공]
2 1950년 9월 29일 서울 중앙청 로비에서 열린 서울 수복기념식에서 맥아더 장군이 기도하고 있다. 행사장 좌우에 성조기와 태극기가 게양되어 있다. 앞줄 왼쪽부터 버나네 아프리카 유엔대표, 무초 주한 미대사, 맥아더 장군, 이승만 대통령, 프란체스카 여사, 신성모 국방장관. [NARA 제공]
3 1950년 6월 28일 서울을 점령한 북한 인민군은 대한민국의 정부 청사 꼭대기에 인공기를 내걸고 인민군 전선사령부로 사용했다. 이 깃발은 9월 28일 국군이 서울을 탈환 할 때까지 계속 걸려있었다.
4 서울 수복 직후[9월 27일] 미해병대는 중앙청 국기게양대에 성조기를 게양했다. 국기게양대의 성조기는 서울 수복기념식[9월 29일] 이후에는 유엔 깃발로 교체되었다. 우리가 익숙하게 알고 있는 박정모 소위의 중앙청 태극기 게양 사진은 1954년 서울수복 4주년 기념식에서 재현한 모습이다. [1950년 9월 27~29일. NARA 제공]
5 인천 수복 기념식(인천 중구청). 건물 상단에 태극기와 성조기가 게양되어 있다.

세를 외치는 경험을 반복해 공유했다. 이렇게 미국은 한국을 "북조선 괴뢰정권"의 적화야욕으로부터 "반공"과 "자유민주" 신앙의 숨통을 트여준 구세주가 되었다. 류대영은 한국 개신교에게 있어 "미국은 이중적 의미에서의 '구원자'"라고 분석했다. "'한국의 구원자'로서의 미국은 감사와 보은의 대상이며, '세계의 구원자'로서의 미국은 추종과 협력의 대상"이라는 것이다. 미국이 "세계를 구원할 섭리적 사명(providential mission, 언더우드가 1896년 연설에서 말한 '앵글로색슨의 선교적 사명" - 필자 주)을 지닌 '기독교 국가'이므로, 한국 개신교는 미국의 충직한 파트너이자 조력자가 되어야 한다"는 것이다. (류대영, "2000년대 한국 개신교 보수주의자들의 친미·반공주의 이해", 「경제와 사회」, 62, 2004. 참조)

강인철은 한국전쟁을 통해 "친미주의의 '대중화'가 급진전 되고, 식민지 엘리트층의 반쪽 친미주의가 '온전한 친미주의'로 바뀌"었으며, "미국에 부착된 반공주의-발전주의-민주주의의 아이콘이라는 이미지는 전쟁을 거치면서 더욱 강고"해졌다고 말한다. 한국전쟁 이후의 이러한 사회적 분위기 속에서 한국교회도 이러한 친미적 종교의 정체성을 더욱 강화하고 내면화해 나갔다.

이때부터 미국의 대통령은 온 국민이 태극기와 성조기를 함께 들고 거리에서 성대히 맞이해야 할 "자유대한민국"의 수호신이자 흠모의 대상으로 격상되었다.

아이젠하워 미국 대통령의 방한을 맞아 김포 거리에 태극기와 성조기를 들고 환영을 위해
도열한 시민들. 시민이 들고 있는 깃발에는 "환영! 자유진영의 영도자, 좋아합니다"라고 적혀 있다.
[1960년, Bill Smothers 소장]

손꼽아 기다리던 미국 차기 대통령 당선자 아이젠하워 원수의 환영 서울 시민 대회는 드디어 4일 상오 10시 10분 중앙청 앞 광장에서 성대히 개막되었다. 급작스럽게 습격해 온 초겨울 추위를 박차고 너도나도 길가로 흘러나온 남녀노소 십수 만은 이른 아침부터 '아이젠하워 원수 내한 환영', '자유 대한민국하에 남북통일', '중공 오랑캐를 축출하라' 등등 표어가 뚜렷이 쓰여진 각종 플래카드와 태극기 및 성조기를 손에 손에 누구 할 것 없이 들고 회장인 중앙청 앞 광장으로 모여들어 넓은 동 광장도 삽시간에 입추의 여지가 없이 꽉 차 중앙청 앞으로부터 광화문 그리고 시청 앞과 을지로 입구까지 흘러내려 글자 그대로 인산인해를 이루었다. ("아이젠하워 방한 환영 서울시민대회 개최" 「조선일보」 1952년 12월 6일)

최근 십수 년간 태극기와 성조기를 들고 광장에 쏟아져 나온 소위 보수(극우) 기독교인들의 정신세계는 대체적으로 1) 트라우마, 2) 소외감, 3) 선민의식, 4) 증오(혐오) 등의 심리로 분석된다. 트라우마는 아직도 치유되지 않는 전쟁에 대한 공포가 기초된 것이며, 소외감은 장기간 유지한 정치, 경제, 사회적 기득권 상실에 따른 소외감의 반영일 것이다. 태극기 집회에 성조기가 등장하는 것은 바로 이러한 소외를 극복하고 재기할 수 있도록 이끌어줄 욕망의 표상이자 모델이 바로 미국이기 때문일 것이다. 태극기 집회에 이스라엘 국기가 등장하는 것은 태극기와 이스라엘기를 동일시하고자 하는 '선민의식'의 발로이다. 그리고 이러한 공포와 상실을 상쇄하고 정당화할 증오의 대상을 상정한다. 오늘 태극기는 이러한 욕망과 증오가 뒤엉킨 분단과 냉전의 표상이 되어 버렸다.

우주석 태극, 대낙원의 날을 기다리며
태극의 길, '그리스도인'과 '책임 있는 시민'의 조화

태극기, '분단'과 '반공'의 상징으로

곳곳에서 30년 40년 동안 광야는 아닌 궤짝 농짝 밑에서 잠을 자던 태극기가 나왔습니다. 열아홉 살에 삼일운동 만세를 부르던 날 이후 27년 만에 처음 시원한 날을 보았습니다. 가슴 밑바닥에 쌓였던 묵은 시름의 가스가 다 나왔습니다. 그러고 나서 보니 사람은 그 사람들 그대로인데, 내가 고랑을 차고 거리를 지나가도 모르는 척 지나가던 그 사람들 그대로, 내가 애써 친구가 되려 해도 곁을 주지 않던 그 사람들 그대로인데, **이제 나는 나와 그들 사이에 아무 어색함도 막힘도 없는 것을 느꼈습니다.** 우리는 다 훨훨 벗고 한 바다에 들어 뛰노는 것이었습니다. 그만 아니라 저기 저 언덕에 있는 일본 사람, 어제까지 밉고 무섭던 그들이 도리어 어떻게 잘못되어 다치기나 할까 걱정스러웠습니다. **단번에 우리는 새 시대의 세례를 받았습니다.** (함석헌, "내가 맞은 8·15", 「씨알의소리」, 1973년 8월호.)

1945년 8·15 해방을 맞아 태극기를 펄럭이며 거리에 쏟아져 나온 시민과 기독교인들.

해방은 '농짝' 구석 깊숙한 곳에서 잠자던 태극기를 다시 거리로 소환했다. 그리고 그 펄럭이는 태극의 물결은 어제의 적과 오늘의 경계를 무색케 했으며, 그토록 증오스럽던 일본인도 연민과 동정을 베풀 수 있는 넉넉한 관용을 허락해 주었다. 이처럼 태극기는 해방의 기쁨과 환희 속에 새로운 시대의 희망을 다시금 증명해 보이는 풋대로 하늘 높이 게양되었다.

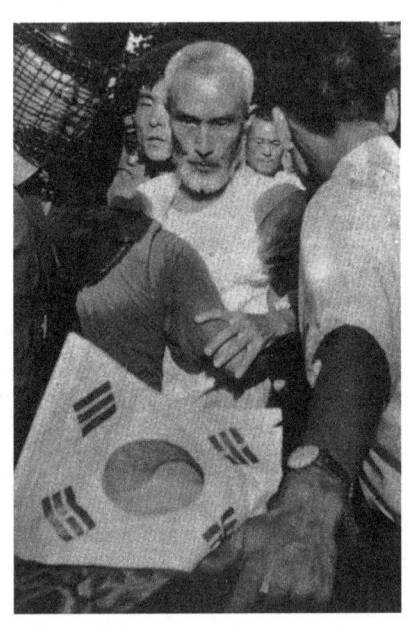

한일협정반대 시위 중 연행되는 함석헌 선생 (1965)
그는 한국 기독교의 대표적인 평화사상가이자 운동가였다.

해방 후 평양군중대회에 소련군 장성들과 함께 등장한 김일성.
배후에는 태극기가 게양되어 있다. (1945년 10월 14일)

소련군정은 미소공동위원회가 열리기 직전
김일성을 위원장으로 하는 북조선임시인민위원회를 발족시켰다. (1946년 2월 8일)
이 위원회의 발족식에 김일성의 사진과 태극기가 게양되었다.

해방 1주년을 맞아 북한에서 발행한 기념우표 (1946년 8월 15일) 중앙에 김일성 초상이 배치되었으며, 그 뒤로 태극기, 상단에 무궁화가 장식되어 있다.

평양에서 열린 5·1절 기념행사의 무대장식. 스탈린과 김일성의 초상 좌우로 태극기와 소련기가 게양되어 있다. (1947년 5월 1일)

전조선 제정당 사회단체 대표자 연석회의에서 김일성이 연설하는 모습. 배후에 한반도 이미지와 태극기가 게양되어 있다. (1948년 4월 19일)

역설적이게도 태극기는 해방 직후에는 남북 두 정권에서 선호되었다. 북한에서도 김일성은 각종 군중집회와 행사에 태극기를 게양했으며, 1946년 해방 1주년을 맞아 태극기와 무궁화를 배경으로 한 김일성의 얼굴을 도안으로 사용한 기념우표를 발행한 바 있다. 또 1947년 미소공동위원회 평양합동회의와 1948년 평양 남북정치협상회의에서도 태극기와 애국가를 사용했다. 이처럼 북한의 좌익세력들도 해방공간 초기에는 태극기를 별 거부감 없이 수용하고 공동체의 대표적 상징물로 채택한 것을 보면, 이 당시까지만 해도 태극기는 좌와 우 양측의 이념적 차이를 초월하여 민족공동체의 상징으로서 그 보편성과 대표성을 지니고 있었음을 확인할 수 있다.

하지만 1948년 남한의 단독정부 수립이 기정사실화 되자 김일성은 7월 8일 제5차 북조선 인민회의에서 인공기를 처음 게양했다. 당시 북조선인민회의 정재용을 비롯한 일부 대의원들은 "태극기는 지난날 우리 인민의 희망의 표징"이었다는 이유로 새로운 국기채택에 반대했지만 결국 이를 막지는 못했다. 당시 헌법제정위원장이이었던 김두봉은 "(태극기가) 1) 비민주적이고 동양 봉건국가 전 통치계급의 사상을 대표하며, 2) 근거가 되는 주역의 학설이 비과학적이고 미신적이며, 3) 제정 당시부터 일정한 의의와 표준이 없었으며, 4) 그 의미가 쓸데없이 어렵다는 점"(김혜수, "해방 후 통일국가 수립운동과 국가 상징의 제정과정", 119~120쪽 참조) 등을 들어 폐지를 추진했다고 한다. 아울러 남한에서는 1948년 9월 북한을 추종하는 세력이 독립문과 중앙청을 비롯한 전국 각지에 인공기를 게양하는 소위 "인공기 게양 시간"이 발생하였고, 11월 빈생안 여순사건을 거치면서 인공기의 소지자를 처벌하고 태극기 게양을 강제하는 현상이 일어나기 시작했다. 당시 여수와 순천에서는 태극기를 게양하지 않을 경우 총살하겠다는 포고문까지 나올 정도로 태극기는 자발적이고 순수한 애국심의 상징이기보다는 좌우익을 감별하고 애국심을 시험하는 리트머스 종이로 그 역할이 변질되었다. 이렇듯 한반도의 남북 분단 이후 태극기에 대한 긍정과 부정 여부에 따라 피아가 나뉘고 생과 사의 기로에서 운명이 결정되었다. 민족 보편의 상징이었던 태극은 이제 남한정부와 반공이념을 표상하는 상징으로 그 범위와 의미가 협소해지고 말았다.

해방 직후 기독교인들이 개진한 "기독교 신앙에 입각한 자유민주주의 체제"의 건국론은 반공의 기치를 내건 이승만 정권에 의해 긍정적으로 수용되었다. 비록 헌법상 정교분리의 원칙을 대한민국 헌법의 근본정신으로 채택했다고 하지만 해방공간과 한국전쟁 시기, 4·19혁명을 맞이하기까지의 십수 년의 세월은 기독교와 이승만 정부 사이에 '반공'과 '친미'라는 공통분모 아래 더욱 공고한 제휴와 유착관계를 형성해 나가는 과정이었다.

이후 한국전쟁을 거치며 철저한 반공이데올로기에 함몰된 남한사회는 전후 재건과 북한과의 체제경쟁, 국민 통합의 과정에서 '민주화'와 '산업화'라는 두 마리의 토끼를 모두 잡기 위해 다양한 시행착오를 거쳐야 했다.

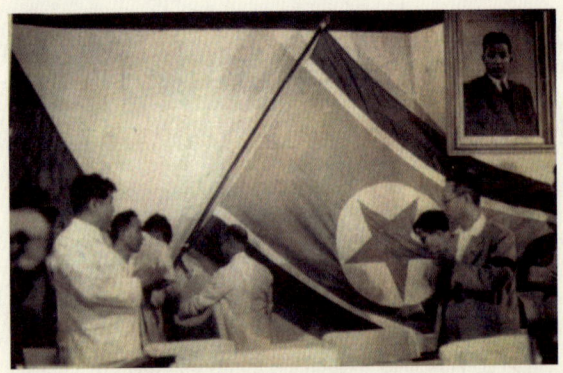

제5차 북조선인민회의에서 처음으로 인공기를 게양하는 모습 (1948년 7월 8일)

조선민주주의인민공화국 제1차 최고인민회의 광경. 배후에 인공기가 장식되어 있다. (1948년 9월 2-10일)

여순사건 진압작전 당시 태극기를 게양한 거리의 모습.
이 때부터 태극기는 좌익과의 차별성을 드러내며 생명의 위협으로부터 도피하는 수단으로
그 역사적 역할과 기능이 전환되기 시작했다. (1948년 10월)

"애국심은 악당들의 최후의 피난처가 될 수 있다"고 한 사무엘 존슨의 말 처럼 애당 이후 청산되지 않은 친일 세력은 '반공'으로 포장된 애국의 선봉 에서 태극기를 들었으며, 한국전쟁으로 인한 순국열사의 숭배현양과 국가 의례를 강화하는 분위기 속에서 태극기는 그 의전과 이벤트의 중심에 놓 이게 되었다. 아울러 그들은 자유민주주의 수호와 산업화의 주역으로 이 승만, 박정희, 전두환에 이르는 독재 권력을 적극적으로 합리화해 나갔다. 이러한 역사의 노정 속에 남한사회는 '반공'에만 충실하다면 '민주주의'와 '인권'을 일부 희생하거나 포기하는 것을 미덕으로 삼는 왜곡된 길을 걷게 되었다.

태극기, 민주주의와 인권의 표상

기독교인의 최고이상(最高理想)은 하나님 나라가 인간 사회에 여실히 건설되는 그것이다. 그러나 이 '하나님나라'라는 것을 초세간적(超世間的) 미래적인 소위 '천당'이라는 말로서 그 전부를 의미한 것인 줄 알아서는 안된다. 하나님의 뜻이 인간의 전 생활에 군림하여 성령의 감화가 생활의 전 부문을 지배하는 때 그에게는 하나님 나라가 임한 것이며, 이것이 전 사회에 삼투(滲透)되며 사선(死線)을 넘어 미래 세계에까지 생생(生生) 발전하여 **우주적 태극(太極)의 대낙원(大樂園)의 날을 기다리는 것이 곧 하나님 나라의 전모(全貌)**일 것이다. (김재준, "기독교의 건국이념 : 국가 구성의 최고 이성과 그 현실성", 선린형제단 집회에서의 강연 요지(1945년 8월) 중에서)

도적같이 찾아온 해방의 날은 그동안 억눌려 온 기독교 지성들에게 자신들의 "하나님 나라의 이상"과 새롭게 출범할 "신생정부의 이념"을 합치해 나가고자 하는 기대에 부풀어 있었다. 김재준 목사는 이처럼 비상한 전환의 시기에 "기독교의 이상"이 온전히 구현된 하나님의 나라를 이 땅에 수립하길 염원했고, 이는 "우주적 태극의 대낙원"이라는 상징적 언어로 표현되었다. 한경직도 해방정국을 맞아 "기독교 신앙에 입각한 민주주의 국가" 건설을 가장 근본적인 원칙이자 전제로 삼았다.

기독교 건국운동을 주도한 김재준 목사(좌)와 한경직 목사(우)

이 새 나라의 정신적 기초를 반드시 기독교가 되어야 하겠고, 또 필연적으로 될 것이라는 것이 우리의 확호한 신념입니다. 그 이유는 대략 다음과 같습니다. 이 새나라는 진정한 의미에서 민주주의 국가가 되어야합니다. 진정한 민주주의 사상의 핵심은 (1)개인인격의 존중사상, (2)개인의 자유사상, (3)만인의 평등사상 등일 것입니다. 이 사상의 근본은 신구약 성경입니다. (한경직, "기독교와 건국," 『기독교와 건국』, 기문사, 1956, 153~54.)

초기 대한민국 정부수립의 강력한 지지 세력이던 개신교는 '반공'에도 충실하였지만, '민주주의'의 가치를 적극적으로 실취하는 것이야 말로 공산독재 사회인 북한과의 체제경쟁에서 승리하는 길이라고 여겼다. 그런 의미에서 4·19 직후 한국교회의 일부 지도자들이 박정희와 전두환의 군사독재에 전향적으로 저항하는 과정은 자연스러운 결과였다. '반공'과 '민주주의'의 가치 둘 중에 어느 것을 더 우위에 놓을 것이냐 하는 문제는 1960년대 이후 한국교회의 대정부 관계설정의 두 노선을 결정하는 화두가 되었다.

이러한 역사의 노정 속에서 각 시기 민주화의 분기점이 된 4·19혁명과 5·18 광주민주화운동, 6월 민주항쟁 등 매 역사적 순간순간마다도 시민과 청년학생들은 태극기를 게양했다. 민주화에 대한 시민사회의 열망은 분단의 아픔과 상처를 딛고 수호해낸 '민주주의'의 가치를 지켜내기 위한 애국심과 충정의 결과였다. 그러나 군사독재 정권은 '민주화'에 대한 노력과 열망을 '폭도'와 '좌익용공'이라는 프레임으로 탄압하고 매도했다. 그러나 이러한 군부세력의 무도한 폭력 앞에서도 민주주의를 지켜내기 위한 시민들의 입은 광장에서 〈애국가〉를 제창했고, 각자의 손은 태극기를 들고 흔들었다.

> … 시민들은 〈애국가〉와 〈아리랑〉을 불렀다. 〈아리랑〉이 금남로 바닥을 타고 퍼지면서 일대가 울음바다로 변했다. … 광주는 공수부대에 맞서 싸우며 한 몸뚱이처럼 됐다. 스크럼을 짠 시민들은 공수부대의 곤봉에 피범벅이 되어가면서도

스크럼을 풀지 않았다. … 이날 저녁 수천 개의 태극기를 손에 든 시민들이 〈아리랑〉을 부르며 도청을 향해 나아갔다. 그때 상황을 「동아일보」 기자 김충근은 이렇게 전했다. "나는 우리 민요 아리랑의 그토록 피 끓는 전율을 광주에서 처음 느꼈다. 단전단수로 광주 전역이 암흑천지로 변하고 … 도청 앞 광장에서 태극기를 흔들며 모여드는 군중들이 부르는 〈아리랑〉 가락을 깜깜한 도청 옥상에서 혼자 들으며 바라보는 순간, 나는 내 핏 속에서 무엇인가 격렬히 움직이는 것을 느끼며 얼마나 하염없이 눈물을 흘렸는지 모른다." (이희호 평전, 제4부, 4회, "80년 5월 20일 고립무원 '광주'는 밤새 공수부대와 싸웠다", 「한겨레」, 2016년 1월 4일)

5·18 광주민주민중항쟁 당시 민주수호 범시민궐기대회의 식순에는 빠짐없이 "국기에 대한 경례"가 있었으며, 항쟁 기간 내내 〈애국가〉와 함께 태극기가 "애국심과 저항·민주주의의 상징"으로 활용되었다. 1987년 6월 민주항쟁에서도 청년학생, 시민 시위대는 명동성당 앞에서 태극기를 게양했다.

이러한 민주화운동의 노정 외에도 산업화를 통한 고도성장의 그늘에 가려진 노동자들의 인권과 근무환경 개선을 요구하며 분신한 기독청년 전태일의 죽음 이후 청계피복노동조합지부가 처음으로 결성될 때에도 이소선 집사(전태일 모친)의 등 뒤에는 태극기가 게양되어 있었다. 그리고 유신독재의 서슬 퍼런 사법살인이 자행된 인혁당 사건의 진실을 세계에 알리고 이를 비판하는 조지 오글 목사의 국제엠네스티(사면위원회) 한국위원회 활동에서도 태극기는 그 자리를 함께 했다.

태극기를 들고 4·19 시위에 참여한 시민들 [조선일보]

5.18 광주민주화운동 당시
평화적 시위를 주도했던 전남대 교내 시위.
학생들이 선봉에서 태극기를 들고 행진하고 있다.
(1980년 5월 13일)

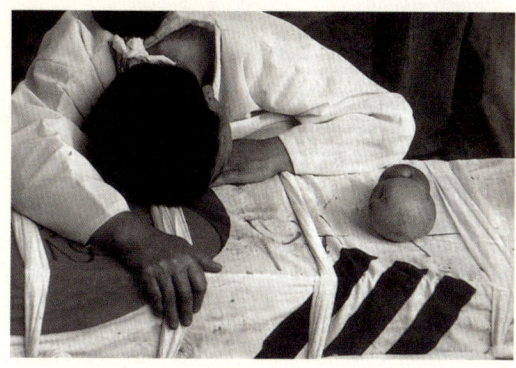

5·18 광주민주화운동 당시
계엄군에 의한 사망자 유족이
태극기로 덮인 관을
붙잡고 오열하고 있다.
[한국일보]

6월 민주항쟁 당시
태극기를 게양하고
명동성당 앞으로
행진하는 학생들(1987)

6월 민주항쟁 당시 부산에서
휘날리던 태극기(1987)

6월 민주항쟁 당시 태극기와
교차된 명동성당의 첨탑
(1987)

전태일 열사의 장례를 치르고 청계피복노동조합 창설 당시 발언하는 전태일의 모친 이소선 여사. 그의 뒤에는 노조기와 함께 태극기가 게양되어 있었다. (1970)

시국선언을 위해 종로 YMCA에 모인 재야인사들 (함석헌, 김재준, 지학순 주교, 이호철 소설가, 김지하, 계훈제, 법정, 천관우 등) 「동아일보」, (1973년 11월 5일)

국제앰네스티한국위원회에서 인혁당 사건의 진실과 부당성에 대해 연설하고 있는 조지 오글 목사 [1974, MBC]

이처럼 대극기는 해방 이후 분단의 비극과 한국전쟁의 참화 속에서 '반공'의 레드콤플렉스에 함몰되어 가는 듯 하였지만, 한편으로는 '반독재'와 '민주주의', '인권'의 가치를 수호하려는 시민사회와 종교지도자들의 결단과 헌신 속에서 마침내 한국 현대사 속 '민주화의 상징'으로서 그 공간을 새롭게 확보해 나갈 수 있었다.

태극기, 민족화해와 통일의 근본원리

한국 사회와 기독교계의 민주화운동은 어디까지나 북한과의 체제 경쟁 과정에서의 '승공론'의 관점에서 시작한 측면이 없지 않았다. 그러나 결국 현재 한국 사회의 모든 불평등과 독재, 비민주적 모순은 분단의 굴절된 역사에서 비롯되었다는 각성과 반성의 과정에서 한국기독교교회협의회(NCCK)가 1985년 "한국교회 평화통일 선언"을 채택하고, 1988년 "분단은 한국교회의 책임이며, 이러한 분단역사에 일조한 것은 우리의 죄책임을 고백"하는 "민족의 통일과 평화에 대한 한국 기독교회 선언"(88선언)을 만장일치로 채택했다.

한국의 기독교인들은 평화와 통일에 관한 선언을 선포하면서 분단체제 안에서 살아오는 동안 짓고 또한 묵인하고 방관했던 일들에 대하여 우리의 죄책을 하나님과 민족 앞에서 고백한다.

1) 한국 민족의 분단은 세계 초강대국들의 동서 냉전체제의 대립이 빚은 구조적 죄악의 결과이며, 남북한 사회 내부의 구조악의 원인이 되어 왔다. 분단으로 인하여 우리는 "네 이웃을 네 몸같이 사랑하라"는 하나님의 계명(마 22:37-40)을 어기는 죄를 범해 왔다.

우리는 갈라진 조국 때문에 같은 피를 나눈 동족을 미워하고 속이고 살인하였고, 그 죄악을 정치와 이념의 이름으로 오히려 정당화하는 이중의 죄를 범하여 왔다. 분단은 전쟁을 낳았으며, 우리 기독교인들은 전쟁방지의 명목으로 최강 최신의 무기로 재무장하고 병력과 군비를 강화하는 것을 찬동하는 죄(시 33:1, 6-20, 44:6-7)를 범했다.

이러한 과정에서 한반도는 군사적으로 뿐만 아니라 정치, 경제 각 분야에서 외세에 의존하게 되었고, 동서 냉전체제에 편입되고 예속되게 되었다. 우리 기독교인들은 이러한 민족 예속화 과정에서 민족적 자존심을 포기하고, 자주독립정신을 상실하는 반민족적 죄악(롬 9:3)을 범하여 온 죄책을 고백한다.

2) 우리는 한국교회가 민족분단의 역사적 과정 속에서 침묵하였으며, 면면히 이어져 온 자주적 민족통일운동의 흐름을 외면하였을 뿐만 아니라 오히려 분단을 정당화하기까지 한 죄를 범했음을 고백한다. 남북한의 기독교인들은 각각의 체제가 강요하는 이념을 절대적인 것으로 우상화하여 왔다. 이것은 하나님의 절대적 주권에 대한 반역죄(출 20:3-5)이며, 하나님의 뜻을 지켜야 하는 교회가 정권의 뜻에 따른 죄(행 4:19)이다.

특히 남한의 기독교인들은 반공 이데올로기를 종교적인 신념처럼 우상화하여 북한 공산정권을 적개시한 나머지 북한 동포들과 우리와 이념을 달리하는 동포들을 저주하기까지 하는 죄(요 13:14-15, 4:20-21)를 범했음을 고백한다. 이것은 계명을 어긴 죄이며, 분단에 의하여 고통 받았고 또 아직도 고통 받고 있는 이웃에 대하여 무관심한 죄이며, 그들의 아픔을 그리스도의 사랑으로 치유하지 못한 죄(요 13 : 17)이다. ("3. 분단과 증오에 대한 죄책고백", 〈민족의 통일과 평화에 대한 한국 기독교회 선언〉(1988) 중에서)

　　NCCK는 이 선언을 통해 이제 교회는 '자주', '평화', '사상·이념·제도 초월', '인간의 자유와 존엄성을 최대한 보장'하고 '민족 구성원 전체의 민주적 참여'한다는 다섯 원칙 하에 종교와 민간 차원에서 온전한 통일운동을 모색한다는 주장을 펼쳤다. 이렇게 그동안 누구도 비판하거나 침해할 수 없었던 기독교의 "반공 이데올로기"에 대해 "죄책고백"의 이름으로 새로운 관점과 실천신학을 제시한 '88선언'은 이후 한국교회의 통일운동과 대북교류사업에 역사적 전환을 가능케 해 주었다. 아울러 이 선언은 이후 해외교회에서 그 신학적·신앙적 가치를 크게 인정 받았으며, 특별히 후대에 이르러 정부의 통일 정책과 '6·15공동선언'에 반영됨으로 남과 북이 상생하는 통일정책의 근간이 되었다.

　　한편, 88선언 이후 분단현실에 대한 역사인식의 차이와 이념적인 갈등으로 인해 더욱 선명해진 한국교회의 분화현상은 1990년대를 거치며 더욱 심화, 첨예화 되어 NCCK와 에큐메니컬 진영의 사회운동과 통일운동을 거부하는 반공적 보수교회를 중심으로 1989년 한국기독교총연합회(한기총)가 창설되어 한국교회의 양극화가 더욱 분명해지는 계기가 되었다.

　　88선언 이후 민간차원에서의 통일운동을 몸소 실천하기 위해 방북한 문익환 목사는 자신의 통일운동의 정신적 근거를 『성서』와 더불어 『주역』

이 태극 사상에서 찾았다. 그가 민주통일민중운동연합 의장으로 활동하다 1986년 투옥되었을 당시 아내에게 보낸 편지의 일부 내용이다.

> 평화를 위한 평화의 싸움은 분열, 상극하자는 게 아니죠. **평화란 이지러짐 없는 완전, 이를테면 태극인 거죠.** 음이 양을 배격하지 않고, 양이 음을 배격하지 않는 평화의 싸움은 넓고 크게 서로 끌어안는 경쟁이지요. 모든 것이 제자리를 차지하고, 각기 그 가진 가치를 빛내면서 어울려 즐거운 큰 하나가 되는 몸짓이지요. 하나라도 이지러지면 그걸 채우지 않고는 숨이 턱에 닿아 안달하는 몸부림이지요. 사랑이지요. 싸움으로서는 복에 겨운 사랑싸움인 거고.
>
> "너는 자유민주주의를 하자는 거지, 그건 통일하지 말자는 게 아니냐? 공산주의는 자유와는 상극이니까." 이게 내가 흔히 서양 사람들에게서 듣는 질문이었소. 서양 사람들의 "이것이냐, 저것이냐"는 논리에서는 너무나 당연한 질문이지요. 자유냐 평등이냐, 우리는 이 둘 가운데 어느 하나를 택해야 한다는 것이 서양의 논리지요. 자유를 택하면 평등을 버려야 하고, 평등을 택하면 자유는 희생을 시키지 않으면 안 된다는 것이지요. 이 서양의 논리가 이 땅에 들어와서 일으킨 것이 6·25라는 민족상잔이었거든요. 6월 23일 진격 명령을 내린 김일성은 평등을 위해서는 자유를 때려 부숴야 한다고 생각했던 것 아니겠소? 아무 실력도 없으면서 북진통일을 외친 이승만은 자유의 수호를 위해서는 평등을 때려잡아야 한다고 생각했던 거고. **주역의 음양의 원리에서 보든, 기독교의 평화의 원리에서 보든, 이 둘은 결코 서로 으르렁거리며 싸워야 할 것이 아니거든요.** 평등과 표리일체가 될 때 자유는 만인의 자유가 되는 거고, 자유와 표리일체가 될 때라야 평등이 만인의 평등, 만인이 자유를 고르는 평등이 되는 거거든요. **우리의 국기(태극기)가 상징하는 음과 양이 하나인 태극을 이루는 거죠.** 그러고 보니 민족통일의 원리가 바로 우리 국기에 있군요. 자유를 양이라고 하면 평등은 음이니까. (문익환, "음과 양이 하나인 태극기, 그 안에 있는 민족통일의 원리", 문익환 목사가 아내에게 보낸 편지, 1986년 11월 12일)

이렇게 대한민국의 상징 태극기는 문익환 목사에게 분단의 극복과 민주주의의 성취를 향한 흔들림 없는 방향을 제시해 주는 이정표가 되었다. 태극은 분단의 역사 속에서 반공의 상징으로 그 의미가 전락하기도 했지만, 태극의 사상과 정신에 깃든 강력한 다이너미즘(dynamism)은 철옹성 같은 냉전의식과 반공이데올로기를 향해 정면으로 돌진하게 하는 에너지원이 되기도 했다.

도봉구 〈통일의 집〉에 전시되어 있는 한반도 무궁화 자수와 돌잔치 사진. [문익환 통일의 집 소장]

문익환 목사

김천에서 문익환의 큰아들 문호근 돌잔치 당시 모습. 왼쪽부터 문익환, 박용길의 할아버지 박승희, 문재린, 김신묵, 박용길. 돌잔치 후미를 태극기와 한반도 무궁화 자수로 장식한 것이 인상적이다. (1947)

태극기와 교회의 조건부 동행

태극기의 게양은 적어도 1990년대까지 한국교회의 교파와 진보·보수를 초월해 큰 거부감 없이 수용되는 분위기였다. 세계교회협의회(WCC, World Council of Churches)를 공격하며 분리주의적 태도를 보였던 맥킨타이어의 내한 행사장(1959년 11월 11일)에도 중앙에 태극기가 게양되었고, 1965년 8월 15일 한일국교비준반대기도회에 참여한 신자들과 청년들은 태극기를 들고 거리로 나섰다. 한국교회는 교파를 초월해 8·15 광복절 감사예배, 3·1절 기념예배, 6·25 상기예배 등을 개최하며 각종 교회 행사에 태극기를 게양하는 일에 적극 참여했다. 1970년대 연세대 김찬국 교수(신학과)는 한국교회의 강단을 태극기로 장식하는 것에 대해 장려하며 다음과 같이 말했다.

> 서강교회 설립 70주년 기념예배에서 장로로 취임하는 분들이 태극기와 감리교회기를 두 개 강단에 봉헌한 것을 보고 흐뭇했었다. 강단에 꽂아둔 태극기가 강단의 권위를 더 높여 주는 것 같은 인상을 받았다. 미국 교회들도 미국기를 강단에 꽂아두고 있는지 오래이다. 3·1절 기념 예배 때에는 태극기와 감리교회기를 선두로 행진해 들어가 강단 옆에 세워둔다.(김찬국, "강단의 권위문제 : 오늘의 설교 목회를 중심으로," 「기독교세계」 1975년 11·12월호, 5.)

1 칼 매킨타이어의 방한과 WCC 비판 강연 (1959년). 이러한 근본주의적인 집회에서도 태극기 게양은 자연스럽게 받아들여졌다. [故 김응호 소장]
2 박정희 정부의 한일협정에 반대집회를 마치고 거리로 나서다 사복경찰들과 몸싸움을 하는 기독교 청년들. 그들의 손에는 태극기가 쥐어져 있었다. [1965년, 故 김응호 소장]
3 전국 기독교 멸공 총궐기 대회 [1979년, 「경향신문」]

김찬국은 같은 글에서 향후 "3·1절과 8·15 광복절은 한국교회가 예배의식을 통해 (공시적으로) 기념"하자를 권면했으며, "국민의례에 나오는 애국가, 독립선언서 낭독, 만세삼창, 3·1절의 노래, 광복절 노래 등을 기독교 예배순서에 삽입하자"고 제안했다. 이는 "한국인의 신앙 주체성을 살리는 길"이며, "교단적으로도 자발적인 움직임을 권장하고 일반화 시킬 필요가 있으며, 한국 기독교 전체가 이를 실시해야" 한다고 주장했다. 이러한 주장은 「기독교세계」 1981년 2월호의 "3·1운동 기념예배와 출애굽 운동 : 3·1절을 교회명절로 만들자"라는 글에서 반복되었다. 다만 눈에 띄는 점은 "'국기에 대한 경례'는 예배순서에 넣지 않는다"(7쪽)고 강조한 점이었다. 이는 앞서 한국교회가 국가권력과 큰 갈등을 빚은 1949년 국기배례거부사건의 경험이 수반된 입장이었던 것으로 보인다.

김찬국 교수

금년 3월 1일 주일예배 때에는 각 교회가 강단에 태극기를 걸고 예배를 시작하기 바란다. 애국가, 찬송, 기도, 성경봉독, 독립선언서 낭독, 3·1절 노래, 설교, 찬양(어린이들은 유관순 노래), 회고담(회고담을 할 수 있는 분을 모시는 경우), 찬송, 만세삼창(태극기를 나누어 주거나 가져 오도록 하여), 축도 이런 예배순서로 짜면 된다. 또 기념예배에는 지방 유지나 시민들을 초청하여 함께 예배에 참여케 하여도 좋다. 국기에 대한 경례는 예배순서에는 넣지 않는다. 순국선열에 대한 묵념은 기도를 맡은 분에게 뜻을 알려서 기도하도록 하면 된다. (김찬국, "3·1운동 기념예배와 출애굽운동 : 3·1절을 교회 명절로 만들자," 「기독교세계」, 1981년 2월, 7.)

아울러 교회 내에 태극기를 설치하고 3·1절 기념예배를 드림으로써, "3·1운동의 기본명제인 독재배격, 군국주의 배격과 함께 인간의 기본적인 자유와 나라의 독립과 민주주의의 성취를 오늘과 내일의 우리 역사에 실현하도록 힘써야 할 것"(7쪽)이라고 강조한다. 한국 감리교회의 사례만 살펴보더라도 이러한 분위기 속에서 다양한 교계 행사에서 태극기를 게양하거나 대형 태극기 행진 퍼포먼스, 태극기 기념품 및 소품 제작 등 태극기 관련 다양한 프로그램을 개발 및 보급된 사례는 다수 확인되고 있다.

"탁상용, 교단기, 태극기 판매,"
「기독교세계」, 1985년 6월호, 26.
1980년대에 교회 예배당과 목회자의 데스크에
태극기와 교단기가 장식되는 관행은 매우 일상적이었다.

교회당 강단을 떠나 광장에 운집한 태극기

하지만 1990년대까지 교회 내에 안착되던 태극기 게양 문화는 뜻하지 않은 복병을 만났다. 1994년에는 이태원교회의 김성일 장로가 한국교회 여러 예배당에 태극기가 게양되어 있는 것을 문제 삼아 「크리스챤신문」과 「현대종교」 등의 신문과 잡지에 '교회의 국기게양은 성경적인가', '교회의 깃발은 그리스도'와 같은 글을 기고하며 교회 내 국기게양 반대운동을 전개해 감리교회 안에서 논쟁을 야기했던 것이다. (김성일, 『사랑은 언제나 오래 참고』 홍성사, 1994, 24~33쪽 참조)

> 각국의 교회들이 자기네 국기를 게양한다면 태양신을 그려놓은 우루과이의 깃발, 아쇼카의 법륜을 그려놓은 인도의 깃발, 무신론의 낫과 망치를 그려놓은 공산국가의 깃발 아래서도 예배를 드리겠다는 것인가? 그대들은 저 사우디아라비아의 깃발아래서도 예배드릴 수 있는가? 저들의 녹색 깃발에는 흰색의 아랍어 글자가 들어 있는데 그 뜻은 '알라신 외에 다른 신은 없으며 모하메드만이 신의 유일한 예언자이다'라는 뜻이다. (김성일, "교회의 깃발은 그리스도," 『비느하스여 일어서라』, 국민일보사, 1994, 205.)

이러한 분위기는 1992년 감리교의 "변선환·홍정수 교수 종교재판 사건"을 통한 종교다원주의, 포스트모던신학에 대한 뜨거운 논쟁 분위기와 더불어 '서태지와 아이들'과 뉴에이지 운동 등의 새로운 대중문화의 출현

등에 기존의 보수 개신교 진영에서의 강한 거부감과 경계로부터 촉발된 측면이 있다. 「낮은울타리」와 같은 근본주의적인 문화선교, 언론단체의 출현(1990년 창간)과 같은 해 사단법인으로 인가를 받은 한국창조과학회 같은 단체들의 보다 적극적이고 공격적인 활동과 연계되어 김성일 장로의 태극기에 대한 보수주의적 문제제기는 당시 세속적인 사회문화에 강한 거부감과 경각심을 공유하고 있던 보수교회 내에서 큰 호응을 받았고 교회당의 태극기 게양문화도 자연스럽게 그 자취를 서서히 감추어 갔다.(※ 1990년대 이후 교회 강단에 태극기를 게양하는 문화가 점진적으로 소멸하게 된 역사적인 동인과 과정에 대해서는 향후 추가적인 심층 연구가 필요하다.)

현재 태극기가 근엄하게 게양되어 있던 교회당 강단은 현대적 공연 및 영상예배의 수월성과 실용성을 꾀하기 위한 새로운 공간으로 급격히 변모해 가고 있으며, 이전의 권위적인 공간들은 단순화 하거나 해체되고 있다. 그러한 과정에서 태극기 게양은 자연스럽게 과거의 추억이 되어버렸다. 20세기 『통일찬송가』에서 존재하던 "68.국가기념주일, 69.삼일절, 70.광복절" 교독문도 현재 『21세기 찬송가』에서 "나라사랑"이라는 키워드로 모두 변경되었다.

이렇게 현대 한국교회는 외적으로는 교회성장론이나 새로운 예배학적 실험을 모색하는 과정에서 과거 전형적이었던 예배공간을 빠르게 변형하고 상징물의 신설 및 제거를 진행하고 있으며, 아울러 내적으로는 민주적 가치와 기독교의 보편성을 추구하는 과정에서 국가를 상징하는 태극기를 자연스럽게 예배당 강단에서 배제하게 되었다.

극우 기독교 단체들의 서울시청앞 집회 광경

이러한 현대교회의 예배문화와 신앙양태의 변화 속에서 "극우적 신앙"과 "국가주의"가 결합한 극단적 보수기독교 세력과 그 흐름은 역설적이게도 지난 2016년부터 시작된 "박근혜 대통령 퇴진운동"과 2017년 "문재인 정부의 수립" 과정 속에서 광장에 게양된 태극기 아래로 재결집하고 그 존재를 적극적으로 드러냈다. 이들은 전체 한국 개신교의 일반적인 입장이나 문화를 대표할 수 있는 수준의 영향력 있는 세력은 형성하지 못했지만, 한국 사회와 언론이 이들의 행태와 발언을 주목하면서 한국 개신교의 대표적 이미지와 인식으로 소비되고 있다. 이러한 이들의 과도한 발언과 폭력적 행동, 사회규범과 상식의 파괴 등으로 인해 정치와 사회에 지대한 악영향이 있으므로 향후 한국교회의 미래 선교와 진로, 새로운 정체성의 수립을 위해서라도, 기독교인들과 시민사회가 함께 숙고하고, 소통하며, 연구함으로써 향후 이러한 극단적 신앙양태가 한국 사회에 논란을 야기하고 물의를 일으키지 않도록 뜻과 힘을 모아야 할 것이다.

태극의 길, '그리스도인'과 '책임 있는 시민'의 조화

초기 한국 기독교에 태극기는 새로운 시대정신과 희망의 상징이었다. 근대국가, 자주독립을 성취한 대안적 시민사회를 꿈꾸게 하는 표상이었다. 그렇기에 초기 기독교인들은 동양적 세계관을 표현한 '태극'을 기독교 신앙 안에 녹여냄으로써 동서의 조화를 모색했다. 일제강점이라는 역사적 비극의 현실 속에서도 기독교인들은 태극기를 손수 제작해 만세시위를 하면서 그러한 구체적 희망을 표현했다.

하지만 일본제국의 강화와 확대 앞에 상실과 절망을 체험한 한국인들은 결국 일장기 숭배를 강요받거나 자발적 숭배의 길을 선택했다. 일장기 숭배의 길은 굴욕적이지만 달콤한 안전과 권력을 허용해 주었다. 사실 한국교회의 역사적, 신앙적 타락과 비극은 여기서부터 시작되었다. 교회는 일장기 앞에 고개 숙이는 것을 시작으로 마침내 훼절의 길에 본격적으로 들어섰다. 그렇게 한국 기독교는 독재(파시즘)와 폭력에 순응한 대가로 물질적 번영과 정치적 기득권을 향유할 수 있다.

그러한 가운데 예상치 못한 해방을 맞았다. 하지만 교회는 새로운 시대를 맞이할 준비가 되어 있지 않았다. 일제강점기에 국가와 충돌한 일부 기독교계 세력들은 태극기를 이용하거나 혹은 거부하며 여러 신흥종교를 형성했다. 그들은 태극기를 내걸고 민족의 메시야인양 행세했다. 일제에 부역한 기성교회 또한 회개하지 않았다. 한국교회는 민족분단이라는 위기 앞에서 '친일'을 은폐하기 위해 '반공'이라는 안전지대로 숨어들었으며, 결국 '분단'을 극복하는 역사적 책임을 담당하지 못했다. 남한 사회에서 기독교는 미군정과 이승만 정권을 거치며 이전에는 경험해 보지 못한 물적·제도적 특혜를 누리게 되었다. 일제 파시즘 시기보다도 더욱 강력한 물신숭배와 권력화에 경도되어 갔다. 분단과 냉전체제는 일제강점기 순전한 신앙을 고수했던 보수신앙의 태극기 배례(혹은 경례)에 대한 일말의 저항마저도 용공, 공산주의, 반체제인사로 왜곡해 나갔다. 결국 기독교 신앙과 국가주의의 결합을 통한 국기숭배의 메커니즘은 일제 파시즘 시기에서부터 본격화 되었고 오늘까지도 한국 사회와 교회에 지대한 영향을 미치고 있다.

결국 이러한 역사적 고찰을 통해 더욱 확실해지는 점은 최근 반세기 동안 태극기의 가치가 철저히 훼손, 왜곡, 굴절되는 과정에서도 여전히 태극기 본연의 정신과 가치를 온전히 인식해 온 건강한 시민들이 존재했다는 사실이다.

4·19 직후, 한국교회의 주요 신학대학의 학장을 맡고 있던 홍현설 박사(감신대)와 김재준 박사(한신대)는 「기독교사상」에 작금의 4·19에 대한 현실인식을 다음과 같이 표명했다.

홍현설, "4.19에서 얻은 교훈", 「기독교사상」, (1960년 6월호)

4·19를 겪고 난 우리 낡은 세대에 속하는 사람들은 다만 부끄러움과 자책하는 마음에서 학생 제군 앞에서 머리를 들 수 없는 비통한 심정에 사로잡혀 있음을 솔직히 고백하지 않을 수 없다. …

이제부터 우리는 좀 더 책임 있는 시민이 되기를 힘써야 하겠다. '책임 있는 시민이 된다'는 것은 '책임 있는 정치가가 된다'는 것과 똑같이 중요한 일이다. 지금까지의 우리의 무관심과 방관주의의 태도를 버리고 우리의 눈을 크게 뜨고 우리의 귀를 열어서 어디에 부정이 있으며, 불법이 있으며, 민의가 묵살되고 있는가를 끊임없이 살펴서 여론을 일으키고 자유로운 비판을 내려서 그러한 병폐가 축적되어 후일에 또 큰 불행을 가져오지 않도록 국민 한 사람 한 사람 민주주의의 감시병이 되어야 할 것이다. (홍현설, "4·19에서 얻은 교훈", 「기독교사상」, 1960년 6월호)

4·19는 암흑을 뚫고 터진 눈부신 전광이었다. … 교회도 이 섬광에서 갑자기 스스로의 모습을 보았다. 그리하여 구정권의 악행에 교회가 전적으로 책임져야 한다고 몸부림치는 교인까지 생겨났다. … 교회가 대국가 관계에서 긴장을 풀었다는 것은 무서운 실수가 아닐 수 없는 것이었다. … 신약에서 본다면, 로마서 13장과 베드로전서 2장에 국가를 적극적으로 긍정하였으며, … 하나님이 그(국가) 안에서 그것(국가)을 통하여 섭리하신다고 하였고, 그렇기에 기독교인은 이 국가 권력에 복종해야 한다고 가르쳤다. 이 '복종'이란 말은 현대 민주사회에 있어서는 '책임적으로 참여 또는 동참'한다는 용어로 대체되는 것이다. … 국가가 전체주의적으로 자기를 신화(神化)하는 때 이 선(정교분리의 선)은 사실상 도말(塗抹)되는 것이므로 신자는 이를 묵과할 수 없다. …

대략 이상과 같은 원칙에서 교회와 국가의 분리선이 그어진다고 본다면 우리교회가 이(승만) 정권 시절에 똑똑히 굴지 못했던 자화상이 드러날 것이다. 국가를 절대화하려는 독재경향이 익어감에도 불구하고 교회가 이에 교회로서의 경고를 제대로 발언하지 못했다는 것, 교회가 멋없이 집권자와의 일치의식에 자위소를 설정했다는 것, 교회가 대사회 건설 사업에 활발하지 못했다는 것 등등이 원칙적으로 반성될 수 있을 것이다. (김재준, "4·19 이후의 한국교회", 「기독교사상」, 1961년 4월호, 36~38.)

이들이 요청한 4·19 이후를 준비해야 할 한국의 교회와 기독교인들의 숙제는 건강한 교회와 국가의 관계를 수립하는 일이며, 단순한 종교인으로서가 아닌 "책임 있는 시민으로써 민주사회 건설의 주체로 역사에 동참"하라는 것이었다. 홍현설이 말한 "책임 있는 시민이 되는 것"과 김재준이 말한 "책임적으로 참여 또는 동참"하는 길은 그리스도교 신앙의 구체적 실천이자 소명이라는 것이다. 그러나 60여 년 전 두 신학자의 교훈과 경계가 오랜 세월이 지난 지금까지도 여전히 유효하고 절실하게 들린다는 현실이 자못 씁쓸하고 답답하지 않을 수 없다.

　기독교인이 국가의 상징물인 태극기를 관용하고 사랑할 수 있는 이유에는 - 김찬국 교수가 강조했듯 - "독재와 군국주의를 배격하고 인권의 기본적인 자유와 민주주의의 성취를 오늘 우리의 역사에 실현하도록" 힘쓰겠다는 대전제와 공감이 있기 때문이다. 그것을 잃고 권력과 물신의 노예가 되는 순간, 태극기는 언제든지 민족과 시민사회를 분열케 하고 자신의 욕망을 드러내는 추악한 깃발로 전락하게 될 것이다.

닫는 글

성숙한 그리스도인과
책임있는 시민의 조화를 향해

우리는 바야흐로 '포스트 크리스텐둠'(Post-christendom) 시대를 살아가고 있다. 주지하듯이 '크리스텐둠'(기독교국가체제 혹은 기독교국가주의)은 "기독교적 가치와 신념이 정치, 경제, 사회, 문화 등 인간 세상의 전 영역에 영향력을 행사하며 통치체제에 직접적으로 관여하는 지배이데올로기이자 그 실체"를 뜻한다. 일반적으로 크리스텐둠 시대는 로마제국의 콘스탄틴 1세의 기독교 공인이 있었던 4세기부터 기독교의 세속적 지배가 사실상 종식된 20세기 말까지로 인식된다. 역사상 기독교는 국가권력과의 제휴와 결합을 통해 세상의 모든 영역을 신성화하고 신의 이름으로 지배체제를 정당화해왔다. 하지만 현대의 글로벌, 다원화, 민주화된 사회 속에서 우리는 '포스트 크리스텐둠', 즉 "크리스텐둠 종말의 시대"라는 과도기적 상황을 목격하고 있다.

수년 전 우리는 박근혜 대통령의 국정농단과 탄핵이라는 역사적 격변을 경험하면서 한편으로 익숙하면서도 다른 한편으론 매우 낯선 "태극기 현상"을 경험했다. 21세기 초까지만 해도 태극기는 순국선열의 희생과 국가에 대한 충성을 상징하는 엄숙주의적 대상으로 여겼지만, 2002년 월드컵 당시 젊은이들이 태극기를 패션코드로 활용하며 몸과 머리에 두르는 모습은 당대 권위주의 세대에 신선한 충격과 사회적 토론을 야기한 바 있다. 더욱이 전 국민이 붉은 색 티셔츠를 입고 "대~한민국!"을 연호한 월드컵 응원 열기는 과거 반세기를 지배해온 '레드콤플렉스'(red complex)의 종언을 고하는 듯했다.

이러한 급속한 역사적 전환에 대한 안티테제(Antithese)였을까. 우리는 그로부터 15년 정도가 지난 2017년에 이르러 20세기에서나 보았음 직한 "태극기와 성조기"의 거대한 행렬을 다시금 목도하게 되었다. 이들은 순전한 애국심과 우국의 결단으로 거리에 나온 듯 보였지만, 그 구호와 메시지는 대중적 공감을 얻지 못했으며, 오히려 국가와 민족의 보편적 상징인 '태극기'에 대한 '혐오'라는 낯선 대중 정서를 촉발시켰다.

그런데 여기서 주목되는 것은 이러한 시대착오적 행태와 구호의 현장을 지배하는 주도세력이 다름 아닌 일부 개신교 목회자들과 신자들이었다는 점이다. 이러한 "태극기에 대한 혐오"는 자연스럽게 "한국개신교에 대한 혐오"와 연동되었다. 우리는 이미 "개독교"라는 사회적 멸칭에 매우 익숙해 있다. 과거 한국의 근현대사 속에서 수많은 전근대와 식민지 조선인들의 가슴을 설레고 뜨겁게 했던 저 '십자가'와 '태극기'라는 상징이, 이제는 현내의 시민사회로부터 구시대의 유물 취급을 받으며 외면당하고 있다.

왜 그렇게 되었을까? 그것은 한국의 기독교가 그 초심을 잃고 변질(요한계시록 2:4) 되었기 때문이다. 나는 한국교회의 본질이 왜곡되고 타락하는 출발점을 파시즘 시기 일제의 회유와 궤변에 굴복한 한국개신교의 훼절에서 찾는다. 파시즘 시기 교회의 지도자들은 일장기와 신사에 절하는 대신 알량한 교권과 제도적 특혜를 약속받았다. 한국교회는 이때부터 '크리스텐둠'의 허상 속에 자신을 내던지고, "황도적皇道的 기독교", "신도적神道的 기독교"라는 기괴한 교회의 정체성을 신자들에게 강요하며, 자신의 훼절을 정당화했다. 이 시점부터 한국교회는 국가권력과의 적극적 제휴와 협력의 메커니즘을 구축했다. 그리고 이러한 교회의 행태는 해방 이후에도 불의한 국가권력에 면죄부와 정당성을 부여하는 방식으로 답습되었다.

1948년 5월 31일 대한민국의 첫 제헌국회는 감리교 목사 이윤영의 기도로 시작되었다. 이는 당시 이승만 임시의장의 제안이었으며, 평양 남산현교회에서 목회했던 이윤영 목사(서울 종로갑 의원)가 즉석에서 제안을 수락해 이루어졌던 나름 극적인 장면이기도 했다.

하지만 이렇게 거룩한(?) 기도로 시작한 제헌국회가 그로부터 한 달 반만에 헌법으로 제정한 대한민국의 모델은 철저한 "정교분리" 국가였다. 기도로 시작한 제헌국회에 대한 배반이었을까, 아니면 하나님 섭리의 역설이었을까. 대한민국의 첫 헌법이 "정교분리" 원칙을 채택했다는 것은, 이제 기독교를 비롯한 제 종교는 더 이상 대한민국의 정치 권력 근처에 얼

씬도 하지 말라는 역사의 경고였다. 이윤영 목사의 기도로 시작한 제헌국회는 기독교인의 입상에서 보면 일면 감동적일 수는 있겠지만, 하나님은 그것이야말로 '처음'이자 '마지막'으로 허락한 최후의 기도였음을 준엄히 경계警戒하였던 것은 아닐까. '정교분리' 헌법의 제정은 모든 국민의 신교信敎의 자유를 보장하지만, 종교세력의 정치권력화와 개입, 제도적 특혜를 원칙적으로 봉쇄하겠다는 선언이었다.

그러나 첫 제헌국회로 출범한 이승만 정권이 이후 보였던 정치적 행보는 헌법의 "정교분리"와는 거리가 멀었다. 기독교는 이승만 체제하에 철저한 물질적, 제도적 특혜를 향유했으며, 그에 대한 응답으로 이승만의 종신집권을 축복하고 불의한 정권에 종교적 정당성을 부여하는 일을 공공연히 도모했다. 이후 한국교회는 '반공'을 내세워 불의한 독재 권력에 대한 구애를 지속했으며, 그 결과로 이전에는 경험해 본 적이 없는 교세 확장과 물적 토대를 확보할 수 있었다. 오늘날 벌어지는 극우기독교의 태극기 집회의 이면에는 이러한 기독교의 기득권과 물적 토대를 수호하고자 하는 집착과 욕망이 수반되어 있다고 볼 수 있다. 아울러 우리는 최근의 정권 교체 과정에서 종교가 암묵적, 혹은 적극적으로 관여하고 개입하는 여러 정황을 여전히 목도하고 있다. 이는 종교와 국가 모두를 좀먹고 병들게 하는 지름길이 될 것이다.

민주헌정국가에서의 정교분리란, 단순한 정치와 종교 사이의 역할분담이나 선 긋기가 아니다. 현대 민주 헌정국가의 정교분리 원칙의 가장 큰 목적은 "정치의 종교회", "종교의 정치화"를 경계하자는 것이나. "정치의 종교화"는 "정치세력이 종교를 이용해 권력을 획득하거나 그렇게 얻은 권력을 통해 종교를 통제하려는 것"이다. "종교의 정치화"는 "종교가 정치권력에 기대어 자신을 특권화하려는 것"이다. 현대 "정교분리"의 헌법정신은 이와 같은 두 가지의 폐단을 극복하고자 하는 성숙한 시민과 그리스도인들의 지혜와 숙고의 산물이다. 그리스도인은 신앙인이면서도 세속 세계의 시민으로서 더불어 살아가야 하는 현실 위에 서 있다.

태극기를 둘러싼 근현대사의 신앙인들의 노정을 살펴보면서, 그리스도인은 음과 양, 성과 속, 그리스도인과 시민이 조화된 대동 세상, 즉 하나님의 나라를 향한 치열한 투쟁의 길 위에 여전히 서 있는 것이다. 오늘 우리가 "태극과 기독의 길"을 다시금 숙고하고 고민해야 할 이유가 바로, 여기에 있다.

집필 후기

1999년 여름 어느 날, 갓 복학한 나는 모교 감신대 청암기념관에서 열린 한국교회사연구모임에 참석했다. 이날, 선배 학자이신 조이제 목사님께서 1940년대 말의 한 신문자료를 복사해 참가자들에게 나누어 주셨다. 그 기사를 함께 강독하던 나는 두 눈이 번쩍 뜨였다. 그 내용인즉, 당시 파주의 한 초등학교 조회에서 시행된 국기배례에 학생 40여 명이 집단거부를 하고 퇴학조치를 당했다는 것이었다. 이 사건은 전국적으로 알려져 "교회와 국가" 간 갈등으로 비화되었으며, 이를 계기로 당시 강력한 민족주의, 국가주의적 교육 정책으로 강행되었던 '국기배례'가 '국기주목례'로 바뀌게 되었다.

이 기사를 읽은 나는 그동안 한국교회사, 혹은 한국 기독교사 서술에서 지배적 인식의 틀을 제공·형성해 왔던 "민족교회"라는 용어를 처음부터 다시 생각해 보았다. 나라를 위해 봉사하는 기독교, 애국적 교회의 모델은 도대체 어디서부터 시작되어 오늘의 우리에게 전승되었을까. 과연 '민족교회'라는 하나의 모델, 단위개념은 가능한 것인가. 나의 신앙과 국가주의 혹은 애국주의는 결합될 수 있는 것인가. 아니 결합되어도 되는 것인가. 아울러 나는 해방 이후 분단과 이념대립의 시대를 서술함에 있어, 그동안의 주류적 관점이었던 "민족교회론"은 그 시효를 다한 것이 아닌가 질문하지 않을 수 없었다. 아마도 "태극기와 한국교회"의 관계를 중심으로 한 나의 이러한 질문과 호기심은 이때부터 구체적으로 시작되었던 것 같다. 그리고 그로부터 24년이 지나 이렇게 부끄러운 책 한 권을 내놓게 되었다.

짧지 않은 1년 반이라는 시간 동안 "태극기와 한국교회"라는 낯선 주제의 거친 생각과 이야기들을 풀어낼 수 있도록 소중한 지면을 허락하신 「뉴스앤조이」와 불성실한 필자의 글을 한결같은 인내와 애정으로 기다려주고 세심히 편집해 주신 김은석 국장님, 강동석, 여운송 기자님께 깊은 감사의 마음을 전한다. 또 이 주제로 대중과 처음 소통할 수 있도록 이야기 마당을 마련해 주신 팟캐스트 〈응급처치〉의 남오성 목사님, 아이삭 선교사님, 순수한 학문적 열정과 역사에 대한 애정을 가지고 지난 5년 간 우정의 발걸음을 함께 해준 〈한국 기독교사 톺아보기〉의 박일령 목사, 신동현 목사, 손승호 박사, 부족한 원고를 갈무리하느라 수고해 주신 이영란 선생님, 그리고 출판을 맡아 애쓰신 〈이야기books〉의 김문선 대표께도 특별히 고마움을 전한다. 아울러 바쁘신 와중에도 부족한 초고를 읽고 '추천의 글'을 써주신 이만열 교수님, 최형묵, 이재근, 탁지일, 김진혁 박사님께도 깊은 감사의 인사를 올린다. 늘 기도로 응원해주시는 아펜젤러인우교회 이범조 목사님과 교우들께도 감사드린다.

앞으로도 더욱 겸허한 마음으로 건강하고 균형 있는 역사와 교회의 길을 숙고하고 성찰하는 연구자가 되도록 정진하겠다.

2022년 8월 18일
북아현 아펜젤러인우교회에서 **홍승표**

추천의 글

"그리스도인"과 "책임 있는 시민"이 조화된 태극의 길을 향한 모색

이만열 (전 국사편찬위원회 위원장, 숙명여자대학교 명예교수)

국기는 국가·민족의 역사와 정체성의 상징이다. 이 상징물을 통해 구성원들은 자신의 정체성을 확인하고 구심점을 형성하며 응집력을 배양해 간다. 그런 의미에서 국기에 대한 역사적 이해는 국가·민족의 정체성을 형성해가는 과정을 추적하는 의미도 갖고 있다.

저자 홍승표 박사가 『태극기와 한국교회』를 쓰게 된 것은 태극기가 우리나라의 국기로 제정된 과정을 살펴보려는 역사적 동기에서만은 아니다. 과거 국기는 나라를 표징했고, 일제 강점하에서는 독립운동의 신호탄이었으며, 해방 후까지도 분단극복의 의지로 기능해 왔고, 지금까지도 태극기는 민족공동체의 상징으로 인식되고 있다. 하지만 최근 수년 동안 태극기는 정치적 격동 속에서 특정 정치세력의 욕망과 분노를 표현하는 도구이자 수단으로 전락하고 있다. 그들이 흔드는 광장의 태극기는 우리 모두에게 국기란 무엇인가에 대한 질문을 던져준다.

저자 홍승표 박사는 일찍부터 한국교회사를 연구해 온 신실한 학자다. 그는 최근 몇년 동안 광장을 휩쓴 태극기 물결을 바라보면서 그것을 신학적인 과제로 삼고 교회사적인 관점에서 이 문제에 접근하여 『태극기와 한국교회』를 집필하게 되였다. 선교 초기부터 한국교회는 국기와 관련될 뿐 었고 특히 주일이나 교회 명절에는 태극기를 게양했다.

저자는 한국교회의 이같은 전통을 염두에 두고 태극기가 오늘에 이르기까지의 세밀한 노정을 흥미로운 이야기로 풀어가고 있다. 교회사를 전공한 저자는 이 책에서 '태극기와 한국 개신교'와의 관계를 역사적으로 탐구하면서, 한국의 근현대사 속에 깃든 정치, 경제, 사회, 문화 등의 다양한 이야기를 담론 형식으로 풀어내고 있다는 점이 주목된다.

독자들은 이 책을 통해 태극기 속에 담겨 있는 한국인의 고유한 정체성과 민족의식을 새롭게 살필 수 있을 것이다. 동시에 건강한 신앙과 민족애란 무엇인지 앞으로 우리가 꿈꾸고 만들어가야 할 균형 있고 올바른 태극의 정신은 무엇인지 성찰해보는 기회도 될 것이다. 저자의 강조처럼, 한국 그리스도인들이 "'그리스도인'과 '책임 있는 시민'이 조화된 태극의 길"을 향해 더욱 전진해 가기를 기대하면서 일독을 권한다.

추천의 글

한국 기독교사의 새로운 장르를 열다

이재근 (한국기독교역사학회 회장, 광신대학교 신학과 교회사 교수)

『태극기와 한국교회』는 크게 두 가지 면에서 혼종성(hybridity)의 특징을 보여주는 책이다. 우선, 주제의 혼종성이다. 한국 민족주의를 대변하는 '태극기'와 기독교를 대표하는 '십자가'가 복잡다단한 한국근대사를 거치면서 어떻게 한국인이자 동시에 기독교도인 한국 그리스도인들의 내면에 확고부동한 정체성으로 자리잡게 되었는지, 그 과정과 구조를 촘촘하게 보여준다. 두 번째로, 문체의 혼종성이다. 교회사와 문화사, 사회사와 정치사에 두루 걸친 박학심문의 전문성이 돋보이지만, 복잡하게 엉킨 실타래를 풀어내어 한 꼬챙이에 꿰어 독자들에게 먹기 좋게 들려주려는 대중성도 큰 장점이다.

동년배 학자로 한국 기독교 역사학 분야, 그 중에서도 한국 기독교의 사회사와 문화사 분야에서 탁월한 연구 업적을 남기고 있고, 역사 답사 전문가로서도 활약하는 홍승표 박사의 연구 성과가 더 많은 대중에게 소개되기를 평소에 크게 바랐다. 이제야 그 성과물을 눈으로 보고 손으로 만질 수 있어 더할 나위 없이 기쁘다. 한국 기독교사 분야에서 지금껏 등장한 적이 없었던 완전히 새로운 장르의 책이다.

추천의 글

오늘날 이 망가진 사회를
어떻게 재구성할 것인가

최형묵 (전 한국민중신학회 회장, 천안살림교회 담임목사)

오늘날 '태극기' 하면 곧바로 '태극기 부대'라는 말이 표상하듯 보수우익의 광적인 집회가 연상된다. 이때 태극기는 갈등을 표상하는 상징이 된다. 과연 그렇기만 할까? 2002년 한일월드컵 당시 광화문 광장에 펼쳐진 태극기는 아직도 젊은 세대들의 기억에 뜨겁게 남아 있으며, 3·1운동 당시 전국을 뒤덮은 태극기 물결 역시 민족사의 긍정적 기억으로 남아 있다. 분단 직후까지만 하더라도 태극기는 좌우를 막론하고 인민 희망의 표징으로 여겼다. 4·19혁명에서, 그리고 1980년 광주에서, 1987년 길거리에서도 태극기는 민주주의의 열망을 나타내는 표징이었다.

애초 대한제국의 상징이었던 태극기는 한국 현대사에서 단순히 한 국가를 대표하는 상징이 아니라 차별을 넘어선 평등의 시대정신과 그에 근거한 국민주권을 상징하기도 하였다. 한국교회 안에서 그리스도의 사랑을 나타내는 십자가와 위화감 없이 어울릴 수 있었던 것도 그 때문일 것이다. 물론 국가적 상징이 순수하게 민중의 열망을 나타내는 것일 수만은 없었다. 그것은 국가주의와 애국주의에 숨어든 불온한 욕망을 은폐하는 수단이 되기도 하였다. 오늘 태극기가 차별 없는 평등의 세계, 민주주의적 열망과는 거리가 먼 세력에 의해 배타적으로 전유되고 있는 현실 또한 그와 다르지 않다.

문제는 태극기의 상징적 의미가 퇴색되었다는 것이 아니다. 어차피 상징이란 해석자에게 전유된 의미로 받아들여질 수밖에 없다. 문제는 오늘 우리 사회 구성원들에게 공통의 비전이 없다는 것이다. 태극기가 특정집단의 전유물이 된 것은 단지 그 상징의 퇴락을 뜻하는 것이 아니라 우리 현실이 그렇게 갈라져 있다는 것을 뜻한다. 그것은 곧 공통의 미래에 대한 전망이 퇴색한 현실을 뜻한다.

'그리스도인'과 '책임 있는 시민'의 조화로서 태극의 길을 결론으로 삼고 있는 이 책은 바로 오늘날 망가진 사회를 어떻게 재구성할 것이며 그 안에서 그리스도인은 어떤 몫을 감당하여야 할지를 묻고 있다.

추천의 글

태극기와 한국교회를
광대한 화폭에 담은 세필화

김진혁 (횃불트리니티신학대학원대학교 조직신학 부교수)

인간은 역사를 만들어가는 존재이자 역사에 의해 형성되는 존재이다. 그렇기에 역사에 대한 진지한 성찰 없이 우리는 현재를 진단할 수도 미래를 준비할 수도 없다.

『태극기와 한국교회』는 한국의 근현대사와 교회사를 조망하는 데 필요함에도 이제껏 찾지 못해 애탔던 퍼즐 한 조각을 발견한 것 같은 희열을 안겨주는 책이다. 국가 상징물인 태극기와 교회 사이의 관계라는 광대한 화폭에 홍승표 박사는 둘의 만남과 갈등의 역사를 한 시기 한 시기 세필붓을 들고 정밀하게 그려낸다.

저자는 19세기 말 태극기와 개신교가 한반도에 등장한 이래 오늘날까지 맺어온 오랜 관계 이면에 얽혀있는 신학적·사회적·문화적 요인을 역사학적 관점에서 풀어냄으로써, 개신교 신앙이 국가와 정치에 보였던 복잡한 태도에 대해 심층적이고 균형 잡힌 시각을 제공한다. 또한, 태극기와 교회의 관계를 굴곡 많은 한국 근현대사의 명암을 배경 삼아 재조명함으로써, 오늘날 개신교회가 신앙의 보편적이고 공적인 지평을 되찾을 수 있도록 통찰과 자극을 주기노 한다. 『태극기와 한국교회』는 태극기가 특정한 신학적 색깔과 정치적 당파성에 묶이곤 했던 과거와 현재 상황을 극복하도록 인식의 확장과 성숙을 일으키는, 전문성을 잃지 않으면서도 읽는 재미가 가득한 근래에 보기 힘든 역작이다.

추천의 글

태극기의 종교사회학적 의미와 가치를 재발견하다

탁지일 (월간 「현대종교」 이사장 겸 편집장, 부산장신대 교수)

　분열과 양극화, 그리고 코로나 역병의 시대, 태극기를 통해 한국 사회 정치사와 종교사를 분석한 저자의 혜안에 깊이 공감한다. 한국 기독교계 신흥종교들도 일제강점기 이후 태극기와 태극 문양을 다양하게 활용해왔다. 선친 탁명환 소장은 "교회사의 망각지대"에 머물러 있던 이들 신흥종교들을 역사 속으로 소환하는 연구를 진행했는데, 기성종교들이 침묵하던 일제강점기에 십자가를 치켜들고 태극 문양을 내세우며 무모하리만큼 과감한 항일운동을 펼친 이순화의 정도교도 있었고, 해방 이후 애국과 반공운동을 빌미삼거나 혹은 세력 확장의 수단으로 태극 문양을 사용했던 문선명의 통일교를 비롯한 다수의 기독교계 신흥종교도 있었다. 저자의 표현처럼 "십자가와 태극기의 혼합적 변형과 일탈"의 병리현상이 끊이지 않았다. 탁명환 소장의 사료들에 대한 적절한 인용과 분석을 통해, 태극기의 종교사회학적 의미와 가치를 재발견할 수 있도록 도와준 저자의 연구에 감사한 마음을 느끼며, 독자 제현의 일독을 권한다.

참고문헌

정기간행물

「京鄕新聞」
「그리스도신문」
「基督敎思想」
「基督敎世界」
「基督敎新聞」
「基督申報」
「大邱每日」
「大韓每日申報」
「獨立新聞」
「獨立新報」
「東亞日報」
「每日申報」
「(월간) 목회」
「民主衆報」
「別乾坤」
「婦女日報」
「釜山日報」
「思想界」
「서울夕刊」
「新生命」
「神學月報」
「新韓民報」

「씨올의 소리」
「嶺南日報」
「예수교신보」
「自由民報」
「朝鮮監理會報」
「朝鮮日報」
「朝鮮と建築」
「朝鮮中央日報」
「죠션(대한)크리스도인회보」
「한겨레신문」
「한겨레21」
「韓國基督公報」
「現代宗敎」
「湖南新聞」
「皇城新聞」
International Review of Missions
The Godpel in All Lands
The Korea Methodist
The Korea Mission Field
The Korea Review

단행본

강인철. 『종속과 자율 : 대한민국의 형성과 종교정치』, 한신대학교 출판부, 2013.

_____. 『경합하는 시민종교들 : 대한민국의 종교학』, 지의회랑, 2019.

고려서림. 『조선총독부관계사료 9 : 齋藤實 文書』, 고려서림, 1990.

고지수. 『김재준과 개신교 민주화운동의 기원』, 선인, 2016.

구필회. 『태극기와 민족정기』, 태극기광복추진위원회, 1990.

국립중앙박물관 편. 『(대한의 상징) 태극기』, 국립중앙박물관, 2008.

국립해양박물관 편. 『해양국가의 깃발』, 바다위의정원, 2019.

국사편찬위원회 편. 『한국 독립운동사 1』, 국사편찬위원회, 1965.

권택영. 『라캉 장자 태극기』, 민음사, 2003.

김성수. 『국가 미래상의 국기, 성찰과 다짐의 애국가』, 마로니에, 2019.

김교신. 『김교신 전집 1』, 부키, 2001.

김기영. 『太極書論本旨 및 太極旗 이야기』, 푸른언덕, 2002.

김남식. 『교회와 국가의 갈등 : 국기 문제를 중심으로』, 도서출판 베다니, 2018.

김남식, 김영호, 이태식, 정정민. 『진리에 목숨 걸고 : 신사참배 반대운동과 재건교회』, 새한기획 출판부, 2007.

김도태. 『태극기의 진리』, 신교사, 1957.

김봉익. 『서울노회 교회학교 아동부연합회 50년사』, 목양사, 2005.

김상섭. 『태극기의 정체 : 제정 과정과 주역 원리를 통해 본 태극기 논의』, 동아시아, 2001.

김상태 편. 『윤치호 일기 1916-1943』, 역사비평사, 2001.

김성일. 『비느하스여 일어서라』, 국민일보사, 1994.

_____. 『사랑은 언제나 오래참고』, 홍성사, 1994.

김소연. 『경성의 건축가들 : 식민지 경성을 누빈 'B급' 건축가들의 삶과 유산』, 루아크, 2017.

김양선. 『한국기독교해방10년사』, 대한예수교장로회총회 종교교육부, 1956.

김형식 편. 『일재 김병조의 민족운동』, 남강문화재단출판부, 1993.

나정태. 『(빛깔있는 책들 281) 태극기』, 대원사, 2016.

_____. 『역사의 태극기 展』, 인사아트센터, 2008.

대한예수교장로회 재건교회 총회 역사편찬위원회 편. 『역사의 증언2(순교자, 출옥성도편)』,
　　　　　　　　　　　　　　　대한예수교장로회 재건교회 총회, 2001.

도인권. 『죽헌 도인권 자서전』, 석실, 2010.

_____. 『도인권 선생의 기록』, 미간행자료.

메리 린리 테일러. 『호박 목걸이 : 딜쿠샤 안주인 메리 테일러의 서울살이 1917~1948』,
　　　　　　　　책과함께, 2014.

목수현. 『태극기 오얏꽃 무궁화 : 한국의 국가 상징 이미지』, 현실문화A, 2021.

문용호. 『태극기 이야기 : 만화로 보는 태극기의 유래』, 미술문화, 2000.

뮈텔. 『뮈텔 주교 일기 2 : 1896-1900』, 한국교회사연구소, 1993.

민경배. 『서울YMCA운동 100년사(1903-2003)』, 서울YMCA, 2004.

_____. 『한국기독교회사』, 연세대 출판부, 1982.

박건호. 『컬렉터, 역사를 수집하다 : 평범한 물건에 담긴 한국근현대사』, 휴머니스트, 2020.

박신배. 『태극신학과 한국문화』, 동연, 2009.

박영랑, 김순근, 이두범. 『독립혈사』, 대한문화정보사, 1956.

박영효. 『(수신사기록 번역총서 7) 사화기략』, 보고사, 2018.

박정양. 『미속습유』, 푸른역사, 2018.

백광하. 『태극기 : 역리와 과학에 의한 해설』, 동양수리연구원출판부, 1965.

백운곡. 『태극기 그 원리와 비밀』, 생각하는백성, 2006.

백문섭. 『올바른 태극기 해설』, 한국윤리위원회, 1991.

보라기네의 야코부스. 『황금 전설 : 성인들의 이야기』, 크리스챤다이제스트, 2007.

성석제, 손석춘, 오정희, 은희경. 『100년을 울린 겔릭호의 고동소리 : 미주 한인 이민사 100년의
　　　　　　　　　　　　사진기록』, 현실문화연구, 2007.

손도심. 『세계의 국기』, 개조출판사, 1967.

손양원. 『한국기독교 지도자 강단 설교 : 손양원』, 홍성사, 2009.

송춘영. 『(국민 모두가 알아야 할) 태극기의 어제와 오늘』, 형설출판사, 2015.

아펜젤러, H. G. 『아펜젤러와 한국』, 배재대학교, 2012.

안재도. 『독보 안중섭 회고록』, 쿰란출판사, 2005.

안형주. 『박용만과 한인소년병학교』, 지식산업사, 2007.

언더우드, L. H. 『언더우드 : 한국에 온 첫 선교사』, 기독교문사, 1990.

에른스트 폰 헤세-바르텍. 『조선, 1894년 여름 : 오스트리아인 헤세-바르텍의 여행기』, 책과함께, 2012.

에비슨, O. R. 『구한말 비록』, 대구대학교출판부, 1984.

엘라수 와그너. 『(미국인 교육가 엘라수 와그너가 본) 한국의 어제와 오늘(1904~1930)』, 살림, 2009.

여인구. 『나의 아버지 여운형』, 김영사, 2001.

여인목. 『태극기의 진리』, 인창서관, 1966.

오재춘. 『태극기론』, 태극출판사, 1955.

옥성득. 『한국 기독교 형성사 : 한국 종교와 개신교 만남』, 새물결플러스, 2020.

_____. 『한반도 대부흥 : 사진으로 보는 한국교회 1900-1910』, 홍성사, 2009.

유길준. 『유길준 전서 4 : 정치 경제편』, 일조각, 1971.

유호준. 『역사와 교회 : 내가 섬긴 교회, 내가 살던 역사』, 대한기독교서회, 1993.

윤경로. 『서울노회의 역사』, 한국장로교출판사, 2001.

윤치호. 『윤치호 일기(1916-1943)』, 역사비평사, 2001.

이광린, 신용하. 『(사료로 본) 한국문화사 : 근대편』, 일지사, 1984.

이덕주. 『토착화와 민족운동 연구』, 한국기독교역사연구소, 2018.

_____. 『한국 토착교회 형성사 연구』, 한국기독교역사연구소, 2001.

이동은. 『태극기의 진리』, 失明勇士獎學會出版部, 1957.

이병도. 『대극기론』, 민족사상선양사, 1963.

이영인. 『국법을 바꾼 주일학교』, 도서출판 명범, 1997.

이이화. 『한국사 이야기 19 : 오백 년 왕국의 종말』, 한길사, 2003.

이현표. 『우주를 품은 태극기』, 코러스, 2015.

임희국. 『선비 목회자 봉경 이원영 연구』, 기독교문사, 2001.

임희국 편. 『김수만 장로 절면서 열 교회를 세우다』, 한들출판사, 2004.

전택부. 『한국 기독청년회 운동사』, 범우사, 1994.

정병준. 『한국전쟁 : 38선 충돌과 전쟁의 형성』, 돌베개, 2006.

정운훈. 『시온산 예수교 장로교회사』, 시온산예수교장로회 선교부, 1997.

정재영, 최경환, 송인규, 배덕만, 김지방. 『태극기를 흔드는 그리스도인 : 개신교 극우 현상의 배경과 형성 그리고 극복』, IVP, 2021.

제임스 브래들리, 『임페리얼 크루즈』, 프리뷰, 2010.

조선총독부. 『조선총독부시정삼십년사』, 조선총독부, 1940.

최병헌. 『성산명경』, 동양서원, 1911.

최중현. 『한국 메시아운동사 연구』, 생각하는백성, 1999.

탁명환. 『한국의 신흥종교 : 기독교편 3권(개정판)』, 국제종교문제연구소, 1992.

탁지일. 『사료 한국의 신흥종교 : 탁명환의 기독교계 신흥종교운동 연구』, 현대종교사, 2019.

편집부 편. 『올바른 태극기 해설』, 보경문화사, 1992.

한경직. 『건국과 기독교』, 보린원, 1949.

_____. 『기독교와 건국』, 기문사, 1956.

행정안전부. 『태극기』, 행정안전부, 2010.

허정윤. 『(하나님의 표상) 태극기 : 태극기의 모든 것』, 한배달, 2006.

Appenzeller, Henry Gerhart. *Appenzellers : How They Preached and Guided Korea into Modernization Vol. Ⅰ*, Pai Chai University Press, 2010.

Appenzeller, Henry Dodge. *Appenzellers : How They Preached and Guided Korea into Modernization vol. II*, Pai Chai University Press, 2010.

Gale, J. S. *Korea in Transition*, New York : Educational Dept., the Board of Foreign Missions of the Presbyterian Church in the U.S.A., 1909.

_____. *The Vanguard: A Tale of Korea*, New York ; Fleming H. Revell Company, 1904.

Griffis, W. E. A. *Modern Pioneer in Korea : The Life Story of Henry G. Appenzeller*, 1912.

Hulbert, H. B. *The Passing of Korea*, Wm. Heinemann Co. London, 1906.

Jones & Noble. *The Religious Awakening of Korea*, N. Y. : Board of foreign missions, 1908.

McCully, E. A. *A Corn of Wheat or the Life of Rev. W. J. McKenzie*, 1903.

Underwood, L. H. *Underwood of Korea*, New York : Fleming H. Revell Company, 1918.

Korean Independence Outbreak, 1919.

논문과 기고

강인철. "한국 개신교와 보수적 시민운동 : 개신교 우파의 극우·혐오정치를 중심으로", 「인문학연구」, Vol. 33, 2020.

고성은. "대한민국 제1공화국에서의 교회와 국가 간의 갈등에 대한 연구: 국기배례 거부를 중심으로", 「한국교회사학회지」, 제47집, 2017.

고환규. "태극기와 월남 이상재 장로", 「목회」, 1978년 9월.

김시덕. "북간도 명동학교 막새기와의 꽃문양에 나타난 민족의식",

「한국독립운동사연구」, No.48, 2014.

김왕배. "언어, 감정, 집합행동 : 탄핵반대 '태극기'집회의 사례를 중심으로",

「문화와 사회」 25, 2017.

김윤옥. "태극기",「새가정」, 1970년 3월.

김진욱, 허재영. "인정을 위한 저항 : 태극기집회의 감정동학,"「한국정치학회보」, 52,

2017.

김진호. "'태극기집회'와 개신교 우파",「황해문화」, vol. 95, 2017.

나달숙.「양심의 자유와 양심적 병역거부에 관한 연구」, 이화여대, 박사논문, 2005.

류대영. "2천년대 한국 개신교 보수주의자들의 친미반공주의 이해",「경제와 사회」, 62,

2004.

목수현. "근대 국가의 국기라는 시각문화 : 개항과 대한제국기 태극기를 중심으로",

「미술사학보」, No.27, 2006.

____. "대한제국기의 국가 상징 제정과 경운궁",「서울학연구」, No.40, 2010.

____. "디아스포라의 정체성과 태극기",「사회와 역사」, No.86, 2010.

____. "망국과 국가표상의 의미 변화 : 태극기 오얏꽃 무궁화를 중심으로",「한국문화」,

vol.53, 2011.

____. "일제강점기 국가상징 시각물의 위상 변천",「한국근현대미술사학」, vol.27,

2014.

____.「한국 근대 전환기 국가 시각 상징물」, 서울대, 박사논문, 2008.

문성훈. "태극기 군중의 탄생에 대한 사회병리학적 탐구",「사회와 철학」, No.36, 2018.

박종도.「태극기에 내재된 태극 사상에 관한 연구」, 성균관대 석사논문, 2017.

신원봉. "태극기 중국 유래설에 대한 반박",「동양문화연구」, vol.8, 2011.

신희정.「태극기의 태극 문양에 관한 연구」, 원광대 석사논문, 2018.

심범섭.「한국의 삼태극 사상 연구」, 성균관대 석사논문, 2007.

심우영. "기지개 켜는 재림 예수의 망령", 「현대종교」, 2000년 2월.

이경구. "민족문화에 나타난 음양에너지 십계특 연구", 「민족미신십계법」, vol. III, 2004.

_____. 「국가상징으로서 국기의 인식과 통일국가기 제작방안 연구」, 홍익대 박사논문, 2012.

양웅석, 황선영, 강성식, 강원택. "'태극기 집회', 박정희와 한국 보수주의", 「한국과 국제정치」, 2018.

어현섭. "천국복음전도회 태극기 경배의 이단성", 「현대종교」, 2000년 2월.

유 현. 「국가 절대화에 대한 기독교인의 대응 : 광복 이후 국기경례 거부 사례를 중심으로」, 총신대 석사논문, 2014.

윤선자. "독립운동과 태극기", 「역사학연구」, Vol. 35, 2009.

이기훈. "3.1운동과 깃발", 「동방학지」, 제185집, 2018.

이덕주. "청송 홍예문에 태극등과 십자기 : 초기 한국교회 성탄절에 나타난 복음의 토착화", 「기독교세계」, 2016년 12월.

이순우. "서울 남산 꼭대기 국사당 터에 건립된 일제의 국기계양탑", 「민족문제연구소회보 - 민족사랑」, 2016년 12월.

이연숙. 「대한민국 수립 초기 국기제정과 태극기의 국가상징화」, 전남대 석사논문, 2010.

_____. "해방 직후 신국가 건설과 국기 제정", 「한국 근현대사 연구」, No.64, 2013.

이지성. "혐오의 시대, 한국 기독교의 역할 : 극우 개신교의 종북게이 혐오를 중심으로", 「기독교사회윤리」, vol. 42, 2018.

임희국, "1919년 3.1운동에 대한 재(再)인식 : 선교사들의 현장구술 채록과 장로교회 총회 회의록(제8회, 1919)을 중심으로", 「선교와 신학」, 제48집, 2019.

전순영, 김완기. "트라우마 기억의 관점에서 분석한 보수 기독교인들의 태극기 집회 참여 현상" 「기독교사회윤리」 vol. 48, 2020.

전우용. "한국인의 국기관과 '국기에 대한 경례' : 국가 표상으로서의 국기를 대하는 태도와 자세의 변화과정", 「동아시아 문화연구」 Vol 56, 2014.

정원호. "촛불집회와 태극기집회 사이에서 : 기독교인의 반정부적 정치참여에 대한 고찰",
「기독교사회윤리」, vol. 47, 2020.

정은진. "용과 싸우는 성 게오르기우스 : 순교자에서 기사로", 「서양미술사학회논문집」,
vol. 38, 2013.

정 혁. "퀴어, 태극기, 난민… 정체성 강박의 거대한 부조리극", 「르몽드코리아」,
2018년 9월.

최종고. "제1공화국과 한국개신교회", 「동방학지」, 제48집, 1985.

최종숙. "'촛불', '태극기', 그리고 5070세대 공감", 「KDF 리포트」, vol.11, 2017.

탁지일. "이순화와 정도교(正道敎)", 「현대종교」, 2020년 3월 9일.

한규무. "『도인권 선생의 기록』 해제", 「한국기독교와 역사」, 제22호, 2005.

한철호. "우리나라 최초의 국기('박영효 태극기' 1882)와 통리교섭통상사무아문 제작
국기(1884)의 원형 발견과 그 역사적 의의", 「한국독립운동사연구」, No.31,
2008.

한 훈. "태극도(太極圖)의 연원과 도상학적 세계관", 「유교사상문화연구」, vol.47, 2012.

_____. 「태극도의 도상학적 세계관과 그 매체성」, 공주대 박사논문, 2013.

허명섭. "제1공화국 시대의 한국교회 : 정부 당국과의 관계를 중심으로",
「한국기독교신학논총」, 2006.

홍승표. "태극기와 한국교회", 「기독교사상」, 2012년 4월호.

_____. "한국기독교의 태극기 인식과 그 흐름에 대한 소고", 「한국기독교와 역사」,
No.55, 2021.

홍영용. "'대중적인 것'의 회귀 : '촛불'과 '태극기'를 통해 본 제도와 대중의 불화",
「문화와 사회」, 28, 2020.

홍이표. "언더우드 부인 저격사건의 진상과 의미", 「한국기독교와 역사」, 제35호, 2011.

색 인

한국어

ㄱ

가츠라-테프트 밀약 - 314
가톨릭 - 70, 94, 99
간사이공학전수학교 - 189, 190
강규찬 - 179, 180
강성갑 - 186
강윤 - 187, 188, 189, 190, 193, 194, 195
강태호 - 297
강화 교항동교회 - 97
강화도 - 32, 33, 144
강화도조약 - 32, 144
강화조약 - 45
거북선 - 206, 207
게오르기우스 - 23, 24, 25, 26, 27, 28, 29, 31
게일 - 133, 168, 169, 196, 201
격치서 - 58, 63
경남노회 - 291
경상북도관찰부 - 311
고구려 - 54, 55
고려신학교 - 282
고베 - 37
고종 - 33, 34, 37, 38, 43, 45, 46, 88, 91, 92, 96, 98, 99, 119, 122, 132, 147, 151, 155, 179, 310, 313, 320, 337
고찬익 - 201, 202
곤당골교회 - 147
공근국교 - 294
공근국민학교 - 296
공산당 선언 - 31
공옥소학교 - 135, 138, 139
공주 공제의원 - 190
곽권응 - 180
광양 진원중앙국민학교 - 297
교산교회 - 96, 98
구국회 - 111
구연영 - 110, 111, 112, 113
구영숙 - 141
구인회 - 268, 269
구정서 - 110, 112, 113
국가봉창 - 237
국기 - 5, 6, 10, 11, 12, 17, 18, 23, 32, 33, 34, 35, 37, 38, 41, 42, 44, 45, 46, 68, 75, 88, 90, 92, 102, 104, 105, 106, 108, 109, 110, 122, 124, 136, 144, 178, 180, 183, 224, 236, 237, 238, 239, 240, 241, 242, 245, 247, 259, 263, 268, 271, 274, 276, 277, 280, 281, 282, 283, 284, 286, 287, 288, 289, 290, 291, 292, 293, 294, 295, 296, 297, 298, 299, 305, 306, 308, 310, 311, 316, 317, 321, 322, 323, 325, 328, 335, 342, 345, 350, 356, 363, 365, 367, 368, 369, 373, 384, 386, 387
국기게양 - 6, 224, 236, 237, 238, 239, 240, 241, 242, 245, 247, 323, 342, 369
국기 경례 - 237, 297

국기부활예식 - 322, 323
국민정신총동원 - 248
국제선내^다함국위원하 - 359
국치기념일 - 322, 323
군국주의 - 11, 256, 271, 368, 376
군산노회 - 291
권의봉 - 253
권태하 - 233
귀스타브 도레 - 18
그레그 - 162
길선주 - 107, 108, 124, 132, 307
김건 - 178
김관회 - 187
김교신 - 228, 229, 230
김구 - 135, 234, 335
김규식 - 163
김민석 - 268, 270
김백문 - 266, 267, 269
김병조 - 177, 180, 181
김선두 - 179, 180
김성도 - 265, 266, 267
김성일 - 369, 370
김성택 - 108
김수철 - 187
김승만 - 180
김영국 - 240
김영주 - 250
김옥균 - 45, 46
김원벽 - 176, 177
김윤경 - 186
김은배 - 233
김재준 - 353, 354, 359, 374, 375, 376
김정식 - 155, 156, 157
김종섭 - 122, 123
김찬국 - 365, 367, 368, 376
김창선 - 240
김필순 - 176
김해여고 - 297

김홍집 - 34, 45, 46
김화감리교회 - 249

ㄴ

나남교회 - 190
나치스 - 230
남감리교 - 50, 129, 191, 324
남궁억 - 72, 135, 155, 215, 216
남승룡 - 230
남장로회 - 204, 212
남준효 - 282, 296
남후국교 - 294
남후국민학교 - 296
네브래스카 - 137, 138, 141
노광공 - 268
노명우 - 187
노백린 - 135
노블부인 - 303
뉴에이지 - 369
니시무라야 - 37
니와 세이지로 - 250
니코메디아 - 25

ㄷ

다뉴바한인장로교회 - 324
단군 - 82, 84, 113, 114, 122, 261
달성교회 - 90
대구 계성학교 - 190
대동서시 - 60
대원교회 - 289, 290, 292
대전청년회 - 232
대조선국민군단 - 141, 142
대종교 - 265, 291, 369, 393
대천 외국인 선교사 수양관 - 190

405

대한기독교전노판 - 268, 270
대한인국민회 - 173, 321, 322, 323, 324,
　　　　　　325, 327
대한제국 - 10, 40, 70, 85, 92, 95, 104,
　　　　　105, 114, 129, 132, 134, 144,
　　　　　212, 303, 313, 314, 319, 389
도덕경 - 58
도시샤대학 - 232
도인권 - 177, 180, 182
독립공원 - 75, 89, 90
독립관 - 69, 71, 72, 75, 76, 79, 88, 92,
　　　　152, 304
독립문 - 67, 71, 72, 73, 74, 75, 76, 77, 78,
　　　　79, 80, 81, 83, 84, 85, 103, 303,
　　　　304, 305, 351
독립신문 - 71, 75, 77, 79, 83, 84, 88, 89,
　　　　　100, 101, 104, 122, 173, 175,
　　　　　301, 304
독립협회 - 70, 72, 75, 79, 81, 88, 92, 93,
　　　　　149, 151, 152, 155, 157, 212,
　　　　　213, 303
독일 오틸리엔 베네딕토수도회 - 207
돈의문 - 304, 305
돈햄 - 164
동경-하코네 - 228
동방교 - 25, 268
동방교회 - 25
동방요배 - 237, 241, 242, 245, 247, 248,
　　　　　256, 298
동학농민혁명 - 21, 22
디오스폴리스 - 24
디오클레티아누스 - 25

ㄹ

라투레트 - 30
러시아 - 72, 73, 102, 114, 116, 314, 319

로드 - 25
로제타 셔우드 홀 - 205
로히어르 판 데르 베이던 - 24
루스벨트 - 309
룻다 - 24
리들리한인장로교회 - 324
리비아 - 26
리처드 1세 - 25

ㅁ

마르크스 - 31
마젠중 - 34
마테오 리치 - 53, 56
마펫 - 22, 178, 307, 308, 309
만교통화교 - 268, 270
만민공동회 - 69, 149, 151, 152, 154, 155
만주사변 - 220, 230, 236
매켄지도 - 23
맥래 - 181
맥킨타이어 - 365
메리 린리 테일러 - 170, 171
메리 테일러 - 170, 171, 172
메이지 신궁 - 228
멕시코 - 109, 318
명동성당 - 356, 358
명성왕후 - 99, 100
모건 - 309
모리스 - 303
모화관 - 72, 82, 88, 152
무어 - 147, 148, 149, 171
문선명 - 260, 267, 268, 277, 393
문익환 - 362, 363, 364
문화통치 - 230
뮈텔 - 94, 95, 96
미감리회 - 125, 305, 310
미국 독립선언문 - 302

민족의 통일과 평화에 대한 한국 기독교회 선언 - 360, 362
민주주의 - 11, 60, 69, 70, 124, 263, 265, 267, 332, 334, 384, 388
민주수호 범시민궐기대회 - 356
민주주의 - 72, 126, 155, 332, 333, 334, 343, 351, 352, 353, 354, 355, 356, 360, 363, 364, 368, 375, 376, 389, 390
민주통일민중운동연합 - 363
민주화 - 351, 355, 356, 357, 360, 378

ㅂ

바울 - 8, 9, 12, 19
박동기 - 271, 272, 273, 276, 277
박병곤 - 178
박서양 - 147, 153, 154, 176
박성춘 - 147, 148, 149, 150, 151, 152, 153, 154
박연서 - 250
박영효 - 32, 36, 37, 38, 39, 40, 41, 45, 46, 48
박용만 - 137, 138, 139, 140, 141, 142, 155, 157
박정양 - 40, 41, 42, 150
박정희 - 269, 353, 355, 366
박치득 - 108
박태선 - 260, 268, 270, 277
박형채 - 296
반공이데올로기 - 351, 364
반공주의 - 332, 333, 334, 343
발전주의 - 332, 333, 334, 343
방기창 - 122, 123
방어진초급중학교 - 294, 295, 296
배기창가례 - 105, 106, 317
배동석 - 176

배민수 - 336
배재학당 - 51, 52, 60, 75, 79, 80, 81, 83, 85, 93, 96, 125, 126, 127, 155, 218, 219, 232, 305
백남주 - 266, 267, 269
백영침 - 297
밴 플리트 - 217
베를린 올림픽 - 230, 234
변선환 - 369
보라기네의 야코부스 - 25, 26
보리스 - 188, 189, 190
보유론 - 52, 53
봉일천국민학교 - 282, 291, 292, 294, 296
부민관 - 250, 337, 338, 340
부산진교회 - 190
부평 굴재회당 - 97
브루스 커밍스 - 338
비셀 - 206

ㅅ

사무엘 존슨 - 281, 353
사화기략 - 36, 37, 38
산업화 - 351, 353, 356
산정현교회 - 179
상동교회 - 90, 91, 93, 96, 138
상동청년학원 - 135, 136, 138, 139
상동청년회 - 90, 135, 137, 138, 139
새마을전도회 - 268
샌즈 - 303
생키 - 85
서강교회 - 365
서경조 - 20
서광계 - 53
서문외교회 - 179
서방교회 - 25
서상륜 - 20

407

시제필 71, 72, 73, 74, 77, 104, 301, 302
서태지 - 369
선린형제단 - 353
성 게오르기우스와 용 - 24
성서공회 - 159, 213
성조기 - 6, 12, 23, 34, 124, 175, 300, 301,
302, 303, 304, 305, 306, 307,
308, 309, 310, 311, 312, 318,
320, 321, 322, 325, 326, 327,
328, 330, 331, 332, 334, 335,
337, 338, 340, 341, 342, 343,
344, 345, 379
성 조지 십자기 - 20, 21, 22, 23, 30
성주교 - 265, 267
세간 - 254, 295, 353
세계일가공회 - 268, 269
세브란스병원 - 153, 171, 172, 174, 175,
176, 189, 190
세브란스의과대학과 연희대학 - 218
셔우드 홀 - 205, 206, 208
소래교회 - 15, 20, 21, 23, 30
손기정 - 228, 229, 230, 231, 232, 233,
234, 235
손명복 - 281
손양원 - 281, 287, 288, 291
송몽규 - 186
송진우 - 232
수신사 - 33, 36, 45
순종 - 103, 107, 108
슈펠트 - 34, 36
스와인하트 - 204
스코필드 - 175
스크랜턴 - 90, 126, 196, 305
스크랜턴 대부인 - 126
승동교회 - 148, 176, 250
시어도어 루즈벨트 - 310
시온산성일제국 - 271
시온산제국 - 271, 273, 276, 277

신도적 기독교 - 380
신사참배 - 11, 220, 221, 228, 236, 237,
238, 239, 240, 241, 242, 244,
245, 246, 247, 248, 250, 272,
280, 291, 324
신앙보국 - 254
신채호 - 135
신천지 - 260, 268, 271
신흥우 - 155
실레나라 - 26
십자군 - 24, 25, 27, 28, 29, 30, 31

ㅇ

아관파천 - 70
아키츠키 이타루 - 250
아펜젤러 - 50, 51, 52, 60, 71, 79, 80, 125,
126, 157, 183, 185, 196, 217,
219, 220, 300, 303, 336, 385
아편셜라 - 100, 101
안국선 - 155, 156
안동농림중학교 - 283, 284, 286
안봉주 - 108
안중섭 - 296
안창호 - 104, 105, 135, 163, 187, 316,
317, 324
안호상 - 291, 293
알렌 - 196, 303
애스턴 - 38
앨리스 - 310, 311, 312, 313, 314, 315,
316, 336
앨리스 루즈벨트 - 310, 311, 312, 314, 315
앨리스 아펜젤러 - 336
앨버트 테일러 - 170
앵글로색슨 - 300, 302, 343
야마모토 - 254
야스다케 - 246

양기탁 - 135
양도천 - 268, 269
양동교회 - 312, 313
양명례 - 297
양원주삼 - 253
양응수 - 240
양재순 - 187
양정고보 - 228, 229, 231
양주삼 - 237, 253
어윤중 - 45, 46
언더우드 - 54, 55, 56, 85, 86, 157, 183, 196, 200, 201, 302, 335, 336, 343
언더우드 부인 - 54, 200, 335, 336
에덴문화연구원 - 268
에비슨 - 147, 149, 153, 196
에스텝 - 172
엘라수 와그너 - 203
엘리자베스 키스 - 208, 209, 210, 211
엥겔스 - 31
여병현 - 163
여순사건 - 338, 351, 352
여운형 - 230, 231, 232, 234
연세대 - 68, 186, 218, 365
연희전문학교 - 176, 177, 182, 183, 218
영생교 - 260, 268
영은문 - 71, 72, 74, 82
예수교서회 - 159
예수회 - 52, 53, 54
오경석 - 144
오소백 - 335
왕립아시아학회 - 196, 197
요시다 기요나리 - 37
우치무라 간조 - 229
운요호 사건 - 32
워너메이커 - 164
원두우 - 100, 101
원산 남산동교회 - 106, 107

원산중앙교회 - 190
원한경 - 170, 335, 336
원불교 - 305
위천교회 - 296
위천국교 - 294, 296
윌리엄스 - 187, 188, 189
윌리엄 제임스 홀 - 205
유가서 - 58
유관순 - 187, 368
유길준 - 38, 46, 149, 155
유니온클럽 - 196
유성준 - 155, 156, 157
유여대 - 180
유우석 - 187, 188
유일한 - 54, 141, 169, 275, 369
유자후 - 44, 45, 46
유치환 - 16, 17
유해붕 - 231
윤동주 - 185, 186
윤봉균 - 187
윤치영 - 42
윤치호 - 72, 128, 163, 213, 220, 221, 224, 225, 226, 227, 228, 320
윤치호 일기 - 221, 224, 226
윤효정 - 163
을미사변 - 70, 99, 110
을사늑약 - 90, 107, 114, 129, 132, 168
이갑성 - 175, 176
이경필 - 240
이근택 - 157
이길용 - 231, 232, 233, 234
이동녕 - 135, 137
이동휘 - 135
이만희 - 260, 268, 270
이사벨라 버드 비숍 - 198
이상설 - 135
이상재 - 39, 40, 41, 42, 44, 46, 47, 48, 49, 72, 135, 155, 156, 157, 161, 162,

409

이소선 - 356, 359
이순신 - 207
이순화 - 260, 261, 262, 263, 265, 266, 267, 269, 271, 273, 276, 393
이승만 - 72, 135, 137, 155, 156, 157, 163, 226, 234, 256, 257, 291, 293, 334, 336, 337, 338, 339, 340, 342, 351, 353, 363, 373, 380, 381
이승인 - 155, 156
이승훈 - 135
이영언 - 122, 123
이완용 - 40, 73, 119, 166, 190, 191, 304
이용설 - 175, 176
이원긍 - 155
이원영 - 282, 286, 287
이윤영 - 380, 381
이은 - 166
이응준 - 32, 33, 34, 35, 39, 40, 46, 48
이종원 - 33
이준 - 44, 135, 163
이즈미르 - 25
이태국 - 102
이태준 - 176
이토 히로부미 - 108, 114, 118, 119, 132, 166, 175
이필주 - 135, 136, 176
이호철 - 359
이홍식 - 41, 42
이홍원 - 286
이화여대 - 190, 217
이화여전 - 190, 217
이회영 - 135
이희간 - 137
이희건 - 137
인천 굴재교회 - 99
인천 담방리교회 - 97, 98
인혁당 - 356, 359

일본 - 9, 11, 21, 22, 23, 30, 32, 33, 36, 37, 38, 40, 41, 45, 46, /1, 72, 73, 74, 103, 108, 109, 110, 112, 114, 118, 122, 138, 141, 144, 152, 162, 166, 170, 174, 179, 180, 182, 186, 188, 189, 200, 207, 208, 220, 221, 224, 226, 229, 230, 232, 235, 241, 250, 256, 262, 271, 275, 280, 292, 308, 309, 311, 313, 314, 327, 329, 334, 346, 347, 372
일본시찰단(신사유람단) - 33, 41
일신여학교 - 282
일장기 말소사건 - 228, 231, 233, 235
임오군란 - 36, 45
임학선 - 219

ㅈ

전덕기 - 90, 135, 137, 163
전두환 - 353, 355
전봉준 - 154, 155
전시체제 - 194, 209, 230, 235, 236, 237, 257
전영한 - 284
전태일 - 356, 359
전필순 - 250
정도교 - 260, 261, 262, 263, 264, 265, 267, 273, 393
정동제일교회 - 100, 305
정명석 - 260, 268
정미의병 - 112, 132
정순만 - 137
정운권 - 276
정운훈 - 271, 276
정인보 - 186
정일선 - 179, 180
정춘수 - 250

제주 4·3 - 338
제천 동명국민학교 - 297
제헌국회 - 300, 381
젤라시우스 1세 - 25
조미수호통상조약 - 33, 34, 35
조선기독교연합회 - 250
조선예수교장로회 - 237, 238, 248
조선예수연합공의회 - 212
조선총독부 - 118, 137, 237, 329
조성환 - 137
조이스 - 304, 305
조지 오글 - 356, 359
조지 워싱턴 탄생일 - 303
조희성 - 260, 268
존 모트 - 163
존스 - 196, 303, 305
존스 부인 - 303
주기철 - 244, 245, 246, 247
주시경 - 72, 135
주역 - 41, 42, 50, 51, 58, 144, 266, 274, 276, 350, 353, 362, 363
죽원리교회 - 282, 289, 290, 291, 292, 296
중국 - 32, 52, 53, 54, 56, 72, 73, 126, 163, 164, 166, 189, 200, 301, 305, 310, 319
지도(능곡)국민학교 - 296
지석영 - 163
지학순 - 359
진영수 - 262
질레트 - 168

ㅊ

찰스 스팀슨 - 183
채필근 - 248
천국복음전도회 - 268
천부교 - 260, 268, 277
천옥찬 - 268, 270
천황 - 113, 114, 119, 176, 220, 226, 227, 236, 240, 243, 251, 253, 262
철원제일교회 - 190
청일전쟁 - 21, 22, 70, 71, 73, 74
최남선 - 135
최병준 - 240
최병헌 - 57, 58, 59, 60, 61, 62, 63, 64, 65, 83, 84, 85, 163
최중해 - 291, 292
최현배 - 186
충군애국 - 5, 10, 11, 65, 66, 68, 70, 84, 86, 88, 90, 93, 98, 101, 123, 150
친미주의 - 6, 300, 318, 328, 332, 333, 334, 339, 343

ㅋ

카파도키아 - 26
커니 - 29, 30, 137, 141, 333, 373, 380
켈트 - 27
코네티컷주 - 302
크리스마스실 - 205, 206, 207, 208, 209, 210, 211
크리스텐돔 - 378, 380
클라크 - 201

ㅌ

탁명환 - 261, 262, 264, 270, 272, 273, 274, 275, 276, 393
태극도설 - 41, 42, 144
태극팔괘기 - 261, 264
태화관 - 190, 191, 192, 193, 195
태화기독교사회관 - 191, 195

태화사회관 - 190, 193, 194, 195
태화여자관 - 191, 203
텔아비브 - 24
통일교 - 260, 267, 268, 277, 393
트롤로프 - 196
트리스탄과 이죄 - 27

ㅍ

파리외방전교회 - 94
파올로 우첼로 - 27
퍼시 비즐리 - 163
페르세우스와 안드로메다 - 27
평양 광성중학교 - 190
평양신학교 - 123, 124, 248, 249
평양 쾌재정 - 122
포스트 크리스텐둠 - 378
포츠머스 조약 - 314
폴란드 - 304
프로테스탄트 - 94
피도수 - 249
필립 도드리지 - 85

ㅎ

하세가와 - 166
하와이 - 109, 110, 141, 142, 143, 173, 318, 319, 320, 321, 322
하와이 한인 감리교회 - 110
한경직 - 31, 354
한국교회 평화통일 선언 - 360
한국 기독교교회협의회 - 212, 360
한국기독교총연합회 - 362
한국생명과학고등학교 - 283
한국신학대학 - 190
한국전쟁 - 194, 257, 260, 296, 298, 338, 339, 341, 343, 351, 353, 360

한국창조과학회 - 370
한미수호통상조약 - 36, 313
한미 통상조약 - 45
한석진 - 122, 123, 124
한성감옥 - 40, 154, 155, 156, 157, 158
한인소년병학교 - 137, 138, 139, 140, 141
한일강제병합 - 109, 136, 140, 215, 224, 319
한일국교비준반대기도회 - 365
함석헌 - 346, 347, 359
함평국교 - 294
함흥 영생중학교 - 190
해리 파크스 - 37
해주 결핵요양원 - 205
해주 구세병원 - 205
헐버트 - 55, 157, 160, 196, 316, 336, 337, 338, 339, 340
헤이그밀사사건 - 132
헨리장 - 164
혁신회 - 254
현석칠 - 187
현제명 - 17
협성회 - 60
호수돈여학교 - 203
홍문섯골교회 - 148
홍정수 - 369
홍택기 - 248
홍현설 - 374, 375, 376
황국신민서사 - 237, 242, 247, 259, 298
황국신민의 서사 - 240, 241, 256
황국신민화 - 11, 230, 237, 238, 243, 250, 256
황도적 기독교 - 380
황복규 - 240
황성기독교청년회 - 158, 160, 161, 163, 164, 166, 167, 168
히노마루 부채 - 6, 244, 250, 253, 254

로마자

J
JMS - 260, 268

W
WCC - 365, 366

Y
YMCA - 40, 42, 49, 158, 159, 160, 161, 162, 163, 164, 165, 166, 167, 168, 169, 189, 214, 230, 359

기호

4·19혁명 - 351, 355, 389
5·18 광주민주화운동 - 355, 357
6·15공동선언 - 362
6월 민주항쟁 - 355, 356, 358
88선언 - 360, 362

글쓴이. **홍승표**

홍승표(洪承杓)는 감리교신학대학교에서 신학을 공부한 뒤, 연세대학교에서 교회사 전공으로 석사와 박사학위를 마쳤다. 월간 「기독교사상」 편집장을 지냈으며, 연세대와 감리교신학대학교에서 강사와 객원교수로 활동했다. 현재 기독교대한감리회 아펜젤러인우교회 담임목사, NCCK100주년기념사업특별위원회 기독교사회운동사 정리보존사업 연구원, 한국기독교역사연구소 운영위원, 한국기독교역사학회 연구이사 등으로 활동 중이다. 주요 연구 성과로는 "아펜젤러 조난사건의 진상과 의미"(2009), "동아시아 기독교 출판의 제 관계와 동향"(2018) 등의 논문과, 『3.1운동과 기독교 민족대표 16인』(2019, 공저) 등의 저서가 있다. CBS 라디오 〈맛있는 교회사 이야기〉를 진행했으며, 팟캐스트 〈한국 기독교사 톺아보기〉를 통해 대중과 소통하고 있다.